我之一生無能為社會貢獻，
為國家創造有益人類之義舉，
空來人間一世，實慚愧之至也。
但我之一生守己安分、不負人、不擾人也。

【台灣茶人】

王水柳

王水柳 文化基金會
Cultural Foundation

目錄

【永遠的懷念】

【序】

讓父親的路繼續走下去！

王淑惠（王水柳文化基金會董事長）

一

二十年的時間算不算長？

我很難確定。

我能確定的是，二十年來，我一直刻意避開通往新店安坑的道路；那是因爲，父親生前總是拄著拐杖，站在佛堂的階梯上，盼候著我們前去探望。同樣地，有好長好長的日子，我也拒絕聽聞所有誦經吟咒的佛音；那是因爲，它會讓我想到父親告別式那天靈堂繚繞的梵音。就在那天，父親被移往墓園，與母親相依長眠。

母親生我的時候，父親已經四十三歲了。身爲他們的長女，我覺得自己比其他弟弟妹妹幸運，能夠擁有更長時間的父愛。小時候，由於母親健康欠佳，我多半是枕著父親的臂彎，呼吸著他身上濃濃的茶香而「一暝大一吋」。

我總認爲，我是全世界最受父親疼愛的女孩。記得，小學入學的第一天，其他同學大多由母親陪同前往；可我卻是讓父親大大的手緊緊地牽著，走進學校報到。當時，我就讀的蓬萊國小外圍有一條寬大的、容易淹水的排水溝。因此，只要是下雨天，父親一定會親自接送我上下學；他若沒空，也會叫三輪車夫替代。我後來知道，父親是因我的個頭嬌小，不起眼；他擔心我若掉到水溝裡，小小的，會沒有人發現。因爲父親特別不放心我出外的安全，所以無論我走到哪裡，總是亦步亦趨地儘量跟著。後來，父親對我往來接送的照顧，不但沒有因爲我的成長而變得淡薄，反而更加緊密；他還刻意安排了我的婚姻。

「我們這個女兒，」母親總是對前來說媒的人說，「是要留在自己家裡當幫手的。」

因爲這樣，事先取得婆家的理解與諒解下，婚後，我不但沒有離家，反而同夫婿一起住在文山茶行的娘家，繼續待在父親的身邊學習，接受他生意場上待人接物的指導和鍛鍊。若要問我從父親的教誨中學到什麼最重要的？我想，已經七十三歲的我，可以立刻不加思索地說：

對外經商處事，必須堅守承諾；

對內修養自持，務必誠心善良。

因此，儘管我不曾許下承諾，我也始終沒有忘記父親病重時交付給我的任務。那已經過去二十年了。可我始終沒有忘記一九九一年六月，父親的肝硬化第一次發病的那一天。儘管痛楚劇烈，可他還是替我設想，強忍到清晨五點多，才撥來電話。

「惠子，我很痛苦，你快來！」父親氣力微弱地對我說。

檢查後，醫師隨即向身爲子女的我們宣告：父親的生命只剩下三至六個月。我們決定瞞著父親。父親卻心有定見。我載他回到我的住處，希望就近照顧。可父親卻堅決要回到安坑。我只好開車送他回去。

就在那天，父親將他在信箋上親筆寫成的厚厚一疊〈王水柳九四回憶〉交到我的手上，然後輕聲地說：「惠子，我已經沒法再寫下去了。這之後經過的事情，你也都知道。你自己看是要按怎辦。」父親同時囑咐我，一定要顧好爲了紀念祖父而建造的綿長圖書館，以及爲了體恤母親而設立的佛堂。父親強調說：「這是我要做的事。也是我和你母親的心血……。」

我毫不遲疑地接下父親的這番託付，就像小時候，從他手上收下爲了我的蒐集而特地買給我的一個又一個小動物玻璃飾品，理所當然。

父親憑靠著向來面對困難絕不放棄的精神，以及認眞盡力做好每件事情的態度，硬是將醫師給他判定的生命期限，又多延長了三個月。父親辭世之後，我自以爲只要把我對他的記憶以及他自撰的回憶錄珍藏起來，不去碰觸，那麼，父親就還是好好地在我心中活著，沒有離開……。

二

父親於九十四歲動筆卻未能完成的回憶錄只寫到一九五一年。

這一年，我十一歲。

「這之後經過的事情，你也都知道……。」父親交給我的時候這樣說。

我想，我是知道的。我只是想不到，打從我有記憶到父親不在的這五十年竟然一晃即逝；飛逝的光陰使得我對父親的記憶全都凝結成一棵枝繁葉茂的參天大樹，靜悄悄地屹立著，而我竟無法主動且完整地向人敘述我所知道的父親……。

「惠子啊……」

我從沒有忘記父親的囑咐。

幾年前，當我勉強可以面對父親已經走遠的事實之後，也曾請人代爲整理父親的回憶錄。可對方表示材料太少，很難整理。於是，我剛要邁開續走父親未竟之路的步伐又退了回去。

後來，姑母秀琴的一生被拍成電視劇《矽谷阿嬤》。籌拍期間，聊到當年的文山茶行，製片潘婕女士表示，她認爲，因爲有父親在內主管茶業營運，二叔王添灯才有參與政事的支持後盾。

我又想到了父親的回憶錄。

再後來，藍博洲先生的《消逝在二二八迷霧中的王添灯》問世。我挑燈細讀這本關係著我們家族歷史的報導文學，並且情不自禁地落下了眼淚。我想，一個與我家族毫不相干的年輕人都可以不畏禁忌、不計利害，付出十多年的時間、心力去寫叔父的傳記，以便後人能夠因此認識並承續叔父「爲最大多數，謀最大幸福」的政治理想。那麼，我呢？我爲父親又都做了什麼？

我決定重新跨出腳步，讓父親的路繼續走下去。

終於，透過小妹淑婉的輾轉聯繫，我們找到了藍博洲先生，並且徵得他的同意，要把父親一生走過的求眞、求善、求美之路，寫出來，讓世人知道。可他同樣面臨著材料不足的問題。怎麼辦呢？我難受地在心裡自問著。我既不願急就章，草草交差了事；更不願違背父親的處事原則，成爲一個失信於父親的女兒。

「您父親寫日記嗎？」

藍先生的話，喚醒了我對父親刻意封存的記憶。

我記得，占地四百多坪的文山茶行尚未改建成大樓時，父親曾經利用一樓樓梯下方閒置的空間，用落地窗隔了一間採光充足的房間，做爲自己讀書寫字的書房；可他沒想到，一袋接著一袋沿著窗邊堆疊起來的茶葉很快就把光線擋住了。結果，爲了省電，父親又回到原來的辦公室，沒再使用這個房間。是啊！父親曾經長期地在那人進人出的大門旁的辦公桌上讀讀寫寫啊！我立即請二弟耀東協助找出父親的日記。

「日記裡沒寫什麼呀！」二弟隨後這樣告訴我。「大多是記寫幾點起床、幾點運動、幾點如何如何的流水帳啊！」

儘管如此，我還是同藍先生一起，幾次回到父親晚年耗費心力建築而今卻近似荒廢的安坑佛堂，在那頂牆而立的潮濕霉爛的書櫃裡頭，零零落落地找出了幾本父親生前的日記，帶回他當年書寫日記的「本行」（文山茶行）辦公室舊址。我想，就算父親不是什麼重要人物吧，那日記畢竟也記載了他曾經活過的、實實在在走過的路啊！

三

也許是年輕時期的工作養成的習性，我平日是個坐不住的人，喜歡到處跑。可最近這一、二個月，因爲閱讀父親的日記，我竟然可以整日不出門，戴著老花眼鏡，依照時間順序，一行接著一行，讀著林靈女士整理完成的打字稿。

目前可見，距今最久遠的那本日記是一九五三年。

我看到，父親在這一年的日記裡，認眞地記錄著台灣茶業市場起起落落的景氣；記錄著他的社會活動；記錄著他開展事業的積極佈局與事必躬親的細節；記錄著他對社會、時事與國際局勢的看法；記錄著他爲了母親的身體健康而每日一起展開的晨運，以及同修天道、研習四書五經的活動；當然，也記錄著他侍奉祖母、祭祀先祖、教養子女與照顧親族後輩的具體情況。

我想，這些流水帳式的記錄，雖然沒有什麼重要的歷史價値，可它對以父親爲主的我們家族（尤其是我們幾個姊妹）而言，應該具有不可取代的凝聚作用吧！

例如：

一月十七日，下午（晚上）十一時，小兒淑婉突然發熱，抱往杜先生處注射，十二時回來。

三月三十一日，下午十一點四十分，小女淑堅耳痛，不得已，負她往太平町耳科診療。

八月一日，上午，余帶王淑寬入學蓬萊國民學校，手續尚未完備，待後日補辦，十一時回本行。

八月十四日，上午十時，爲各個兒女新製書棹各一，此後各自努力。

還有，提到我個人的幾則日記寫道：

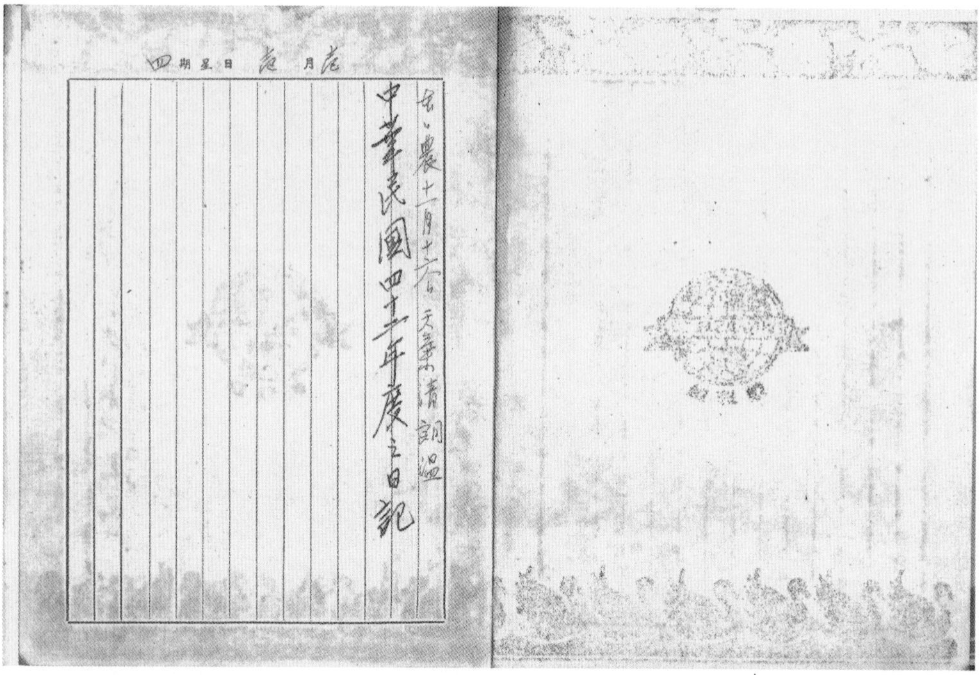

壹月 壹日 星期四

古ゝ農十一月十六日 天氣清 朗 温

中華民國四十二年度之日記

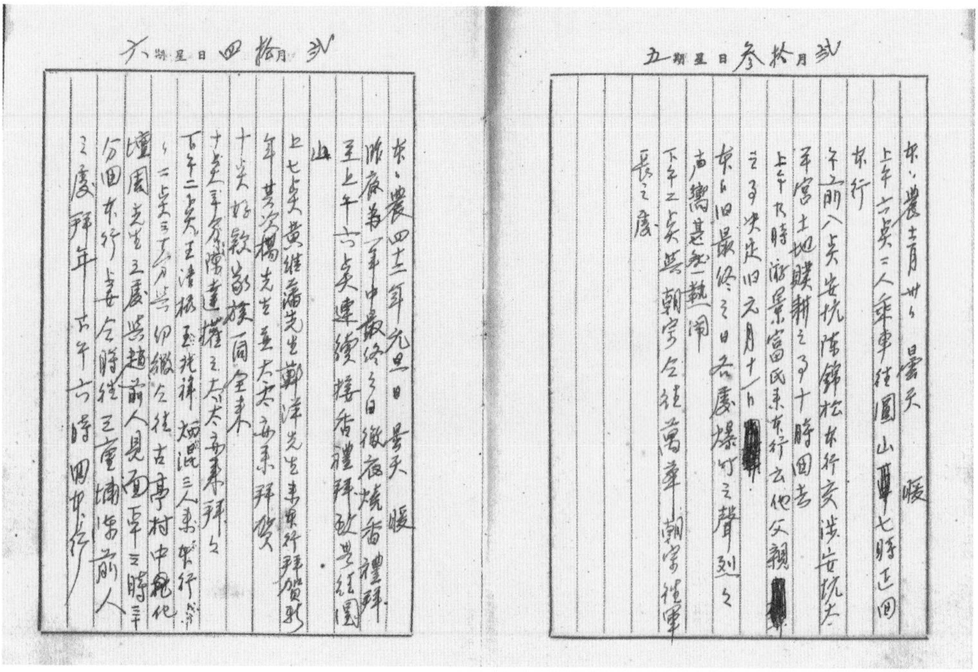

貳月 拾四日 星期六

古ゝ農四十三年元旦日 晏天 暖

昨夜為一年中最終之日徹夜燒香禮拜

至上午六点連續燒香禮拜致晏往圓

山

上七点黃繼藩先生鄭洋先生來東行拜賀新

年黃炎楊先生並太太亦來拜賀

十点好歡歡族同全來

十点半分陳達權之太太亦來拜ゝ

下午二点王清標王兆祥 陳泥三人來東行

ゝ二点三十分與印鐵仝往古亭村中魏化

壇園先生之處與趙前人見面下午三時三十

分回東行 五点仝時往三重埔陳前人

之處拜年 下午六時回東行

貳月 拾參日 星期五

古ゝ農十二月卅日 晏天 暖

上午六点二人乘車往圓山 七時正回

東行

午前八点安抗陳錦松來行交洪安抗太

平宮土地賤耕之事十時回去

上午九時游景富氏來東行云他父親 [redacted]

之事決定旧元月十一日 [redacted]

東ゝ旧最終之日各處爆竹之聲到ゝ

声響甚為熱鬧

下午二点與朝宗仝往萬華 朝宗往軍

長之處

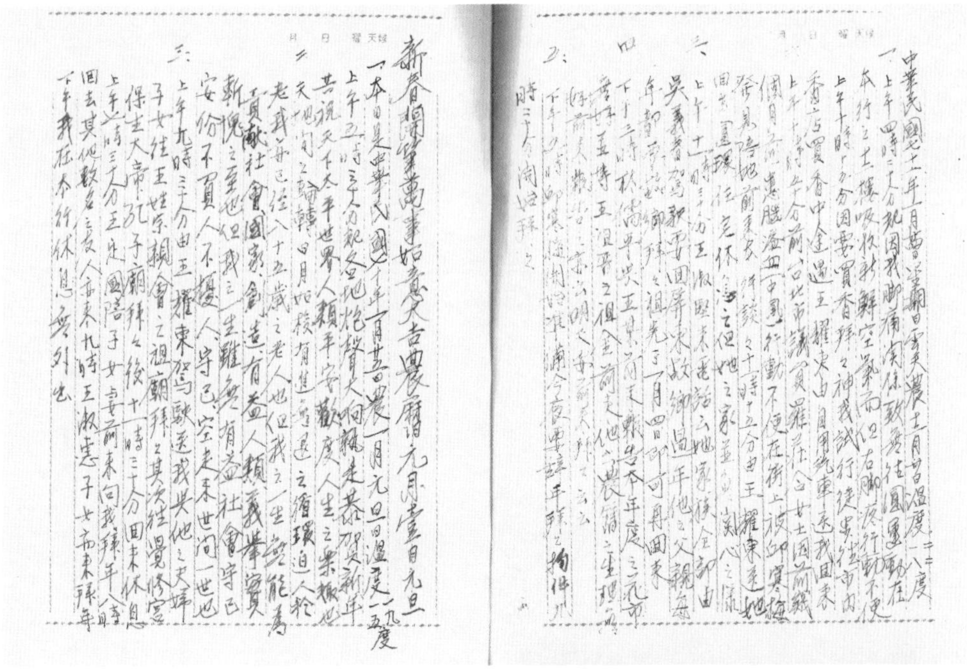

王水柳的日記本

六月十四日，上午九時，淑惠與耀東往安坑，帶老母前來本行，行至新店橋，適逢政統之妻，同回台北。下午三時，二小兒回到本行。

六月十五日，下午四時，淑惠往萬華政統處，接母親前來。

六月二十五日，女兒淑惠學校勞軍演戲，下午十時三十分，余乘三輪車往泰北女子中學接回。

八月八日，上午七時四十分，往圓山回來途中，向正昌鐘錶行買時錶一個，女兒淑惠要用。

我想起來了。那年，我十四歲，原本就讀市女中初中二年級；後來，因爲在學校被足球擊中頭部，臥床一個多月，仍未能完全復原。父親不願意我因此休學而耽誤一年，但又要讓我休養，於是主動將我的學籍轉到私立學校。從小到大，我總是乖乖地聽任父親所做的任何決定，不曾有過反抗和異議。

一九六四年，父親離開茶業界。母親賣掉長安西路的一棟房子，在蘇澳鎮買下一處礦場。礦場的經營逐漸上了軌道，並且開始存有盈餘之後，爲了因應客戶需求，文山企業公司隨即在冬山鄉購地再建一家滑石製粉廠，由母親擔任董事長，從一九六六年開始運轉。父親也常到工廠視察。從他的日記所載，我才想起：爲了多一點時間工作，也節省車費，他經常不畏艱辛，搭乘凌晨時段的平快車，從台北到冬山。

例如，一九七一年九月四日這天，父親寫道：

上午三時十五分起床，準備往冬山工廠。三時三十分由本行出發，到達後火車站時，人山人海要買票。因本日是星期六，況且農曆之七月十五日中元節。宜蘭方面之人，全部要回故鄉，所以人多。三時五十五分買票，往車廂時已經滿員，不得已站立；至達雙溪時，有人讓我座位，我向他感謝。到

王水柳手牽著王淑惠出嫁

冬山車站是七時四十五分。乘公路班車往冬山工廠已經是八時十分。

最終，羅東冬山工廠因爲與淡水橫山的文山製茶廠同時擴廠、添購機器，導致資金週轉失衡，以虧損七千餘萬結束。

我看到，父親在一九七九年六月二十二日的日記上舉重若輕地寫道：

上午十時三十分，王淑惠往中山北路高先生處，聽他報告昨日視察〔冬山〕工廠之經過及其希望將來如何進行？下午一時十五分回來。

此回因文山企業公司及王耀東所經營非常不善，心情非常無好，記憶力亦差，身體無好。

一九八〇年一月十九日的日記又從側面寫道：

下午二時，台北市第二信用合作社〔今華泰銀行〕開六十八年度之收支結算並代表大會。本年之大會，因理監事任期屆滿，當然要改選。但本人因年老歲多，況且王耀東、文山企業公司退票種種關係，無提出候選。我本是合作社三十餘年之理監事，此後斷絕關係。

父親爲人處事向來講求負責、公正。他認爲我和夫婿身爲家族事業一份子，就必須分擔債務。我雖感委屈，但也默默接受。因爲我是父親的女兒。我不能損壞父親一向秉持自律的誠信原則。

接下來的日子，我離開了家族事業，開始在外打拚。我感謝父親，給我這樣的機會磨練，讓我成長，並且在我負債八百多萬，最辛苦的六年期間，一路相陪。

我更感謝父親，爲冬山工廠長期的經營，寫下了不需經由我來解說的文字記錄。我從來沒有想過，對父親的記憶與思念，竟是隨著他書寫的漢字的一筆一劃，一點一點地再度刻下深刻的印痕。

王水柳七十歲與王淑惠全家

1991年，九十四歲高齡的王水柳與邱寒梅，在王淑惠夫婦（左後起第一、二位）陪同下，終於一償夙願親睹萬里長城（徐崇堯攝）

上：王水柳與外孫徐崇堯（左起）、王淑惠、邱寒梅、看護、長婿徐鴻洲在北京天安門廣場
下：王水柳與邱寒梅在北京一隅（徐崇堯攝）

四

父親的日記翔實地記錄了他那素樸的生活，為他自己說出了他內心的聲音，也彌補了他的〈九四回憶錄〉未能寫成的缺憾。這些眞實的聲音，父親絕不會刻意在人前表露，更絕對不會高掛嘴邊來獲取感激和讚揚。因此，這些聲音，就從來不被他的親族所知，或者在我們不知不覺中被淡忘了。

例如：一九七四年十月二十七日，時年七十七歲的父親，在九十八歲的祖母臨終前半個月寫道：

本日是星期日。因母親在文山茶行關係，我獨自乘大南汽車公司之六號車回台北本行，與母親談談。我母親之老衰日日無起色，身體之動作比較不自由，恐怕本年度不得如願過之。上午十時，我負她下樓，在文山茶行之辦公室談談，但她亦無元氣向我回答。十一時三十分，再負她上二樓休息。

一九八五年十月十二日，八十八歲的父親對生病的母親寫下這樣的愛顧之情：

上午七時三十分，入菜園內，整理要種草莓之地。預定兩天前種植。因邱寒梅無食米類，只有食果子而已……。

還有，隱居在安坑山中的父親雖然已經九十歲高齡了，仍然密切關注著國內外的世局演變。例如：

一九八五年十一月二十二日，本日之報紙報導美俄前日開高峰會議，於昨日結束。雙方同意世界和平。兩大國因主義不同，常常衝突，恐發生戰爭，所以要常常會議……。

一九八六年八月十二日，本日之報紙報導世界上之三大國。我中國是三大國之一。雖然大陸是共產主義，亦是中國人，亦是光榮。七十五年前是一大弱國，今日變成一等國，是我民族榮幸，誠可喜可賀矣。

上：王淑惠在新店安坑王家祖宅（2010.李文吉攝）
下：台北市王氏宗親會理事長王國忠接受藍博洲採訪（2011.李文吉攝）

一九八六年八月十三日，最近之世界情形開始變化，國際有中國、美國、蘇俄三大國。我中國於滿清統治二百餘年積弱太多，被各國侵入，割據各港口，輸出入之利益被外國竊取多年。由國父孫中山先生打倒滿清，建設民國，於七十五年間變成世界上之一等國，誠可喜可賀矣。我中國人是有數千年文明之民族，況且世界上之人類四名中就有一名中國人，民族傳統是有道德、五倫、仁義、禮智信之邦，將來我中國民族可領導世界人類之權柄。我中國後輩更加努力可執世界上牛柄大權也。

一九八六年九月二十三日，最近國際間之變化是中國大陸之共產黨被各國承認是世界上大國。最近蘇俄向中共聲明要國交正常化，過去有侵入中國土地全部要返還中國。用種種方法拉攏中共討好。如法國、美國、英國亦如是。所以我中國近來對世界上亦是一等人類受惠之。當年國父革命之目標已經達成。我亦中國人之一份子，非常歡喜。八十年前之中國人被外人看作狗之待遇。

一九八七年九月九日，本日之報紙發表，我台灣政府開放國民，除軍人及公務員外，勿論老幼，可由第三地區轉往中國大陸觀光及探親。如此，我台灣人民及外省籍人民非常歡喜，於明年就有多人往中國大陸訪問及觀光。我亦思前往視察。

終於，一九九一年，在九十四歲的父親強烈執意要求下，我陪著他和八十六歲的母親，坐著輪椅，經由日本轉往中國大陸。此行，父親除了指定要到萬里長城一覽之外，主要的目的就是前往天津，尋訪過往文山茶行天津分行的舊址。

這是父親晚年領著我做的最後一件事。

時隔二十年了。

爲了讓父親的路繼續走下去，去年，二〇一一年，我以父親的名義，向台北市文化局申請，正式

上：王淑惠回安坑山上的「綿長圖書館」找尋父親的日記時，與弟弟王耀東合影（2010.李文吉攝）
下：2010年，重返「綿長圖書館」（李文吉攝）

台北大稻埕的有記茶行

成立了「財團法人王水柳文化基金會」。因爲父親曾經爲他的後代子孫留下這樣的行善典範：

一九八五年八月二十五日，上午十時，景美之王永景前來相議，現建設之佛堂，按政府法令的規定，辦理登記爲財團法人之財產。他云要負責申請，十一時回去。

一九九○年八月十四日，上午十一時，安坑國小派女老師前來，要求户口謄本，並要設立財團法人，囑我提出董事長一名、理事二名、監事一名。我云與子女相議後即提出。她十一時三十分即回去，云再來。

一九九○年八月二十一日，上午十時十五分，中央日報記者前來，持本人之照相及前日付安坑國小一百萬獎學金之報紙前來。但我向他建議，此後不可報導本人之事，因少數之金錢大登褒獎，對不起之。

一九九一年六月十八日，向王安邦夫婦、王淑惠、簡妤娟及陳永華夫婦宣告：此後要將少數土地及財物申請設立基金會，所收入要一部分貢獻慈善事業，回饋社會。

還有，一九八二年一月二十五日，八十五歲的父親在日記上寫下「天下太平，世界人類平安，歡度人生之樂趣」的新年的美好祝願，並且感慨地寫道：

天地間之輪轉，日月如梭，有進無退之循環，迫人於老。我亦已經八十五歲之老人也。我之一生無能爲社會貢獻，爲國家創造有益人類之義舉，空來人間一世，實慚愧之至也。但我之一生守己安分、不負人、不擾人也。

我想，就讓一生儉樸、正直、良善的父親通過「財團法人王水柳文化基金會」繼續活著，以他終生勞動的大手牽領著我及子子孫孫，忠實地在他生前未竟的這條道路繼續走下去吧。

（王淑惠口述，林靈筆錄，藍博洲潤校）

台灣茶人王水柳

藍博洲

日本帝國主義占領台灣三年後的一八九八年（民前十四年）三月二十七日，王水柳出生於新店溪碧潭邊台北州文山郡新店庄安坑大坪頂十一番地（號）的農家。彼時，台灣人民武裝抗日鬥爭方興未艾。

從漳州府南靖縣移民來台

〈王水柳九四回憶〉說，王家，祖籍福建漳州府南靖縣金山水頭堀仔。清朝乾隆時代，七世祖（來台祖）王感公冒險橫渡台灣海峽的黑水溝，從原鄉移民台灣開墾，落腳新店大坪林，後來生了四個兒子：長子私江、次子私河、三子私基、四子私葉（後去柳州而失聯）。

王水柳是二房私河公派下的子孫。

私河公生五子：長子守才（王三才）、次子守海、三子守權、四子夭折，五子守灘。

王水柳是五房守灘公的子孫。

守灘公是中醫師，生五子：長子榮華、次子榮瑞、三子太極、四子孔華、五子文通。

王水柳是三房太極公之後。

太極公生三子、三女：長子清廉、次子描庄、三子委九青。次子描庄，跛腳，不得行動；三子委九青，啞口，不能言語；兩人都沒有結婚。

王水柳是長房清廉公的長孫。

後來，親族分家，有人遷到宜蘭或中和。祖父王清廉遷往暗坑（安坑），務農維生，但食鴉片煙，娶妻朱玉，生三子、三女。長子綿長、次子樹木、三子文龍。長女璸娘（送妻妹爲養女，其後嫁台北市林某，生子林玉生，移居高雄市）、次女玉葉（夫蘇全，住新店廣興九重埔，後移台北萬華後車站）、三女田螺（夫陳海，住新店安坑十四分，生子陳水土等六名）。

王水柳是長房綿長公的長子。

父親王綿長，取妻新店小粗坑仔（今屈尺一帶）人許氏有，育有四男二女。長子水柳、次子添灯、三子進益、四子忠信。長女春英（適高榮世），次女秀琴（適林春生）。

王綿長雖然務農，少年時候也曾在私塾讀了八年漢文。因爲這樣，在日本帝國主義殖民統治下，他的中國意識猶然很強。每逢祭祖時，他總要藉機向王水柳幾個兄弟敘述家族的移民史。他怕孩子們

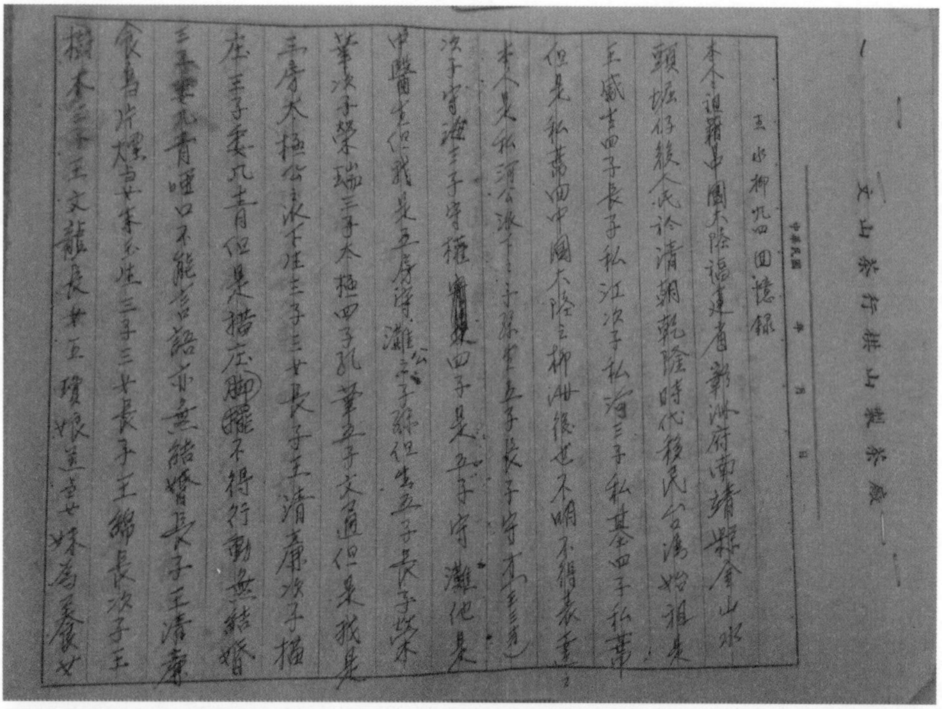

文山茶行棋山製茶廠

王水柳九四回憶錄

本人祖籍中國大陸福建省漳州府南靖縣金山水頭墘仔後人氏於清朝乾隆時代移民台灣始祖是王賦生四子長子私江次子私海三子私基四子私菓但是私菓回中國大陸之柳洲後世不明不能表達之本人是私海公派下三子探生五子長子守杰（生三男）次子守海三子守權四子是五子守灘他是中醫生但我是五房守灘公之孫但生五子長子榮木筆次子榮瑞三子木極四子孔筆五子文道但是我是三房木極公派下生三女長子王清廉次子極在王子委凡青但是描在腳不得行動無結婚三子要凡青啞口不能言語亦無結婚長子王清廉食烏片煙生七女不生三子三女長子王錦長次子王樹木三子王文龍長女五環娘蓮生七妹為養女

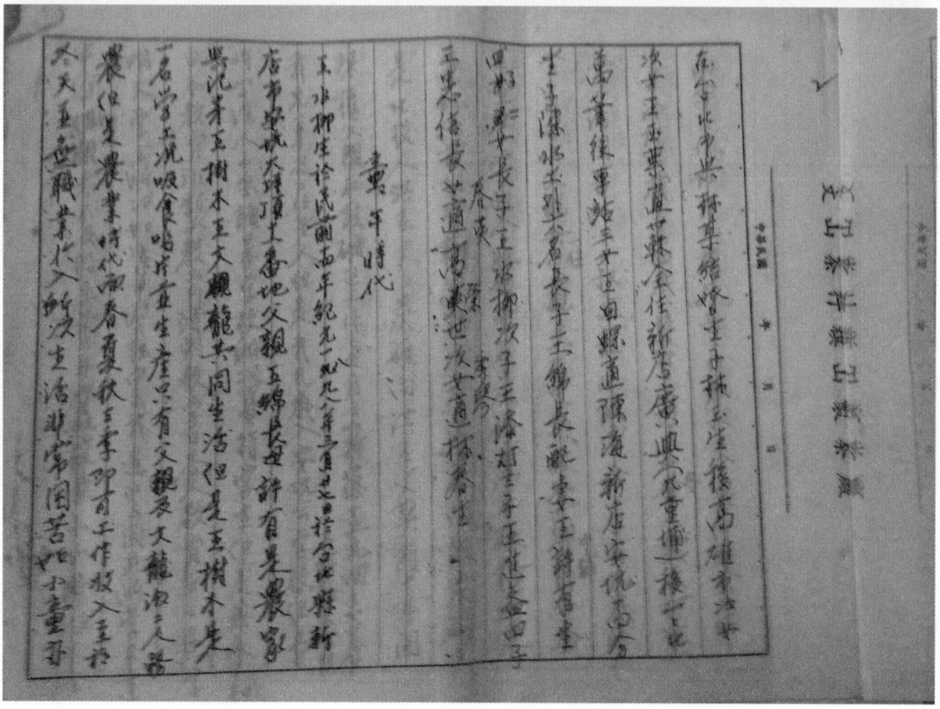

文山茶行棋山製茶廠

童年時代

王水柳生於民國前紀元一八九八年三月廿七日於台北縣新店市安坑大坪頂上番地父親王錦長母許有是農家

王水柳〈九四回憶錄〉手稿用紙，因「橫山」製茶廠錯印為「棋山」，自留使用及以後的子孫日後背宗忘祖還特意在神祖牌刻上王家的原鄉所在地。在這樣的家教影響下，聰慧的王水柳兄弟在少年時候就有了強烈的民族意識；他們經常在務農的閒暇，佇立山頭，遙看靜靜地西流的新店溪，遙想祖先從大陸原鄉渡海來台的艱辛……。

知恩圖報早當家

王水柳出生時，父親仍與其胞弟王樹木、王文龍共同生活；但王樹木雖是一名勞工卻吸食鴉片，其實無生產能力，家裡只靠父親及文龍叔二人務農爲生。農業時代，春、夏、秋三季可工作，有收入；到了冬天，沒有工作，也就沒有收入，生活非常困苦，連小孩子也要幫忙勞動。

因爲這樣，尙未成家的王文龍就要求分家。

到了一九〇六年，王綿長只好與二位弟弟分家。當時，王水柳九歲，二弟添灯六歲，三弟進益四歲。

王綿長因爲孩子年幼，還要供養老父與老母，於是與堂弟王查某合股，向北投人洪丕文簽訂十年的開採契約，前往海山郡（今板橋）枋寮庄（今中和）廷寮坑，經營石炭礦業，靠著每月十五元的薪俸，養育一家老小。

就在這年，王水柳也進入新店公學校安坑分校就讀。

〈王水柳九四回憶〉說，當時，一般台灣人不願讀日本學校，所以殖民政府對學生有優惠。可王綿長受的是清朝的私塾教育，不懂日本的教育制度；他以爲孩子今日沒有上學，可以明天再補，所以

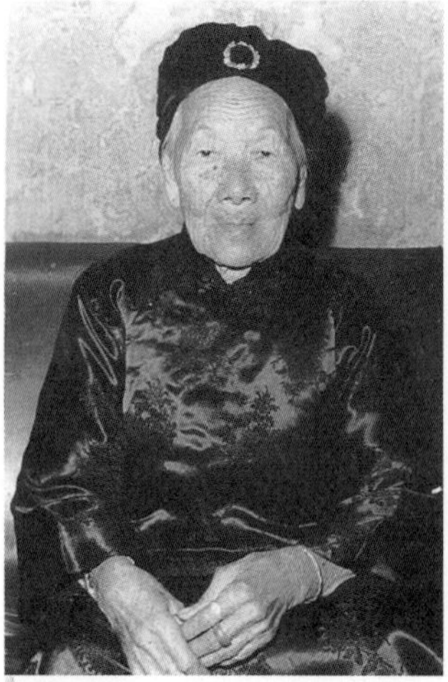

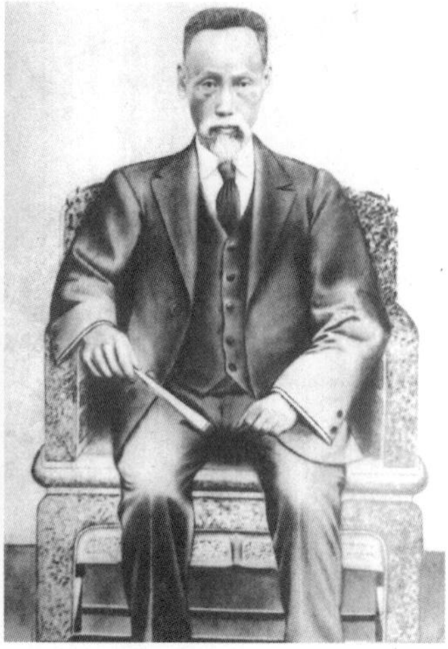

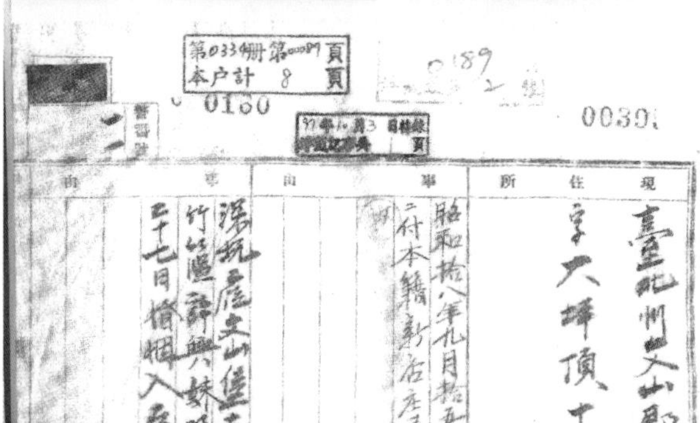

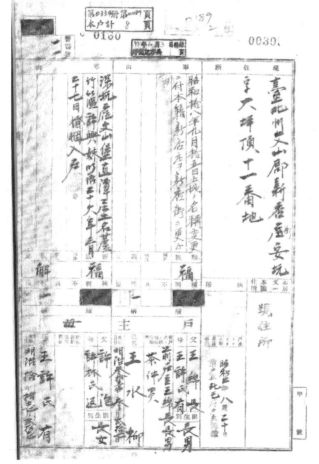

左：養成王水柳慈善性格的母親許有氏

右：帶領王水柳共創家族茶業的父親王綿長

下：王水柳在日據時期的戶籍謄本

台灣茶人王水柳

日據時期的新店安坑公學校（取自新店安坑國小紀念冊）

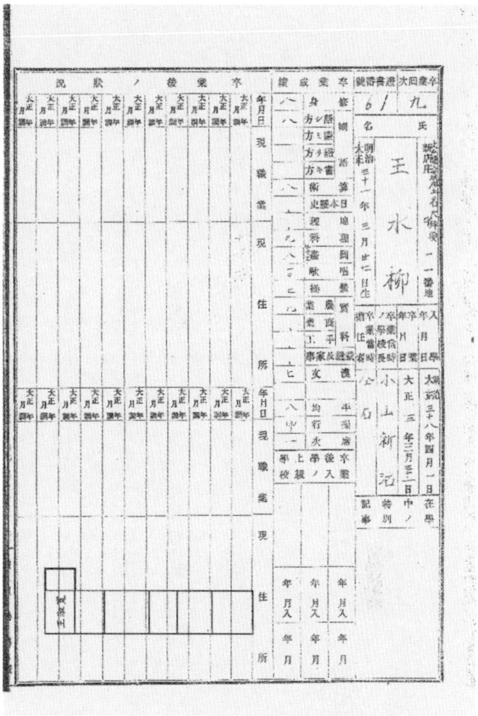

上：王水柳於安坑公學校第一名畢業的成績單

左：王水柳的二弟王添灯於安坑公學校的成績單

右：王水柳的三弟王進益於安坑公學校的成績單

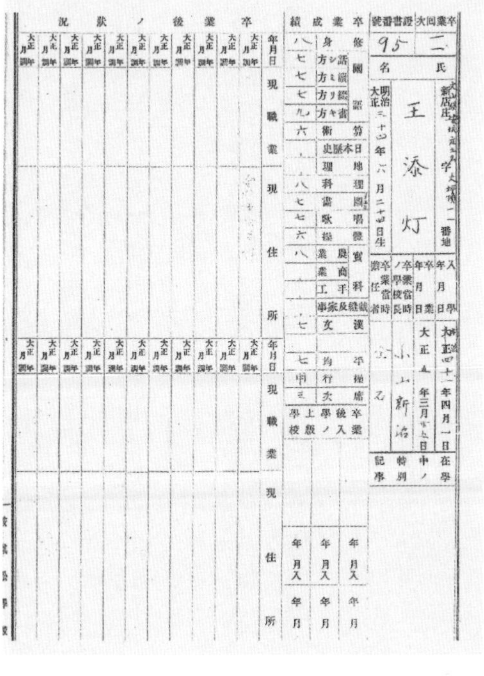

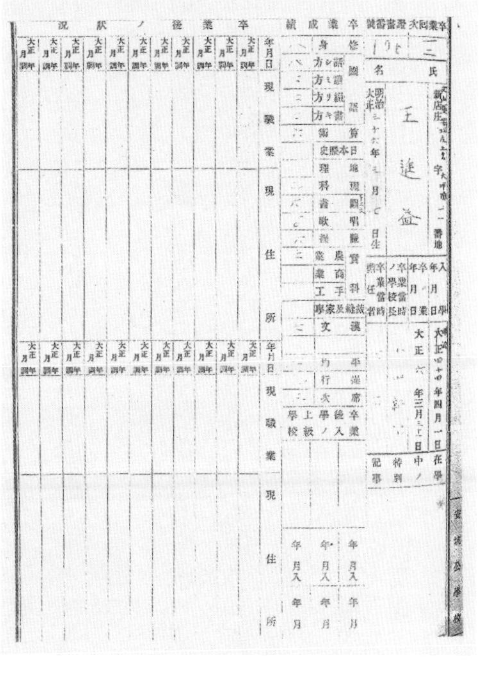

只要家中有事，王水柳就沒去上學。因爲經常缺課，王水柳的考試成績自然就不及格了。到了三年級（一九〇八）時，小山新治校長特地前來王家拜訪王綿長，讓他了解學校的規定。從此以後，一直到六年畢業，王水柳都是第一名。在畢業典禮上，他不但代表全班同學致謝詞，同時也得到台北廳長賞的殊榮。

王水柳在求學時每天通學，中午就吃粥飯便當。冷掉的粥飯很難吃。學校校長雇用的小使（工友）曾全樟先生知道了，每到中午煮飯時，就把王水柳的便當拿到灶邊加熱，而且經常煮麵線讓他吃。

後來，曾全樟任職李延禧[1]經營的新高銀行（現第一銀行）而搬到迪化街霞海城隍廟隔壁居住；十年後又被派往天津當支店長；但一九三七年不幸病逝天津。

王水柳是個知恩圖報的人。他非常感謝曾全樟先生。當他經營茶業時就聘用恰好失業的曾全樟的父親曾乞食先生，幫忙採購各地生茶。一九三九年三月，曾乞食先生在安坑下城自宅逝世。王水柳義不容辭地幫在台灣沒有後代的曾乞食先生辦理喪事，聊表個人心意。

一九一二年，十五歲的王水柳公學校畢業時，二弟添灯才十二歲，還在上學；三弟進益十歲，剛剛入學。父親王綿長則向安坑三城廖清江租了田地甲餘耕作。他就在家幫忙父親做農。一年的春天與早冬可收二季稻作。

一九一四年，稻田被他人搶租，無田可作。父親王綿長又前往王查某承租開採的廷寮坑石炭礦工作，除了領薪俸之外並增加十分之一股份。十七歲的王水柳也前去炭礦的雜貨店作小使，幫忙業務，支領薪俸，幫助家用。

一九一六年，王水柳十九歲。三月，礦主洪丕文想要奪回礦區的經營權；王查某就故意避而不見。洪氏乃以遲納租金，違反契約的理由，向台北地方法院提出訴訟，要求停止王家的開採權。後來，王查某精神失常，並在入院後逝世；採礦權終被洪丕文收回。因爲在訴訟期間，沒有工作，王水柳和父親就在一九一八年一月回到安坑做農。

農業時代，鄉下人大都早婚。因爲農忙，急需助手，王綿長就要二十一歲的王水柳與屈尺鄉林明火的妹妹林查某結婚。婚後的十月初一，他又與二弟添灯前去嘉義縣阿里山，投靠母舅許興，找工作。王添灯當時雖然已經十八歲，但發育不好，火車票還可以買半票。初二，他們到達嘉義竹崎，搭乘露天無蓋的火車，於下午五時到達阿里山的沼之平車站（今名沼平車站）[2]。舅父前來接他們兩兄

---

1. 李延禧（1883-1959）。祖父李春生以買辦起家，經營茶葉外銷，成爲僅次於林本源家的台灣第二富豪，並於日本據台的第二年（1896）帶領李延禧兄弟到日本讀書。李延禧於明治學院畢業後再取美國哥倫比亞大學經濟學碩士。一九一六年，父親李景盛與台北茶商合資創辦台灣人最早的株式會社新高銀行，並出任頭取（董事長）；他則擔任常務取締役（常務董事）。一九二一年，與林熊徵、顏雲年、辜顯榮等膺選爲台灣總督府評議會評議員。一九二三年，繼任新高銀行頭取。一九二四年，新高銀行因一戰後的不景氣與嘉義銀行和商工銀行合併爲台灣商工銀行，改任副頭取；其後辭職，攜日本太太移居東京，任大成火災保險株式會社常務取締役。台灣光復後，國民政府接收台灣商工銀行改爲官民合營的台灣工商銀行；一九四九年改名爲台灣第一商業銀行，由黃朝琴出任董事長，李延禧被選爲民股監察人，但他和子女都沒有回台。一九五九年，赴天津就醫後病逝。

上：王水柳與母親許有氏

下：王水柳位於新店安坑的祖宅

弟到他住處休息。隔天，他開始在山林課伐木部上班，每天數木材數、測量木材。二弟添灯則在娛樂部當撞球計分員，看球、數球。一個月後，他轉往沼之平火車站做雜役；每天清晨五時就起來給火車機關車燒煤起火。

二十二歲展開茶人生涯

在阿里山工作期間，每個月，王水柳都請舅父將他勞動所得的工資寄存母親。父親王綿長於是借用他所積蓄的三千元當資本，改作茶販，向鄉下的茶農收購茶葉來賣。

一九一九年二月間，二弟添灯由友人陪同返回安坑。農曆三月初一，二十二歲的王水柳也向山林課辭職，回到安坑，跟著父親做粗製茶葉的買賣，從此展開他的茶人生涯。

台灣茶業緣起於清雍正時代。一八六〇年，英法聯軍攻占北京，與清廷簽訂北京條約，台灣北部的淡水和南部的安平兩港，被迫開放通商。外商於是接踵而來，在碼頭區設立洋行（外商的商業辦事處），進行商業貿易。藉著這種被迫向外國勢力開放的契機，台灣經濟開始與外國市場接觸，從而導

---

2. 一九〇六年，日本殖民政府開工興築阿里山森林鐵路，展開大規模的伐木作業。沼之平，原爲一伐木村落。一九一四年三月十四日，沼之平車站，正式營運，就是阿里山舊火車站。以前所稱「阿里山」，就是指車站這一帶。（資料來源：阿里山嘉義林區管理處網站）

致南部砂糖業和北部茶業出現勃興局面。開港以前，台灣土茶已經運銷福州相當數量。清同治四年（一八六五），設於艋舺的英商杜德（John Dodd）的寶順洋行（Dodd & Co.），自福建安溪運來茶苗，開始在北部淡水附近鼓勵種茶，然後將粗茶加以精製外銷。一八六九年，台灣茶業與美國市場發生聯繫；台灣茶業於是作爲出口產業而急速發展。因爲受到艋舺人的排拒，寶順洋行移往淡水河邊的大稻埕。到了一八七二年時，水陸（Brown & Co.）、德記（Tait & Co.）、怡和（Jardine Mathesan & Co.）、和記（Boyd & Co.）、嘉士（Case & Co.）……等洋行，也已經陸續在大稻埕設立據點。這樣，由於外國商社競相購買粗茶而刺激茶葉的價格，誘使農民擴大種茶的規模；另一方面，經由挾帶鉅額資本的洋行的推動，大稻埕迅速竄起，成爲台灣北部最繁榮的通商口岸與物資集散中心。[3]

一八七五年以後，以洋行爲主導的台灣茶貿易，開始有大陸商人加入，並且迅速發展；到了一八八六年，茶行就達到兩百五十二家的盛況。爲此，當時的台灣巡撫劉銘傳特別組織茶郊永和興，加強華商之間的聯繫。

根據H.B.Morse的淡水海關報告，在一八八二年到一八九一年的十年間，淡水海關的出口貨物中，茶葉就占了九十四％。另外，由於茶葉的出口，自一八六五年至一八九三年的前後約三十年間，淡水和基隆兩港的對外貿易就增加了三十四倍。再者，從一八六九年到一八九五年，茶葉占了全台出口總值的五十三．四九％，高居對外輸出的首位。而這些出口茶葉的九〇％，都是在大稻埕精製後，再從淡水港出口。可以說沒有茶業貿易，就沒有大稻埕的繁華。茶業貿易同時也促使淡水河上游興起了許多產茶的鄉鎮。早在一八七七年左右，從大稻埕向周圍的山丘望去，映入眼簾的幾乎已經全是一片茶園景色。[4]

上：茶樹欉間的小路（李文吉攝）
下：1940年代台北山坡地的茶農家

通過王添灯所寫題爲〈稻江即景〉的詩句內容，約略可以看到大稻埕當年的繁華景象：

觀音屯嶺屹然殊
萬瓦參差入畫圖
市眾逍遙日紛沓
歸來菜館酒盈壺
交叉鐵道笛聲殊
督府中央似畫圖
舖飾洋灰通四達
賞心我亦每攜壺

可以理解，王水柳及其父親王綿長就是在這樣的時代背景下開始從事茶業的經營。

茶的出口過程，自茶農到出口商人之間，還有茶販子、茶棧、茶館、經手人、買辦等各種商人，分別扮演各自的角色。耕種茶園的茶農也是製造粗茶者。製造粗茶者，至少可以分爲「擁有土地及茶欉者」、「沒有土地但有茶欉者」及「既沒有土地也沒有茶欉的佃農」三類。每年，這些茶農在一定的季節裡雇用採茶女，採摘生葉，並製成粗茶。然後，專門掌管集聚粗茶上市的茶商（中間人），自己或僱請中間工（稱腳或短販仔），出入山地，收購粗茶，然後轉賣給茶棧。茶棧具有固定的店舖，是一種以茶袋買賣爲目的的交易場所；它在店內將收購來的粗茶進行好壞摻合後，再賣給茶館。茶館將粗茶精製加工後裝箱，再通過買辦轉賣洋行，或由洋行收購。[5]

基本上，王水柳家是屬於擁有土地及茶欉的茶農。

「我們家的茶園有好幾甲地，」王水柳的三弟王進益說，「家裡人手不夠，種茶、採茶都得另外請人幫忙。因爲這樣，就讀公學校期間，我和大哥及二哥三個較大的男孩，早上起床後，先得各自採滿一大簍的茶葉，交給母親，才能去上學。採回來的茶葉經過日曬，曬到葉緣翻紅之後，又得下鍋炒，再焙火，經過這樣複雜的過程之後才製成粗茶。父親和大兄都是專門做茶的，什麼都在行，自己種茶、製茶，也經營茶行。他們在新店安坑將做好的茶一包一包裝上船，沿著新店溪，載到台北大稻埕來賣。我們三個年紀較大的男孩，也常常和父親一起到大稻埕賣茶。因爲這樣，我們從小就對茶葉的製作和買賣過程相當熟悉。」

據台灣銀行出版的《烏龍茶葉的概況及其與茶業金融的沿革》（一九一一）所載，到了一八九五年日本占領台灣時，台灣本地商人業已取代了大陸商人，扎扎實實地具備了經營茶館的實力。[6]

然而，根據王添灯相關履歷表的記載，王家的茶葉生意卻要遲至一九三二年，才從茶販子升級爲

3. 井出季和太《臺灣治積志》，郭輝編譯《日據下之臺政》（台北：海峽學術出版社）卷一，頁一四七～一四八。
4. 涂照彥《日本帝國主義下的臺灣》（台北：人間出版社），頁三七五、三八三、三七六。
5. 涂照彥《日本帝國主義下的臺灣》，頁三七五、三八四。

茶棧、茶館的經營者。

因此，可以說，王家在王綿長那輩還是茶農，到了王水柳那代就成了茶商。

「後來，父親在淡水河畔的大稻埕港町租了一間房子，開設了一家文山茶行，我們三兄弟也都被叫回去幫忙。」王水柳的三弟王進益說，「在我父親那一代，自己還有茶園，到了我們這一代，茶園就逐漸荒廢，只從事貿易生意了。」

從兼差義祥行到獨承父親的茶業

一九二〇年，王水柳二十三歲。這時，家裡的收入雖然比務農好些，但茶葉買賣到了農曆十月就已經中止，要到明年才有新茶可買，他於是設法利用這段期間賺錢。後來，在台北市義祥行任職的友人劉金圳先生向他透露老闆薛果堂要用人的訊息；他便與該行總經理潘文凱先生談條件說，每年的農曆三月十五至四月十五日，他要請假，幫忙父親處理茶業事務。潘文凱答應了他。他就在義祥行採購部任職上班。

義祥行經營石炭業，採購石炭礦，販賣給全省的製造工廠。每日上午，王水柳便前往台北車站，向站長討車積炭，賣往南部。第二年（一九二一），他又被派往淡水、汐止等地採購石炭，販賣南部各地的工廠。

「當時，二弟添灯尚無工作，」〈王水柳九四回憶〉說，「我拜託安坑區長林枝先生與派出所保正，讓二弟當保甲書記；三年後，安坑區與新店庄合併後改任新店庄役場（鄉公所）總務課書記。」

一九二二年，長子王安邦出生。二十五歲的王水柳也當了父親。

一九二三年，二十六歲的王水柳辭退了義祥行的兼職，在安坑與父親王綿長一起積極投入茶葉生意的經營。同年十月，王綿長向賴桃源先生買入大坪腳三分五厘之田地，自己耕作，年產稻穀三千斤左右，多少可以增加家用。十二月間，王綿長當選頂城保正（村長）；但是，所有事務都由王水柳和在新店庄役場任職的二弟添灯代辦。

當時，向茶戶購茶要現金交易。雖然台灣總督府已在茶園茶農和粗茶業者之間開設事業信用農會，允許以台灣銀行爲首的現代金融機關通過農會對茶農進行安全的貸款。[7]王家卻因爲資本薄弱無法申請信用貸款，因此業務很難擴大。然而，王綿長是安分守己的人，從不向人賒貨款，如有欠人貨款，到了約定的日期必定持往返還；久而久之，就漸漸取得茶戶的信用，有時候也可讓他賒帳。

一九二四年，王水柳二十七歲。這年，三弟王進益考取公學校教員資格，前往台北州廳講習四個月後，調派基隆馬煉公學校任教。王綿長的茶業生意也隨著信用的建立經營得非常順利。

到了一九二五年，安坑茶戶對王水柳父子已經非常信任，無論茶款多少，不用現金也可以運回。因爲這樣，二十八歲的王水柳也深刻體認到信用就是資本的道理而非常自重。有一天，同業人周楊柳先生找他去賭博，立刻被他拒絕。他想到，過去茶戶對王家並不信任，如今好不容易已經被人信用，自己若是前往賭博，一定會被人看輕，不敢爲也！

---

6. 涂照彥《日本帝國主義下的臺灣》，頁三七六。

7. 一九一三年一月〈臺灣產業組合規則〉。

從此以後，王家的茶業就經營得更加順利，業績蒸蒸日上。

一九二七年，農曆七月二十三日，父親王綿長逝世。當時，王水柳的母親五十一歲，二弟添灯二十七歲，三弟進益二十五歲，大妹春英十八歲，四弟忠信十四歲，二妹秀琴十一歲，長子安邦四歲。三十歲的他負責辦理父親後事，四十天後擇頂城之公共墓地安葬。（八年後，開棺拾骨葬於大坪腳自己土地。一九九一年三月再移入大坪腳墓塔之內，春秋二祭。）

王綿長逝世之後，王家的茶業就由王水柳獨自經營了。他除了自己經營春茶與秋茶，並與新店青潭人高良先生合股經營夏茶、烏龍茶、再製茶，銷售台北市的英商華利、義和、德記、美時等外國洋行。這樣，每年也多少賺了些錢。

當王水柳的茶葉生意開始有了盈利，經濟條件好轉以後，二弟王添灯及三弟王進益於是在他的幕後支持下，可以沒有後顧之憂地投入各種社會及政治活動。

一九三〇年四月十三日，東洋醫道會理事長南拜山來台宣揚漢醫是治本之藥；五月二十八日至六月十四日，在桃園、新竹、台中、嘉義、台南、高雄、屏東及竹山等地展開巡迴講演，王添灯隨同擔任通譯。八月又退職台北市社會課勤務，改任東洋醫道會台灣皇漢醫界社和文（日文）部編輯主任。同年六月二十一日，日大經濟科畢業的三弟進益，與王萬德、周合源、黃白成枝及張朝基等無政府主義青年創刊《伍人報》（十二月停刊），擔任「營業係代表」。

上：年輕時期的王水柳
下：晚年隱居於安坑山上的王水柳與長子王安邦（左一）及訪客

從南興洋行到文山茶行

一九三一年，王水柳三十四歲。九月十八日，日本帝國發動九一八事變；占領東三省。九月二十一日，英國停止金本位制。資本主義世界的金本位制崩潰，世界貿易陷於痲痺狀態。資本主義經濟的總危機漫無止境地持續發展。

〈王水柳九四回憶〉載稱，一九三二年三月，三十五歲的他與友人張西河、劉宗妙、黃漢水，共同創立經營茶業的株式會社南興洋行（南興股份有限公司），擔任取締役（董事）。他同時也把二弟添灯拉來入股爲董事之一。四月，王添灯擔任南興公司總務，從此展開「意氣風發」的實業生涯。

王水柳回憶說，「南興以源美茶行的包種茶爲商標，輸往南洋印尼之三巴籠銷售，年有三十萬斤左右之數量。」然後，他與二弟王添灯又在這樣的基礎上創辦了文山茶行。

爲了紀念文山茶行的創立，王添灯在當年還寫了一首七言崁頭詩：

文明嗜已遍全球
山種旗槍獨占優
茶茗惠人同雨露
行名行運永無休

關於文山茶行創設的確切日期，王添灯不同年代的履歷表有著略微出入的記載。首先，

〈一九四三年履歷表〉記載的是一九三二年五月一日。其次，〈一九四六年履歷表〉記載的是同年四月，王添灯並且擔任總經理。最後，〈一九四七年履歷表〉記載的又是五月。[8]

綜合以上三份王添灯履歷表的記載，我們應該可以這樣說：一九三二年四、五月間，文山茶行創設，王添灯擔任總經理一職。

對此，王添灯的家屬也有略微出入的說法。

「我聽阿嬤說過，」王添灯的長女王純純說：「她說文山茶行是我父親時才開始經營的，因爲人手不足，才把伯父、三叔、阿姑都找來入股。」

王添灯的長子王政統說：「先前是祖父在新店種茶，伯父在新店開茶行，父親加入時才到貴德街開文山茶行。伯父管製茶，父親管外務。」

「我二兄是認爲，像父親那樣的傳統茶販，無法擴大經營規模，」王添灯的么妹王秀琴說：「他認爲應該要邀集幾個朋友，合資來擴大經營，所以文山茶行幾乎是二兄一手規劃的，股東也是他出面組織的，所以大兄主要負責茶園生產，三兄協助發展業務。文山茶行的股東除了我家兄弟姊妹外，後來出來自行經營的大和茶行、南興茶行、虛謙兄、木通嫂他們也都是。」[9]

那麼，眞正參與其事的王水柳的說法又是如何呢？

8. 王添灯一九四三、一九四六、一九四七年履歷表。

9.《王添灯紀念輯》，頁一二九、一三八、一六七。

「一九三三年六月間，我與二弟添灯相議組織文山茶行，」〈王水柳九四回憶〉寫道，「資本二萬二千元，股東大部分是親戚好友。」

綜合上述互有出入的各種說法來看，以王水柳的兄弟姊妹爲主要股東的文山茶行，總經理既然是王添灯，那麼董事長按理就應該是身爲大哥的王水柳了。

文山包種茶

所謂文山，包括今天的坪林、石碇、深坑、烏來、新店、雙溪、平溪等地。王添灯《自撰詩集》收錄了一首題爲〈文山覽勝〉的詩就描寫了文山地區的山明水秀。詩云：

四時樹綠秀峰陵
碧水澄潭曉霧騰
聯絡輕車來覽客
浮將小艇傳吟朋
眼看猴嶺仙人住
心想方壺玉女登
瀑布溫泉更清絕
番人異種會前曾

文山地區是台灣最古老的四大茶區之一，盛產條型包種茶。顧名思義，文山茶行也以包種茶的外銷爲主。

台灣包種茶的主要市場原本是在華僑所在的南洋，特別是印尼的爪哇。但自一九三一年九一八事件爆發，日本帝國主義開始侵略中國以後，當地華僑開始抵制包括台灣包種茶在內的日貨，再加上爪哇政府提高關稅等因素，市場一落千丈。

一九三二年，王添灯於是奉公司之命，視察南洋各地；十一月十九日，經由廈門轉往香港、廣州，然後從香港南下印尼的文島、爪哇、巴城、萬方、萬悅、芝納接、三寶籠、馬窩、思加拉惹、梭咾、日惹、磨羅巫魯爾、新加坡、柔佛等南洋城市；一九三三年一月十七日，搭乘安東輪，經海南島、香港、九龍，抵達廈門，然後於二月一日返抵基隆。五月十日起，他在《台灣新民報》連載〈南洋遊記〉。

「文山茶行的主要業務先是銷售中下等的茶，到大部分是漁民，約有二十五萬人口的沖繩那霸市。茶行同時派原先是販賣日本豆油的曾茂先生前往當地主事。」〈王水柳九四回憶〉說：「一年後，既無損也無利，所以就沒有紅利可分。股東會議因此決議要進出南方星島之新加坡，並派二弟添灯前往調查而得知，該地大部分是華僑，使用茶是厚火之茶，亦中下茶爲標準，隨即派股東之一廖梓前往，負責銷售。經營一年後，因該地之慣例要送貨後一個月才可收款，所以同樣無利無損，但被欠帳九千元左右。」

也許，通過王添灯所寫題爲〈自嘆〉的詩，可以幫助我們從側面瞭解文山茶行創業維艱的情況：

一

謀事在人成在天
青年理想總無緣
縱云非是商家子
不作商家奈世遷

二

登入天地總無辭
六合無邊鮮可依
隱慰自應守公僕
人生此日莫相違

三

專身粉碎以從容
終始純眞只顧忠
孰料世人情未悟
岳公舊事感何窮

四

創業從容自古稀
功名成遂變爭機

柴空米盡無人見
仁義摧殘世道非

儘管如此，王水柳與王添灯兄弟還是克服了種種困難，讓文山茶行的茶葉事業逐步穩健成長。到了一九三七年，文山茶行除了「本店設在台北市港町，大連、沖繩（琉球）、新加坡等地也都設有分行，向滿洲、朝鮮、南洋以及沖繩等地行銷茶葉」。[10]

因爲這樣，除了老母親還住在暗坑老家之外，王家家族大大小小都搬進台北永樂町的文山茶行居住。茶行的房子很大，中間有個大天井，四圍是屋子；除了一兩棟是二層的洋樓之外，都是平房；每棟屋子彼此相連，都能相通。茶行的店面、事務所，都在這裡。此外，心腸好，很照顧人的王氏兄弟也讓茶行的掌櫃和夥計，住在茶行後頭靠河邊的房間。[11]

文山茶行大連支店

一九三二年三月一日，日本帝國在東北三省成立「滿洲國」；三月九日，滿清廢帝溥儀登台，甘

10. 臺灣新民報編印《臺灣人士鑑》，一九三七年。
11. 《王添灯紀念輯》，頁一二九、一三〇、一六四。

作日寇的傀儡。四月，日本的壟斷資本三井、三菱財閥向滿洲國提供兩千萬日元的貸款合同，幫助它建立「滿洲」中央銀行。滿洲國實質上成爲日本的殖民地。

由於東北地區氣候乾燥，缺乏生鮮蔬果，來自南方的茶，於是成爲當地人民日常生活不可或缺的飲料。因此，即便席捲全世界的嚴重經濟危機正處於最深刻的狀態，台灣包種茶還是在東北找到一條出路。

據統計，一九三四年，台灣包種茶出口總額一共四百六十七萬斤，其中一百二十三萬斤運銷荷領東印度，一百零九萬斤運銷東北。[12]

因爲業務的需要，王添灯於是也幾次前往東北考察市場。據〈王添灯一九四七年履歷表〉所記，第一次是一九三三年十月，奉台灣茶葉公會同業組合之命。

〈王水柳九四回憶〉則說：

「一九三五年三月，二弟王添灯前往滿洲國大連港視察茶業之事，二十天回來，決定進出大連，設文山茶行支店；同年四月間，正式在大連市惠比須町二〇八番地（號），設立文山茶行大連支店。該地使用茶葉是上、中、下等皆有，但主要是花茶、黃茶，而台灣茶大部分是包種茶，不合當地人之嗜好，因此，文山茶行開始研究製造黃茶，並於四月間先行輸出多少試辦。當時派王進益、林春生前往負責，開拓市場。與此同時，台灣的太和、錦益、大裕等茶行也都相繼進出大連，互相競爭。」

根據台灣總督府大連物產紹介所一九三七年的記錄，文山茶行是當時在大連設有營業所的十家台灣茶行之一。[13]

王水柳的么妹王秀琴回憶說，因爲業務需要，文山茶行決定要在大陸設立分行，於是派了同是安

文山茶行大連支店門前（左起為王水柳三弟王進益、小妹王秀琴、二弟王添灯，前坐為母親許有氏。）

坑人、日本大學法律系畢業、單身的股東林春生先去打底。[14]等到在大陸設立分行的事情有了基礎之後，再派弟弟王進益過去，擔任大連支店店長。[15]

日大經濟科畢業的王進益回憶說，文山茶行的茶葉主要都外銷到滿洲、琉球和新加坡等地，其中以大連分行賺的錢最多。當時，在東北賣茶的都是大型的公司或會社，若以個人來說，文山茶行是最早去的一個。會選擇到大連開茶行，主要是台灣的花茶在當地很受歡迎。文山茶行也創造了包裝精美、價格便宜的「六合香」品牌，憑著勤奮的推銷，成爲台灣茶行在東北的最大行號。

一九三五年十月十日，台灣總督府實施出口補償法。台灣茶葉的外銷也因此有了較好的機會。同一天，台灣施政四十週年紀念博覽會在台北市舉行；其中設於新公園內的第二會場，內設台灣茶接待館。展覽一直到十一月二十八日結束，對台灣的茶葉促銷起到了一定的作用。[16]十月二十五日，第一回內台茶業大會在台北召開，決議設置台灣茶業統制機關「台灣茶業協會」。[17]

「就在茶業景氣相對好轉的一九三六年九月，三十九歲的我參加了台北市茶業公會組織的茶業視察團，前往東北考察二十一天，同行者包括台北市茶業公會會長陳天來先生、秘書朱阿西先生，及另外兩名茶行同業。」〈王水柳九四回憶〉說：「我們在基隆港乘船，四天即到大連港。三弟王進益到碼頭接我前往文山茶行支店休息。當時，王添灯的長子王政統正在旅順大學讀書。第二天起，我就由文山茶行聘請的一名導遊陪同，遊覽東北各省的幾個大城市和名勝古蹟；包括東三省出入港口、人口約一百萬人左右的大連，大部分是大約五樓以上蘇聯式洋樓的哈爾濱（三天），滿洲國帝都所在的長春（三天），以及奉天等其他地區。最讓我感到震驚的是，在日本帝國主義統治下的東北三省，從前俄國建設之鐵道竟然已經全部改成日本鐵道的軌距。最後，我再回到大連文山茶行休息，於十月初搭乘日本輪船返回台灣。當輪船駛抵基隆港時，我看到邱寒梅與數名女友〔女性友人〕在碼頭迎接；因爲暈船，感到非常疲勞，我們隨即趕回台北文山茶行休息。」

文山茶行天津支店

一九三六年，台灣茶農戶數增爲二萬二千零五十六戶，茶樹栽種面積略減爲四萬六千零六十八甲，但摘葉面積增爲四萬二千九百七十八甲。粗製茶生產量爲一千八百零八萬一千四百二十六斤。精製茶生產量爲一千七百四十八萬五千七百八十三斤，其中包種茶五百九十一萬二千五百四十三斤，占三十四%。[18]

就在這樣的茶業景氣下，一九三七年二月二十二日，文山茶行與新店同鄉高良合作，將茶行擴大

12. 郭輝編譯《日據下之臺政》卷三，頁一一三八。
13. 《王添灯紀念輯》，頁一九二、一九三。
14. 《王添灯紀念輯》，頁一三三。
15. 臺灣新民報編印《臺灣人士鑑》，頁四十。
16. 郭輝編譯《日據下之臺政》卷三，頁一一三八、一二一三。
17. 《王添灯紀念輯》，頁一九四。
18. 黃玉齋主編《臺灣年鑑》（六），頁一八三六、一八四一、一八四三。

爲文山製茶株式會社。[19]

就在文山茶行日漸擴大的經濟實力的支持下，五月二十日，曾經有過實際的社會運動歷練的王添灯被選任同業組合台灣茶商公會代議員。七月，再被選任同業組合台灣茶商公會評議員。[20]從此成爲台灣茶業界的活躍份子。

可以想見，在王水柳與王添灯兩兄弟的內外協力下，文山茶行在台灣茶業界的地位也將更加重要。

然而，就在此時，政治形勢卻往戰爭的方向惡性發展著。七月七日，七七事變爆發，日本帝國開始全面侵華，向華北、華中、華南各地進軍；八月十三日進攻上海，並於十一月十二日占領上海；十一月二十日，國民政府遷都重慶。十二月十三日，日軍占領南京。十二月二十三日，濟南淪陷。

「這段期間，由於各港口被封鎖，境外物資無法運銷大陸。」〈王水柳九四回憶〉說：「銷往大陸的台灣茶葉受到嚴重打擊。」

八月三十日，茶商公會、新竹州紅茶同業組合邀請多數是官方及茶業界權威人士，在台北市公會堂聯合主辦「台灣茶發展座談會」，共議挽回台灣茶業頹勢的對策。在會上，王添灯代表茶商，與代表茶農的共同販賣所和台北州茶出荷組合人士，展開一番激辯。[21]

九月，王添灯奉（台灣）茶葉（商）公會同業組合之命，視察華北、東北各地。[22]

十月十六日，台灣茶業協會在台北市成立，是總括統制台灣茶的生產、製造、販賣的最高機關，網羅了當時的茶葉公會、台灣茶共同販賣所、新竹州紅茶同業組合及其他相關業者，以促進各茶業關係者相互間的聯絡與和諧，幫助台灣茶業的發展爲目的；會長由台灣總督府殖產局長田端幸三郎擔任，副會長兩名：特產課長奧田達郎和茶商公會會長陳天來；王添灯被指名為二十名委員之一；會址設在茶商公會。[23]

這說明文山茶行已經通過王添灯得以進入台灣茶業界的核心，擁有一定的發言權了。十月二十九日，王添灯啓程赴日，以茶輸出業者身分，出席茶葉組合中央會議所在東京主辦的第二回內台茶業大會。返台後，又應茶商公會理事岩田此一之邀，在公會機關誌《台灣之茶業》發表感言，提出對改善台灣茶業的迫切期待。[24]

在戰爭的陰影下，這一年，台灣的茶農戶數和茶樹栽種面積雖然略減，但摘葉面積卻有所增加。而包種茶的生產量是四百九十萬四千八百八十二斤，占精製茶生產量的二十六%，輸出四百二十四萬五千六百三十斤。[25]

據同業組合台灣茶商公會統計，這一年，文山茶行銷往中國大陸與滿洲國的包種茶是十七萬

---

19. 王添灯一九四三、一九四六及一九四七年履歷表。
20. 王添灯一九四三及一九四七年履歷表。
21. 《王添灯紀念輯》，頁一九四。
22. 王添灯一九四七年履歷表。
23. 《王添灯紀念輯》，頁一九四。
24. 《王添灯紀念輯》，頁一九三、一九四。
25. 黃玉齋主編《臺灣年鑑》（六），頁一八三二、一八三七、一八四三、一八四四。

三千五百八十斤，排名第五。[26]

一九三八年初，因爲船隻不足，銷往大連的台灣茶產生了運銷困難的問題。[27]

同年三月，以梁鴻志爲首的「中華民國維新政府」在南京成立。五月十九日，日軍攻占徐州。九月二十二日，「中華民國聯合政府委員會」在北平成立。十月二十一日，日軍占領廣州。十月二十五日，武漢失守。十一月二十二日，日本近衛政府要求中國政府承認「滿洲國」，放棄抗日。十二月二十九日，汪精衛發表「豔電」，公開叛國。

隨著日軍在大陸的軍事侵略，台灣茶業也逐漸由東北向華北和華中發展。九月十六日，殖民政府簡化了台民赴大陸旅行的護照手續。

文山茶行於是也因應時勢在華北的天津再設一家支店。這年，王水柳四十一歲。

「一九三八年五月，文山茶行設支店於天津市針市街，三弟王進益與鄭南倉主持營業。」〈王水柳九四回憶〉寫道：「當時天津所銷是黃花茶，但台灣是包種花茶，色烏，比較無合當地口味，但花香無差，以後漸漸習慣；文山茶行製造的六合香，在天津市及附近地區非常受歡迎，每年銷售量十五萬斤左右；其他花茶也非常暢銷。」

這年秋天，爲了拓展台灣茶在滿洲與華北的銷路，台灣茶商公會組織了「滿洲班」與「北支班」兩支宣傳隊伍，前往東北與華北考察。王添灯也以台灣茶商公會評議員的身分，跟隨北支班，赴華中、華北考察（十月二十三日至十一月二十五日）。北支班的團長是茶商公會會長陳天來，團員還包括茶商公會書記長朱阿西，以及評議員劉宗妙（南興茶行）和陳榮川（錦記茶行）。一行五人由基隆港出發，依序抵達上海、南京、青島、濟南、天津、北京、山海關、錦州、奉天等地，主要考察各地所需、適合大眾嗜好的茶的種類，集散到各地的茶的生產地與一年的交易額，以及各地向來的交易方法及其習慣等等。[28]

據統計，一九三八年，台灣茶農戶數、茶樹栽種面積與摘葉面積俱減，包種茶生產量爲五百九十二萬八千六百五十三斤，占精製茶的二十九%，輸出五百六十八萬五千八百九十二斤。[29]

另據同業組合台灣茶商公會統計，這一年，文山茶行銷往中國與滿洲的包種茶是廿七萬九千六百八十一斤，排名第六。[30]

二戰爆發經營困難

早在一九三七年八月十五日，日本帝國主義已把殖民地台灣納入戰時體制；爲了充實戰略物資，又從一九三八年七月起開始實施經濟統制。隨著日本資本主義在軍國主義對外膨脹到達極點的三〇年代後半以後，台灣經濟的對日隸屬性被進一步強化了。一九三九年，台灣的對外貿易被納入所謂「大

26.《王添灯紀念輯》，頁一九二。
27. 臺灣茶商公會〈昭和十四年（1939）度業務成績報告書〉，《王添灯紀念輯》，頁一九四。
28.《王添灯紀念輯》，頁六五、九九。
29. 黃玉齋主編《臺灣年鑑》（六），頁一八三七、一八四一、一八四三、一八四四。
30.《王添灯紀念輯》，頁一九二。

東亞共榮圈」，所有的進出口已不得不幾乎完全依賴於「大東亞共榮圈」。[31]

爲了爭取外匯，台灣總督府於八月三日實施台灣茶輸出許可制，限制「圓域向」（日圓流通圈）的輸出，以加強振興台灣茶「第三國向」（主要指英美與南洋諸國）的輸出。

八月二十三日，德蘇互不侵犯條約簽訂。九月一日，德軍開始入侵波蘭。九月三日，英法對德宣戰，第二次世界大戰開始。

九月十四日，總督府又令茶葉業者成立「滿（洲）支（那）向台灣茶輸出組合」；組合長由台灣茶共同販賣所常務理事鈴木恆藏擔任，王添灯則被指名爲評議員之一。九月二十二日再成立「第三國向台灣茶輸出組合」，規定業者必須加入，再依據過去三年（一九三六至一九三八）輸出數量的平均值作爲配額，申請許可後輸出。結果卻產生有些業者將配額當成權利加以出售，以致造成茶價不當上漲的弊端。十月十四日，爲了瞭解台灣茶銷往大連遭遇的實際困難，曾經數度往返當地，可以說是「滿洲通」的王添灯被指派，陪同「滿支向台灣茶輸出組合」組合長鈴木恆藏，前往滿洲，考察當地茶業。在大連，通過努力折衝之後，事情終獲圓滿解決。[32]

這一年，台灣茶農戶數再減，但茶樹栽種面積與摘葉面積略增；其中包種茶生產量爲七百八十二萬六千四百二十三斤，占精製茶生產量的二十五％；輸出七百一十四萬三千八百三十四斤。[33]

據同業組合台灣茶商公會統計，這一年，文山茶行的包種茶年度輸移出總量是卅八萬一千八百七十斤，其中銷往大陸與滿洲卅五萬一千五百一十六斤，排名仍然維持第六位。[34]

儘管如此，文山茶行的經營還是發生困難了。

「當時，日本聲明設立中國爲聯邦政府，蔣介石及其他要人開會（某雜誌載）後派汪精衛（汪兆銘）出面與日本軍閥協商設立維新政府，與日本應酬，依然是傀儡政府，但國旗無改，依然是青天白日滿地紅，只有旗端用布條寫反共抗俄而已。因爲這樣，原先供應華北及東北之用的福建省茶葉，全部被禁止。」〈王水柳九四回憶〉說：「與此同時，英、美及歐洲各國也因爲日本侵略中國而拒絕購買台灣的茶葉。所以，台灣茶葉出口市場衰退，全部向華北、東北進出，競爭非常激烈。因爲這樣，我文山茶行經營發生困難。」

一九四〇年，王水柳四十三歲。四月間，長子王安邦成淵私立中學校夜間部畢業後被他派赴那霸市之文山茶行支店，幫助曾茂販賣茶葉，當推銷員。農曆六月十日，他與邱寒梅女士的長女王淑惠在台北市松記木材行四樓出生。然而，中年得女的喜訊卻改變不了政治形勢所造成的茶業經營的嚴峻環境。

三月三十日，汪精衛在南京成立國民政府。

四月一日，爲了因應戰爭的發展，滿洲國政府採取低物價政策，實施貿易統制，將茶列入生活必需品，從而規定：進入該國的茶葉必須經「滿洲國生活必需品株式會社」許可，並由其指定一、二商家承攬輸入之業務。

---

31. 涂照彥《日本帝國主義下的臺灣》，頁一六二。
32. 臺灣茶商公會〈昭和十四年（1939）度業務成績報告書〉，《王添灯紀念輯》，頁一九四～一九五。
33. 黃玉齋主編《臺灣年鑑》（六），頁一八三七、一八四一、一八四三、一八四四、一八四五。
34. 《王添灯紀念輯》，頁一九二。

這個重大的政策改變，對以滿洲國爲主要市場的台灣茶商，勢必造成前所未有的衝擊。面對如此嚴峻的情勢，文山茶行隨即做了種種應變的措施。

五月二十五日，爲了確保台灣茶輸出所需的茶箱與包裝器材的取得與順利配給，王添灯（持股五十份）與另外十二位茶商或茶箱商共同出資，在永樂町一丁目的茶商公會，創立茶箱製造與販賣的統制機關「台灣輸出振興株式會社」。七月二十三日，他又以文山製茶株式會社專務取締役（執行董事）身分，在《台灣之茶葉》第二十三卷第三號發表〈如何來看本年度的台灣茶葉〉，針對滿洲國政府有關茶葉輸入的新規定，公開提出陳情與建議。由於台灣茶都經由大連輸入滿洲國，他特別指出此一政策對大連的台灣茶商與關東州茶商產生的傷害，同時呼籲滿洲國當局：考慮台灣總督府與台灣業者的意見，重新檢討這項政策。最後，他也建議台灣業者應該設法突破當前的困境，統一對「圓域向」與「第三國向」的銷售步驟，盡量降低生產成本，同時設法開拓新市場，尤其是人口比滿洲國還要多的河北、蒙古、新疆、華中與華南的新市場。

九月二十七日，爲了達到分割世界的目的，日本近衛內閣與德國希特勒、義國墨索里尼，在柏林簽署了德義日〈三國同盟條約〉，三國一致同意：以「一切政治的、經濟的和軍事的手段相互支援」。該條約把所謂「大東亞」劃爲日本勢力範圍。與此同時，三國還締結了一個祕密附件。德國暗中承擔了盡全力支持日本準備對美開戰的義務，還答應以一切現有手段支持日本同英國作戰。

這樣，台灣茶「第三國向」的市場也就不太可能有更進一步的開拓，乃至於被關閉了。

十月十三日，王添灯再度陪同「滿支向台灣茶輸出組合」組合長鈴木恒藏，連同錦記茶行的陳清素、大裕茶行的陳清輝、中野商店的中野十郎及三井茶行的上野泰次郎，一起前往滿洲，商談台灣茶對滿洲的交易事項。[35]

據統計，本年度台灣茶農戶數、茶樹栽種面積與摘葉面積都略為增加。包種茶輸出四百三十九萬三千七百六十四斤。[36]

另據同業組合台灣茶商公會統計，這一年，文山茶行的包種茶輸移出總量是四十八萬零一百九十二斤，其中銷往中國與滿洲仍有四十一萬八千五百卌四斤；不僅仍然維持第六位的排名，而且比前一年多了六萬七千零十八斤。[37]

「十二月，文山茶行結算，當年之利益盈餘約一百萬元左右，」〈王水柳九四回憶〉說：「扣除期中抽出二十萬增資，及本人持九千元返還安坑信用組合，留存十五萬作為公司的基金之外，其餘全部給各股東分紅；因為已經有好幾年沒有分紅了，皆大歡喜。」

一九四一年，王水柳四十四歲。

隨著國際情勢的變動，台灣茶業處於前所未有的困局。三月二十日，王添灯以文山製茶株式會社專務取締役（執行董事）的身分，在《台灣之茶葉》第二十四卷第一號發表〈從國際情勢來看台灣茶之動向〉，對台灣茶業者指出，這一年應該充分考慮的兩個問題：首先，因為受到「滿洲國生活必需

35. 《王添灯紀念輯》，頁一九五。
36. 黃玉齋主編《臺灣年鑑》（六），頁一八三七、一八四一、一八四五。
37. 《王添灯紀念輯》，頁一九二。

上：王水柳掛於茶行二樓的早逝四弟王忠信遺照

下：晚年的王水柳與弟弟王進益（右）

上：王水柳的二弟王添灯
下：王水柳（站立者右一）與母親、王添灯全家合影

品株式會社」茶業統制的影響，前一年（一九四〇）的台茶生產量大幅減少，所以今年勢必會有新茶吃緊的問題出現。其次，因爲多額的資本受固定，對外通路又被堵塞，將會有資金運轉困難、利息負擔過重的問題。38

另組綿長股份有限公司應變

通過王添灯《自撰詩集》裡頭收錄的題爲〈放棄文山會社自嘆感賦〉詩，我們也可以看到，一九三七年二月二十二日從文山茶行擴大的文山製茶株式會社，也在辛苦經營幾年之後，不得不在這樣的客觀困境下，面臨拆夥的結局。詩云：

回首于今經五秋
波瀾重疊感難儔
工場設處心偏苦
會社成時意未修
忍把江山輕擲棄
何堪事業再綢僇
人間道義堪長嘆
斷絕禍根無後憂

面對這樣嚴峻的內外情勢，王水柳及王添灯兄弟也及時作了因應措施。

〈王水柳九四回憶〉記錄了當時的具體情況：

「三月間，台灣總督府公布：因爲戰爭關係，明年一月起，台灣土地不得買賣。我於是與二弟添灯及三弟進益相議，以父親名字組成綿長股份有限公司，通過黃熙謙先生介紹，在屏東東港向芳賽先生買入五十甲左右之田地；價格每甲四千元至五千元左右。在當地僱一名職員陳水壽先生管理田地及收租穀之事，大約一甲地收四千斤左右之租穀，分二季收集之。三兄弟每月都往東港視察。後來，我又以邱寒梅之名義，在宜蘭縣宜蘭市竹林及冬山鄉九份，向江某分別購買一甲五分和二甲五分之田地。我聽說二弟添灯也在彰化縣買入七甲餘之田地，但我不曾到實地看過。

「四月間，殖民政府發現台灣茶業混亂，於是明令茶業公會與社會課產業聯合，以三年的實際業績爲標準決定配額。文山茶行分到的配額是華北與東北的三十七萬台斤。但是未分配割當前，文山茶行的經營並無利益：沖繩那霸支店損虧七千元左右，新加坡欠帳九千元左右，大連方面雖無虧損但被欠帳一萬元左右。當年結算，總共欠客戶七千餘元茶款；明年之經營勢必發生困難。我考慮到如果公開實情，股東會恐慌，因此，不敢向股東發表。二弟與我商議說，股東全是好友親戚，公開無妨。結果，股東會議後決議，雖然本年獲利二成，但無法分配紅利，還要增資。

「股東當中最沒有良心的人是曾君。當初，每個股東都是五百元入股。二弟因曾君要負責實際業

38.《王添灯紀念輯》，頁一九六。

務的關係向我相議，讓曾君特別向公司無息借一千元加入公司。因而他名義上有一千五百元的股金。他說他因爲經濟關係要分配股利，公司也特別通融，答應了他。可他分得股利後即時聲明要退股。因爲這樣，他的友人廖君亦要退股。結果，廖君之丈人入股三千元，廖君五百元，再加上曾君部分，合計四千元退股。這樣，公司的資金調度面臨到非常緊急的困境。二弟添灯於是去找乾元藥行的陳茂通先生幫忙，他承諾入股三千元，不足部分由我與添灯兩兄弟自己負擔。我們商議後決定：因爲我當時是安坑信用合作社理事，由我出面，向組合長林枝春先生相議，用安坑我王家之田地擔保，向安坑信用組合借款九千元。這樣，總算暫時解決了資金的困難。我和二弟又商討關於未來的業務發展。二弟建議本年向客戶買茶要用現金，因此舊欠暫緩處理。可我反對。我從經驗認爲信用還是經商最重要的資本的道理，強調要先返還舊欠帳後才可以買入新茶。最後，按照我的建議實行，不但贏得好的商譽，茶葉的買入也比往年更多。儘管如此，因爲銷售配額限制的關係，並無競爭力。」

公司重組後，王添灯也寫了反映當時心情的〈割離會社后明朗氣分感賦〉詩：

擲拋會社拓茶莊
惡劣陰謀一掃光
事業前途重建設
襟期半世愼行藏
吟詩尚抱精神樂
知命安求物質傷

天理人心自報應
從容無管在茗香

六月十四日，王添灯被選任「台灣茶輸移出統制株式會社」八名取締役（董事）的一員。社長由原澎湖廳長鶴友彥出任，副社長是茶商公會會長陳清波。該社其實也是台灣總督府因應經濟統制措施而對台灣茶輸移出施行一元化統制的機關。

十二月五日，台灣總督府又以輸出台灣茶於華北爲目的的台灣業者組成「興華茶業公司」，王添灯被選任理事（評議員）。[39]

經過種種的努力，這一年，台灣茶業還是呈現減縮的現象。台灣茶農戶數、茶樹栽種面積與摘葉面積都略減。包種茶輸出八百六十二萬二千九百四十九斤。[40]

據同業組合台灣茶商公會統計，文山茶行的包種茶輸移出總量是卌六萬零二百七十斤，其中銷往中國與「滿洲」是卌四萬七千四百七十斤，這當中又包括銷往天津的十二萬五千九百一十斤，以及銷往青島的十三萬一千零六十四斤。[41]

---

39. 王添灯一九四三年履歷表。
40. 黃玉齋主編《臺灣年鑑》（六），頁一八三一、一八三二、一八三七、一八四五。
41. 《王添灯紀念輯》，頁一九二、一九三。

太平洋戰爭爆發而疏開故鄉

一九四一年十二月八日，日本發動所謂「為了自存自衛」的太平洋戰爭。九日，蔣介石領導的國民政府宣布對日正式宣戰，並廢除一切中日關係之條約。十二日，日本內閣情報局發表：這次戰爭是以建設大東亞新秩序為目的的「大東亞戰爭」。

「十二月八日，日本海軍偷襲美國珍珠港，太平洋戰爭爆發。」〈王水柳九四回憶〉寫道，「台北市政府命令市民疏散市外。我即疏開〔至〕故鄉之新店安坑大坪頂王姓祖祠居住，王定國也轉學入新店公學校。二弟添灯疏開北投。一九四二年四月，美國反攻飛機數十台次前來轟炸台北市，掃射部分人民，炸死數名；台灣總督府亦被炸數處，死傷多數，非常恐怖。我在安坑山上觀看明顯視之。」

一九四二年七月，自公學校至東京昭和醫專畢業，盡投心血攻學的四弟王忠信病倒於那霸，於七月二十三日回台調養，不幸因中途感染肺炎而於八月二日病歿，得年二十九歲。

對美、英開戰以後，日本國內經濟更加戰時體制化，根據國家總動員法發布種種統制令，推進一切集中於軍需生產的經濟改組工作。於是，犧牲民需工業和中小企業，把所有資金、資材、勞動力都投入軍需生產的體制形成了。另一方面，對美、英開戰也使日本和主要原材料供給地的美國、英屬各地區的貿易完全斷絕。儘管日軍陸續占領了香港、馬尼拉、新加坡、爪哇、仰光，但是，由於運輸船經常受到美國潛艇的攻擊，海上運輸的斷絕也使得東南亞資源不可能成為替代。[42]

在這樣的情勢下，殖民地台灣的茶葉輸出也就更加困難了。

據統計，一九四二年的台灣茶農戶數、茶樹栽種面積與摘葉面積進一步減少。包種茶輸出量也減爲八百五十七萬六千零四斤。而且，因爲海上交通時被盟軍封鎖，此時，台灣茶的唯一銷路僅僅剩下日本及東北各省。[43]

一九四三年，王水柳四十六歲。

一月一日，王添灯在《台灣之茶葉》第二十六卷第一號發表〈在大東亞建設啓蒙期台灣的茶業〉指出，中日戰爭、歐洲戰爭及太平洋戰爭陸續爆發，使得台灣茶的所有市場幾乎被禁絕，僅僅剩下滿洲及華北市場。形勢空前困頓。然而，受到戰爭時期物資配給的影響，工資與物價不斷上漲，再加上各地這樣那樣無用中間機關的介入，台灣茶業者增加了各種額外負擔，以致生產成本相應提高。這樣，台灣茶和當地中國茶的強烈競爭便處於弱勢，從而導致資金周轉不易的困境。另一方面，戰爭又造成船隻不足，運輸無法正常的局面，這又使得台灣茶的出貨及銷售數量未能達到預期的三分之一，滯銷的茶葉因而大量增加。因此，對台灣茶業者來說，當前最重要的問題便是如何消化手中滯銷的茶葉。然而，單單靠業者的力量是無法解決現實的困難的。因此，他呼籲當局必須提出有力的對策，協助台灣茶業者解決茶葉滯銷的問題。

---

39. 王添灯一九四三年履歷表。
40. 黃玉齋主編《臺灣年鑑》（六），頁一八三一、一八三二、一八三七、一八四五。
41. 《王添灯紀念輯》，頁一九二、一九三。
42. 藤原彰《日本近現代史》第三卷（北京：商務印書館），頁十二~十三。
43. 黃玉齋主編《臺灣年鑑》（六），頁一八三二、一八三七、一八四一、一八四五。

然而，在運輸條件無法改善的情況下，台灣茶業者即便配有專門船隻，仍然無法解決茶葉滯銷的問題。八月，爲了解決滯銷的茶葉，同時也避免將茶梗、茶頭、粉茶等副茶裝入正茶，破壞台灣茶的品質，茶商公會會長、錦記茶行的陳清波於是邀集王添灯等茶商公會會員中的輸出業者與再製業者，發起成立「台灣磚茶株式會社」，在港町二丁目三番地開設工廠，從事磚茶之製造，開拓滿、蒙市場。[44]

六月，長子王安邦從那霸返台，二個月後，再赴大連市之惠町文山茶行支店販賣茶葉。

然而，通過這樣那樣的努力之後，台灣茶業還是不可避免地走向衰落的斜坡。受限於台灣對外交通完全斷絕，從一九四四年起（直至光復），台灣茶終於無法出口了。[45]

「戰爭末期，殖民地政府施行食糧配給制度，按戶口名額配給米。」〈王水柳九四回憶〉也記錄了戰爭末期後那段黯淡的生活景況。「當時，王淑惠五歲、王耀東三歲（一九四三年農曆十二月十六日出生）；我的戶口與王安邦同戶，配給都由他領去，不得已，只好向佃農收回大坪腳的田地自耕。可我久無勞動，只好雇工幫忙代耕。這樣，雖無利益卻能增加米糧食用。當時，日本軍在對面山之大坪腳向我借土地設兵營駐軍，軍人之食糧無限，我運回所有殘飯，養豬，養雞。十四歲的邱月香（邱寒梅養女）除了幫忙養豬養雞，並照顧王耀東；還有一名菜姑也前來幫忙。王安邦與他母親及我母親住舊厝。王定國（一九三二年十一月十八日出生）也住在舊厝，但是三餐前來與我同食。因自耕關係，食糧自足。因肉類也要配給，坪林鄉友人梁魁（萬火）是當地保正（里長）可偷殺豬，我即前往取豬油、豬肉回來用之。有一日，我由坪林鄉取油肉回來，遇大崎腳派出所警察檢查卡車人員有無偷藏物件；幸好大坪頂友人朱呆兄之子王柱在場，他是青潭派出所壯丁團長，我向他言明事實，他就掩護我過關。非常感謝。」

台灣光復文山茶行重新開張

一九四三年十二月一日，中、英、美三國在埃及之開羅召開首腦會議，發表〈開羅宣言〉，宣告「三國之宗旨在剝奪日本自一九一四年第一次世界大戰開始以後在太平洋所奪得或占領之一切島嶼，在使日本所竊取於中國之領土，例如滿洲台灣澎湖群島等歸還中國……使朝鮮自由獨立。」

一九四五年二月四日，蘇、英、美三國首腦及其外長在雅爾達舉行會議，討論戰後世界問題的處理。三月四日，美軍占領馬尼拉；三月中旬控制了整個菲律賓。美軍在攻占菲律賓前後，對日本本土航空工業和城市工業區進行了大規模空襲，加速了日本戰時經濟的崩潰。八日，美軍攻占了離東京只有一千二百公里的硫黃列島，並利用該島基地轟炸日本本土，摧毀了許多機場和飛機。十八日，美軍開始以強大兵力攻擊琉球群島中最大的島嶼——沖繩島。

這年，王水柳已經四十八歲了。

「當時，文山茶行在庫之製成品已全部輸往大連、天津支店，文山茶行暫停製茶。」〈王水柳

44. 《王添灯紀念輯》，頁一九七。
45. 黃玉齋主編《臺灣年鑑》（六），頁一八三二。

光復初期邱寒梅帶著子女與婆婆許有氏在安坑老宅

九四回憶〉說：「四月，台灣銀行拍賣文山茶行所租之房屋，新竹人陳振查得標……。」

四月一日，美軍在沖繩島南部海岸登陸後攔腰切斷該島，占領了北部和中部地區，向南推進。六日，日本海軍聯合艦隊組成海上特攻隊，發動「菊水作戰」；但在二百八十架美軍飛機攻擊下，第二天中午就幾乎全軍覆沒。神風特攻隊雖擊沉了十五艘美驅逐艦，但五月末，美軍艦艇裝置了雷達以後也就失去了攻擊作用。六月二十三日，駐守沖繩島的日軍殘部在山洞集體自殺，沖繩戰役遂告結束。美軍付出沉重的代價之後，攻占整個沖繩島，終於打通了通往日本本土的門戶。

五月八日，德國無條件投降，歐洲戰火停止。

七月二十六日，蘇、美、英三國在柏林近郊波茨坦舉行的首腦會議上，以宣言的形式發表了〈美中英三國促令日本投降之波茨坦公告〉（簡稱〈波茨坦公告〉），敦促日本無條件投降。

八月六日，美國在日本廣島投下第一顆原子彈。八日，蘇聯政府向日本宣戰；九日零時一過，蘇聯紅軍分四路進入在中國東北的中蘇邊界，對日本關東軍發起全線總攻擊。同一天，美國向日本長崎投下第二顆原子彈。十四日，日本軍政要員舉行御前會議，決定無條件投降，並照會盟國。十五日，日本天皇發表停戰詔書，宣布無條件投降。

日據末期，文山茶行受到戰爭的影響，沒有生意可做，茶行的工人也都被征去當軍伕或服勞役。王添灯於是和包括連溫卿、潘欽信、蕭友山、王萬得以及林日高等在內的一些傾向社會主義的朋友，經常在晚上深鎖在文山茶行那口深井旁邊的樓房二樓，圍著收音機，偷聽重慶和美國方面的新聞播送或時局評述，議論台灣的前途。聽到日本投降的消息之後，這些人立刻就聚集在文山茶行，議論戰後的新局。

九月一日，國民政府公布台灣省行政長官公署組織大綱，任命陳儀為台灣省行政長官。與此同時，台灣省行政長官公署農林處開始接收日本三井製茶株式會社，在原台灣茶共同販賣所與台灣茶輸移出統制株式會社所在地的太平町三丁目八四番地，設立官辦特種茶業股份公司：台灣茶業股份有限公司。王添灯就任董事長。副董事長是辜振甫。46

「國民黨蔣介石派陳儀前來接收日本人財產及房屋，稱為長官公署。」〈王水柳九四回憶〉對這段時期的時局寫道：「前往大陸留學或交結國民黨人員的大部分台灣人（稱為半山）被命接收。接收人員都變成大富翁（假公濟私）。當年蔣介石並無向日本國要求賠償中國之損失，寬宏處理，日本人感謝之。」

十月五日，台灣省長官公署前進指揮所人員及重慶各報紙派出的首批記者，搭乘美國運輸機，從重慶飛抵台北。台灣省行政長官公署，台灣省警備總司令部前進指揮所在台北成立。十七日，第七十軍及部分公署官員分乘四十餘艘美艦從基隆上陸，受到民眾熱烈歡迎。

「光復時，台灣省民眾熱烈歡迎國民政府來台，對之期望很大。新店地區席開百桌，殺豬公招待國軍，又請鼓陣助陣，或在松山機場施放汽球，以示慶祝。」多年以後，王水柳在接受中央研究院近代史研究所口述歷史採訪時追憶說：「添灯當時也以茶葉公會理事長（台灣茶業股份有限公司董事長）身分帶頭歡迎接收。」47

「十月中旬，我從大坪頂祖祠移回台北市松記木材行四樓居住。」〈王水柳九四回憶〉又說，「王安邦也從大連轉往天津。」

十月二十四日，台灣省行政長官抵台。第二梯次國軍分乘廿七艘艦艇，抵達基隆。二十五日上午，駐台日軍受降典禮在台北市公會堂（今中山堂）舉行，台灣光復，重新回到中國的版圖，台灣省民從今日起回復中國國籍。台灣民眾盛大慶祝台灣復歸祖國。

十月，王添灯又被選任台灣省茶業企業公司董事長。[48]據了解，台灣省茶業企業公司是由原台灣茶輸移出統制株式會社的台灣茶商股東另外組織的，公司地址也設於太平町三丁目八四番地。[49]

十月二十九日，台灣省茶商同業公會向陳儀長官呈請茶業意見書。

十一月十六日，台灣省茶商同業公會再向當局申請：茶業關係五團體聯合創辦台灣省茶業股份有限公司，並對日人現有工廠派遣管理人。

十二月七日，台灣省農林處開始接收日本在台灣經營之茶業。[50]

十二月十六日，王淑堅出生於安坑大坪頂王姓宗祠內。

時序進入一九四六年。

這年，王水柳四十九歲。

一月，王添灯又被選任由日據時期同業組合台灣茶商公會改組的台灣省茶葉商業同業公會理事

---

46. 臺灣茶業股份有限公司廣告，一九四六年二月二十六日《人民導報》頭版。王添灯一九四六年履歷表。
47. 中央研究院近代史研究所《口述歷史（四）》（一九九三年二月一日），頁一二八。
48. 王添灯一九四七年履歷表。
49. 《王添灯紀念輯》，頁一九八。
50. 黃玉齋主編《臺灣年鑑》（六），頁一八四七。

長。51

此時，王添灯已經確立了作爲台灣茶商領導人的地位。可以想見，如果沒有長兄王水柳一起經營的文山茶行做後盾，他是沒有經濟基礎的。

「一九四六年國共內戰爆發後，茶葉生意不好做，王安邦乃於五月中旬由天津乘船，回台灣定居。」〈王水柳九四回憶〉對這段時期的經歷寫道：「文山茶行恢復經營。因南興茶行之股東發生糾紛，張西河抽股，於民生路設立大和茶行；二弟添灯回來文山茶行，於貴德街租原和記洋行八百五十坪之地，製造花茶及其他茶葉。文山茶行自此順利經營，年產五十餘萬斤左右，每年結算有二成以上之紅利。一九四七年，我向李概然買入前美時洋行四百六十餘坪之房屋，當時就移轉前來，並以一百八十萬元買回文山茶行之房屋。」

二二八風暴

對年近半百的王水柳來說，一九四七年的時代巨變，讓他再次飽嘗了人情的冷暖。就在他剛剛買回文山茶行的房屋，準備跟身爲台灣茶商領導人的二弟王添灯，重振王家的茶葉事業的時候，二二八事件卻爆發了。

二月二十七日晚上，延平路上發生了緝煙引起的警民衝突。第二天，也就是二月二十八日，民眾開始結隊遊街，敲鑼打鼓，通告罷市，先後擁至南門專賣總局、本町台北專賣分局，請願懲凶。下午，民眾直接向陳長官請願，聚集中山公園，開群眾大會。二點半左右，台灣商工學校學生與一般民眾約一百多人包圍占領公園內的台灣廣播電臺；三點左右，王添灯前來電台，進入播音室向全台灣廣播。一剎那間，台北暴動的消息，全台皆知。積壓一年多的民怨於是如火山一般全面爆發了。陳儀宣布戒嚴。

三月一日，上午十時，台北市參議會邀請國大代表、省參議員、參政員等組織「緝煙血案調查委員會」，在中山堂開會討論，決議派代表黃朝琴、周延壽、王添灯、林忠等前往公署，謁見行政長官陳儀，請求政府解除戒嚴，開釋被捕民眾，由官民合組處理委員會，從寬處置。下午五時，陳儀對台灣同胞第一次廣播，宣布「自今晚十二時起，解除戒嚴」及「由參議員們派代表與政府合組委員會，來處理這次暴動的事情」等六項措施。王添灯以省參議員的身分成爲處理委員會的「當然委員」，但警備總司令部已把他歸類爲參與「暴亂」的「陰謀野心份子」中的「部分日治時代的御用紳士」。

三月二日，上午，政治建設協會代表蔣渭川、張晴川等人由憲兵第四團團長張慕陶引見陳儀，希望政府寬大處理，以釋群疑，並望處理委員會組成份子，除省市參議員、國大代表、參政員及政府代表之外，容納其他人民代表。下午，處理委員會在中山堂三樓開會；王添灯、政府代表及各委員均出席，台北市參議會議長周延壽擔任主席，經討論後決定：採納台灣省政治建設協會建議，擴大處理委員會組織，除了省參議員和國大代表之外，另由商會、工會、學生、民眾和台灣省政治建設協會等五方面選出代表，共同組成；要求政府解散警察大隊，改由憲警及學生組織治安服務隊維持治安；要求

51. 王添灯一九四六、一九四七年履歷表。

陳儀接受並立即向人民廣播：（一）參加此次暴動之人民應予從寬，一律不加追究。（二）被捕之人民，政府應准免保領回。（三）死傷者不分省籍，一律撫恤。（四）准予處理委員會增加其他人民代表等四項辦法。三時，陳儀對台灣同胞第二次廣播，宣布以上四點「更寬大的措施」。王添灯也以處理委員會委員身分向民眾廣播，強調「革命先烈的血不會白流的，假使政府對這次事件不善爲解決，難保沒有第二次更激烈的流血」。

三月三日，擴大後的處理委員會完成任務編組，王添灯被選爲宣傳組組長。當晚，首次以宣傳組長之名，向全省人民廣播。台灣省警備總司令部參謀長柯遠芬指控「王添灯在廣播電台宣稱政府已無法維持治安，故需設立『治安聯合辦事處』」，因而再度召集情治負責人、總部調查室陳達元少將、憲兵張慕陶團長、軍統局台北站長林頂立，指示偵查事變幕後策動份子，並掌握爲首份子動態，以備將來平亂之用。

三月四日，處理委員會擴大爲全省性，並特別規定一切言論、新聞須經由宣傳組才能發表；王添灯取得發言控制權。「行動隊」及「忠義服務隊」的流氓隊員則包圍文山茶行，威脅王添灯。

三月五日，處理委員會通過組織大綱，重組該會機構。晚上，王添灯再向全體民眾廣播，介紹處委會向陳儀提出的八項要求與政治改革方案。同一天，〈張司令鎮呈蔣主席報告〉云：「此次台灣暴亂其性質已演變爲叛國奪取政權之階段，……台中嘉義市政府政權，已被所謂二二八事件處理委員會篡奪，並電告省參議員王添灯轉告公署勿派兵前往，否則以武力對付。」陳誠也以代電向蔣介石報告「派兵赴台情形」：「（一）已令廿一師劉（雨卿）師長率師部及一四六B之一個團即開基隆，歸陳（儀）兼總司令指揮。（二）著憲兵第四團駐福州之第三營即開台灣歸制。（三）著調憲兵第廿一團駐福州之一個營即開基隆。……以上已分令聯勤總部準備船舶，務限虞日由上海福州兩地起運，逕開基隆，不得違誤。」下午五點五十分，陳儀接到蔣介石手令，內云：「已派步兵一團并派憲兵一營限本月七日由滬啓運勿念」。

三月六日，處理委員會通過電台發表〈告全省同胞書〉，呼籲不分省籍，爲爭取民主而共同奮鬥。下午二時，處委會台北市分會正式成立，由王添灯擔任主席，並負責起草「政治改革方案」的補充與具體化；王添灯交由茶商公會秘書潘欽信（老台共）執筆草成卅二條〈處理大綱〉。同一天，台灣省二二八事件處理委員會於中山堂補開成立大會，王添灯被選爲常務委員，並提議應向中外人士闡明事件原由、經過及處理大綱等。下午八時三十分，陳儀對台灣同胞第三次廣播。

同一天，陳儀在呈送蔣介石的信函中提到：「對於奸黨亂徒，須以武力消滅，不能容其存在。」〈中統局呈蔣主席情報〉謂：「此次參加台灣暴動者多屬前日軍徵用之海外回來浪人，全省約計十二萬人，投機者蔣渭川、王添燈等主張大台灣主義，不斷作煽動宣傳：二二八事變處理委員會已密電中央，請撤調陳長官及取銷專賣貿易糧食各局，並改組長官公署，如三月十日前中央無答復，決定十一日再舉更大暴動。」

三月七日，王添灯在處理委員會說明卅二條〈處理大綱〉。混亂中，其他代表再追加十條，成爲日後「大屠殺」的藉口。會後，王添灯將皮包交給《自由報》總編輯蔡子民，然後與黃朝琴、吳國信等代表晉見陳儀，面呈〈二二八事件處理大綱〉；陳儀拍案拒絕。下午六時二十分，王添灯作最後一次廣播，宣布處委會的使命已完，呼籲全省人民起而鬥爭。

三月八日，是王水柳的長男王安邦與邱碧珍小姐結婚的大喜之日。也是王家被捲入二二八政治風暴的悲劇的序幕。

這天早上，二二八事件處理委員會推翻了昨日通過之決議案，並呼籲全省民眾自次日起復學、復工。[52]然後又派代表四人（係省市參議員）向陳儀「謝罪」，表示以後「不敢再提此種要求」。[53]

中午，憲兵第四團團長張慕陶會晤處委會委員時誆稱：「本省此次之要求改革政治，甚爲正當，中央一定不會調兵來台」。[54]另一方面，蔣介石卻在當天致電陳儀說：「茲已派海軍兩艘來基隆，約九、十各日分期到達」。[55]陳儀隨即呈報：「……（二）憲四團第三營及廿一團之一營，由閩乘海平輪來今（八日）晚可到基隆。（三）基隆港灣，昨晚職已劃歸基隆要塞司令管轄，今午前雖有暴徒十餘人衝入，已予拘捕，現在秩序甚好。今晚憲兵登陸，當無問題。（四）今日台北秩序尚好，處理委員會內部已起衝突，現正發生分化作用，一俟劉師長廿一師之一團開到台北，即擬著手清除奸匪叛徒，決不容其遷延坐大。」[56]蔣介石接獲陳儀報告後又再致電詢問：「各處倉庫所存械彈約有幾何？請詳報。與其爲暴徒奪取，不如從速燒燬。此時應先作控置〔制〕台北、基隆二地之交通、通信與固守待援之準備，台南則固守高雄與左營勿失爲要。日內即有運輸登陸艇二艘駛台，可派其作沿海各口岸聯絡及運輸之用。基隆與台北情況，每日朝、午、夕作三次報告爲要。」[57]陳儀回電報告：「國軍抵台時，爲防省民惶惑，相繼而滋事端，亟需空軍數隊，於本（3）月十日起，以國防部名義印就傳單，在台灣上空撒擲，以釋群疑。」[58]

同一天，中統局台灣調查統計室也以急電向局長葉秀峰提供了有關「台民暴動情形」的情報；兩天後，葉秀峰將這份情報上呈蔣介石。情報提到：「台北二二八事件處理委員會已形成台灣最高政權機關，每日均提出不法條件，要脅政府，並集中陸海空軍人才，以海南島返台青年爲基幹，徵召壯丁，到處搜集車輛，收繳零星槍械，積極裝備，顯在準備次一行動。……暴徒首領王添灯、王萬得係奸僞民盟份子，言論激越。蔣渭川因與王等意見不對已受排擠。」[59]

這樣，王添灯顯然已在情治單位的生死簿上被判定了難逃一死的的命運。

三月九日，午後二時，滿載國軍整編第廿一師的太康艦，從上海抵達基隆，隨即從北到南全面展開另一場更大規模的鎮壓。台北市處在一片恐怖肅殺的氣氛當中。台灣省警備總司令部參謀長柯遠芬通過廣播宣布：「從九日起，台北、基隆一律宣布戒嚴。」

52. 一九四七年三月九日《台灣新生報》。
53. 〈陳儀呈蔣主席三月庚電〉，中央研究院近代史研究所《二二八資料選輯》（二），頁十。
54. 一九四七年三月九日《台灣新生報》。
55. 〈蔣主席致陳儀三月庚電〉，中央研究院近代史研究所《二二八資料選輯》（二），頁十五～十六。
56. 〈陳儀呈蔣主席三月庚電〉，頁十。
57. 〈蔣主席致陳儀三月齊電〉，中央研究院近代史研究所《二二八資料選輯》（二），頁十七～十八。
58. 〈陳儀呈蔣主席三月齊電〉，中央研究院近代史研究所《二二八資料選輯》（二），頁一一一。
59. 〈葉秀峰呈蔣主席三月十日電〉，中央研究院近代史研究所《二二八資料選輯》（二），頁一三六～一三八。

力勸王添灯避難

三月十日，上午十時，陳儀對台灣同胞第四次廣播，宣布臨時戒嚴，又嚴令撤銷各地「處理委員會」。警備總部亦宣布取消一切「非法團體」，禁止集會遊行。同一天，調查局長葉秀峰與中統局張鎮向蔣介石報告時指稱：「此次台灣民變已演成奸僞奪取政權之局面」、「台灣事變處理委員會內部分為兩大系，一為蔣渭川等要求獨立自主之大台灣主義派，一為王添燈（灯）、王萬得等民盟奸僞派」。[60]

王添灯當然不會知道當局對他的定性。這天，他聽說國軍在北門掃射，沒有人敢出面，就自己一個人趕去現場，想要阻止國軍的暴行。

「快，人家在掃射，妳二兄要去阻擋，我們跟著去看看。」王水柳很擔心王添灯的安全，於是催促妹妹王秀琴陪他一起去現場。「這個人，傻傻地去，萬一被打死，我們兩兄妹還可以去把屍首帶回來！」

王水柳和王秀琴還沒有去到現場，就遠遠地聽見掃射的子彈霹哩啪啦地響著，非常嚇人。可他們趕到現場時卻看到王添灯毫不畏懼地站在那裡，阻擋國軍繼續濫射；當他雙手攤開一擺，那些阿兵哥居然真的就停止掃射了。後來，憲兵隊隊長張慕陶也趕到現場，並用吉普車載王添灯回家。王水柳與王秀琴隨後也回到家。[61]

王添灯要請張慕陶進來家裡坐。

「添灯，不要，」王水柳勸王添灯說，「他是來探我們的家風的。」

「沒這種事，」王添灯回答說：「請他進來坐。」[62]

張慕陶對王添灯說，明早有事要請他去商量，然後握了手，離開。

晚上，風聲越來越緊張，王添灯和大哥王水柳、妹妹王秀琴和妹婿坐在客廳，商量應變對策。大哥王水柳和妹妹王秀琴一直勸他，要他搭乘屋後淡水河邊的船，到老家新店避一避；可他就是不肯走，並且堅持說，他沒做什麼壞事，沒有必要逃跑。

王秀琴不死心，仍舊一直勸他說：「二兄，我拜託你，跳下去，趕快走，否則今晚一定被抓。」

「沒那回事，不會有事。」王添灯就是不肯走。……

「添灯，就算我求你吧！」大哥王水柳力勸他說：「聽琴仔的嘴，趕快走。」

「大兄，你不必怕，」王添灯就是不肯走。「不會有事的。」

王家陸陸續續來了很多人勸王添灯趕快離開。

「我爲台灣同胞做事，又沒有做什麼壞事情；」王添灯不肯離開，始終堅持說：「我是爲百姓在說話，爲什麼要走？」[63]

60.〈葉秀峰、張鎮呈蔣主席三月十日報告〉，中央研究院近代史研究所《二二八資料選輯》（二），頁一四〇～一四一。

61. 王純純證言，《王添灯紀念輯》，頁一六七。

62. 潘罔證言，沈秀華《查某人的二二八》，頁十四。

63. 前引王純純證言，頁一六七、一三一。

三月十一日。一夜思量後，王添灯還是決定先離開台北，到屏東東港綿長實業公司購置的農地避一避。天還沒亮，他就來到艋舺（萬華）火車站，準備搭早上的第一班火車，南下屏東；可火車停駛，只好又轉回家來。64

清晨五、六點多左右，十多個憲兵來到王添灯家，說張慕陶有事找王添灯。王添灯的女兒王純純聽到有人撞門，立即醒來；她看到穿著藍色中山服、拿著短手槍的人從大門進來，門口站著三個，門外街上還有幾個。她一看不對勁，趕緊爬過矮房屋頂，跑到父親的房間，叫他趕快跑。王添灯於是隨手披上一件西裝，穿上拖鞋，匆忙走下樓梯，從後門出去。可他一出去，立刻就被逮捕了。

妹妹王秀琴恰好看到二兄王添灯從後門被帶走的情形。

王添灯家後面有一座洋房，那邊有一條路通往大哥王水柳的家門前；那兒也有穿藍衣服，帶手槍的人，坐在吉普車上等著。王添灯就這樣被帶進吉普車。

住在對面的王水柳看到弟弟被捉上車，感到非常危險，也想要逃走。可他回神一看，哇！茶行四周都已經被那些穿藍色中山裝的人密密圍著，根本連蒼蠅也逃不出去了。

天終於亮了。

沒多久，大約八點多，又來了一批十幾個拿著武器，帶著槍刺刀的憲兵，也說要捉王添灯。他們一進門就四處搜查，用槍尾刀一包包刺穿裝茶的布袋；然後爬上二樓，翻箱倒櫃，把家具桌椅都翻倒摔到樓下去，甚至把王添灯的書類文件都拋到窗外天井，灑落一地。……結果，他們抓不到王添灯，就要抓王添灯的兒子，於是大喊：「王添灯的兒子在哪裡？」

不巧，王水柳新婚四天的長男王安邦這時正好出來，於是就被強行抓走。王水柳的元配和母親急忙一人一邊緊緊抱住他。士兵拉不開，就將他們三人一起在地上拖拉了一百公尺以上。王水柳的元配和母親雖然皮肉都磨破，流了滿地的血，還是不鬆手。士兵就用槍托猛擊二十七歲的王安邦。可她們還是不放手。士兵又動手打王水柳的母親；可任由他們毆打，她還是死都不放。就在這時，王秀琴聞訊趕了出來，大聲用一口山東腔的國語說：

「你們幹什麼？」

「妳是誰？」他們反問王秀琴。

「你管我是什麼人，」王秀琴說：「王添灯早就被抓走了，你們怎麼亂捉人？這個人是這裡的工人，趕快把他放了。」

他們又問王秀琴：「妳住在哪裡？」

「我住這裡呀！」王秀琴說：「所以，我知道他是這裡的工人。」

那些阿兵哥聽了，這才放了他們三人。[65]

64. 中央研究院近代史研究所《口述歷史》（四），頁一二八。阮美姝〈我看到弟弟與陳炘被帶走——九十四歲的王水柳談王添灯〉則說是「十號的晚上」。

65. 王純純、王秀琴和王水柳的證言。《王添灯紀念輯》，頁一三一～一三二、一六七～一六八、一七〇～一七一；阮美姝〈我看到弟弟與陳炘被帶走——九十四歲的王水柳談王添灯〉，頁六〇；陳美妃〈王水柳先生訪問紀錄〉，頁一二八。

設法營救王添灯

三月十三日，陳儀在向蔣介石報告有關事變的鎮壓情形及檢討時，在「辦理人犯姓名調查表」的附件中將王添灯名列要犯之首。在這份調查表的記載中，王添灯的「略歷」是：「省參議員、三民主義青年團台灣區團台北分團幹事長、台灣省政治建設協會理事」；「罪跡」包括：「（一）陰謀叛亂首要，組織僞二二八事件處理委員會，自任宣傳組長；（二）號召前受日本陸海空軍訓練之青年，加以編組，以爲擴大叛亂之武裝力量；（三）控制廣播電台，發表叛國言論，提出卅二條件，鼓動民眾附和其行動；（四）密組僞新華民國政府」。[66]

在這樣的定性之下，被捕以後的王添灯恐怕已經難逃一死之厄運了。

王水柳和前《人民導報》總編輯蘇新（另說來發）一起去張慕陶那裡打聽消息。張慕陶說，他沒派人去捉王添灯。因爲憲兵恐嚇要拿銃劍打他們，他們趕緊跑開。後來，他想起弟弟王添灯在二二八前曾經告訴他：「如果我發生事情，你就去找劉啓光，他會想辦法救我的。」

劉啓光本名侯朝宗，嘉義六腳人，原爲日據時期農民組合主要領導人之一，後在大陸加入軍統，光復後返台，初任新竹縣長，後任華南銀行董事長。

王水柳於是準備了一大筆錢，帶去長安東路四條通的劉啓光家，給劉啓光作爲救人的活動費。之後，他每天都去拜訪劉啓光，但還是一點消息也沒有。[67]

三月二十九日，張鎮呈蔣介石之報告〈台灣青年團主任窩藏奸匪重要份子〉提到：「……此次叛亂行動，青年團居領導地位，如高雄分團主任莊孟侯、台北市分團主任王添灯，均係叛亂禍首。」

四月十一日，〈陳儀呈蔣主席四月眞電〉提到：「台北王添灯張晴川為倡動叛亂煽惑暴動之主犯，自二十八晚策動襲擊總部等機關不逞，九日本部下令戒嚴後，即已逃避無蹤，惟王添灯有於混亂中被擊斃命消息」。[68]

王水柳也在劉啓光向他透露弟弟王添灯已經被暗殺之後，不再去找他打聽消息。[69]

四月十八日，〈二二八事變首謀叛亂在逃主犯名冊〉發布，王添灯名列三十名主犯之中。王水柳對王添灯的下落因而又抱一線生機。

四月二十四日，王水柳託一名張先生帶信及署名「台北市民處理委員會旁聽者」的陳情書，給在上海的前台灣地方自治聯盟主幹楊肇嘉，請其幫忙交涉赦免王添灯事宜。

王水柳給楊肇嘉的信寫道：

---

66. 〈陳儀呈蔣主席三月十三日呈〉「第四十號之附件」，中央研究院近代史研究所《二二八資料選輯》（二），頁一七四。
67. 前引阮美姝〈我看到弟弟與陳炘被帶走——九十四歲的王水柳談王添灯〉，頁六一；陳美妃〈王水柳先生訪問紀錄〉，頁一二九。
68. 〈陳儀呈蔣主席四月眞電〉，中央研究院近代史研究所《二二八資料選輯》（二），頁二三四。
69. 前引阮美姝〈我看到弟弟與陳炘被帶走——九十四歲的王水柳談王添灯〉，頁六一。

楊先生肇嘉惠鑒：

久無雅教，不勝抱歉之至也。聞先生在國内爲台胞非常奔走，蒙先生之努力，不勝枚舉。自台灣發生二二八事件，舍弟　添灯參加處理委員會，本爲國爲民而奮發，並無抱野心及私自，然被政府誤解，自三月十一日由政府拘捕，迄今毫無消息。敝家一同非常憂慮而沒法可施，此次逢張先生要晉京之好機會，張先生從平時惠顧敝家爲不少，故敢托張先生帶上此信，通知先生。按舍弟前與先生有同志之親誼，乘張先生晉京之時，祈先生幫忙向各地要員交涉赦免舍弟，罪狀輕減幾分，感畏載德之至也。別紙添付報告書一通爲參考，祈望先生惠勞，不勝感激。

敬請

台安

中華民國三十六年四月二十四日

王水柳　頓首拜[70]

王水柳信中所提，署名「台北市民處理委員會旁聽者」，題爲「二二八事件處理委員會王添灯經過報告」的陳情書寫道：

二月二十七日夜十時餘，專賣局派警察大隊並局員十餘名，查緝私煙於延平路發生命案時，民眾憤慨追求殺人警員。

翌二十八日，民眾數萬集於專賣局台北分局，要求殺人警員治罪不果，民眾將分局物品一切毆害並毀燒。是時，王少將〔王民寧〕先生出爲調解，向長官請願時，公署衛兵不知其意，對民眾發炮，槍斃四名。民眾愈憤怒，毆打公務員，其中亦有錯誤打商〔傷〕人數名，誠爲不稚〔智〕。八點鐘，謝娥女士並黃朝琴、周延壽氏向廣播電台廣播事件經過，並勸告市民冷靜態度，其中謝娥女士廣播言詞有認爲不當，一部分市民翌三月一日將謝氏所經營康樂醫院物品一切毆害燒壞。斯時，添灯爲省參議會南部觀察各工廠由南回北，非常恐煌〔惶〕憂慮苦痛。

三月二日，參加市參議會緊急處置各議員訪問長官。當時長官非常喜悅，命令速組織官民合同處理委員會，命名爲二二八事件處理委員會。當時爲謝氏被民眾燒壞物□關係，委員會宣撫部無人敢當，眾委員指添灯負責宣撫，但添灯所廣播內容皆是向民眾須要冷靜不可擴大事件爲目標。

三月三日，會議處理大綱。

三月四日，政治建設協會蔣渭川氏其他數名單獨向長官交涉，長官應諾數項條件自由廣播，自此二二八事件變成二派。

三月五日，要決議八條草案，但政治建設協會一派不服而遷延至六日亦不決。斯時添灯向黃朝生及蔣渭川氏聲明「我添灯根本無野心，勿論推舉余爲何方面全部拒絕，盼望渭川兄以事件迅速協力解決，我自要退辭公職，以後而有再要用添灯之時，勿論何時，有關國家事情都□出爲幫忙云云」。

三月七日，提出八條草案附處理會審議，政治建設協會提出十二條，當時民眾數萬人在會場各附

70.《王添灯紀念輯》，頁八八～八九。

和雷同拍掌贊成。呂伯雄提出警備總司令部取消，白成技提出武裝解除，此乃皆不合法之條件，但民衆數萬人附和雷同拍掌贊成，倘處理會若不採決時，李提步發言打死委員，暴言四起。當時黃朝琴議長、李萬居副議長亦在場，面面相視，詢問當時情形便知，是時□不採決恐身邊危險，一時要脫離會場，不得已採決。盼望白部長及長官、參謀長各位寬大體念處理會員之苦境。

三月八日，游市長、黃議長、李副議長、其他處理會員，集合聲明三十二條無效。斯時，長官、參謀長觸怒，八日下午十時再施戒嚴。

三月九日，憲兵第四團團長〔張慕陶〕來訪，添灯說明前提出八條內容，他亦贊成。

三月十日，爲戒嚴中添灯不外出，至下午四時，第四團長〔張慕陶〕再來訪問添灯，言明天往訪楊亮功先生，可說明經過情形一切。

然至三月十一日上午六時，被別動隊十餘名帶去，至今不知去向。

嗚呼，添灯一生□被日本統治時代爲加入文化協會及民衆黨反抗日本政府數次被拘，悉愛祖國愛民族之精神而不屈不撓。日人時代公職一切不受，及民國三十四年八月十五日台灣光復祖國，不勝感謝蔣主席賢明領導，自已放棄生理〔生意〕，一心一德爲國效忠，自區代表、市參議、省參議，連選連當，每次會議爲愛國熱烈起見，一部分貪污官吏受他攻擊，肅清貪污，建設新台灣，建設新中國，他之爲人非常潔白，其表裏遇有不正行爲，隨地隨所便改，即被人誤會。此回二二八事件解決之時爲一部分反動份子阻害，數次流淚，游市長並黃朝琴議長、洪火煉先生諸位亦所共知。誠心誠意，爲國爲民，忠心不二，此□被政府檢舉，不知何故，世人不能了解。幸我國最賢明白部長崇禧蒞台，伏祈明察是非曲直，特與懇托，台灣幸甚！國家幸甚！

台北市民處理委員會傍聽者啓[71]

然而，這份陳情並沒有得到任何結果。

六月五日，台灣警備總司令部向台北高等法院檢察處控訴卅名「內亂罪」嫌疑犯，王添灯連同其他六名已然被虐殺的台灣仕紳竟赫然列名其中。

王添灯永遠消逝在歷史的迷霧中了。

「二・二八」也因此成爲王氏一家永遠不堪觸及的歷史的傷口……。

文山茶行股東要求拆夥

一場二二八的政治風暴不但讓年近半百的王水柳失去了親愛的二弟與事業夥伴，也讓他不得不面對文山茶行股東要求拆夥的艱難局面。

「一九四七年八月，文山茶行股東開祕密會議，各股東因添灯不在，對文山茶行由本人經營感覺無信心，會議結束即派黃熙祥先生前來向我建議解散文山茶行。」〈王水柳九四回憶〉寫道：「我不得已只好承諾於八月三十日開股東會議。會議決議解散，並由茶行記帳人，也是股東的高榮世妹婿，

71. 《王添灯紀念輯》，頁九十～九一。

負責結算茶行所有資產：在庫茶葉三十餘萬斤，由各股東議價；茶行房屋先前是一百一十萬元買入。結果，王政統〔王添灯長子〕發言要以八百萬元，由本人接收茶行房屋及在庫茶葉。但是，我的資金不足，立即回來向安坑信用組合借款付之。當時，通貨膨脹，幣值屢跌，一日多變；台灣銀行職員士林人曹賜榮先生持三千萬元借我，但是，一個月後我即返還。然而，因爲內戰的關係，這次的財產分配只有處理本行的資產而已，並沒有包括大連與天津分店的財產。」

抗戰勝利後，國民黨與共產黨在東北爆發衝突；一九四六年一月雙方簽訂停戰協定。六月，蔣介石公開撕毀停戰協定，向共產黨解放區發動全面進攻。一九四七年一月，內戰擴大到整個華北地區。

「當時，文山茶行已經停止輸出茶葉到華北、大連，但是三弟王進益夫婦及子女、林春生夫婦及子女，仍在大連、天津尚未回來。因爲內戰的關係，王進益、林春生二人不得已結束兩地的支店，並無向本行報告。因爲這樣，只有分配本行之財產而已。」〈王水柳九四回憶〉又道：「我接收公司與在庫茶葉後，有一天，安泰公司董事長高天助前來本行，向我相議：他在庫茶葉有七十萬斤，想與我文山在庫茶葉一起租船一隻，送往天津及大連。我向他言明無意，因我文山茶行大連及天津人員近日要退回台灣，無人處理。他又向我說可以派他弟高芳督船，前往處理。我亦無同意。最後，他獨自租一隻中型船，將自己之茶葉五十萬斤，由基隆出港，但駛至上海，因共產黨已經進入華北一帶，治安混亂，恐發生性命危險，即棄船回台灣。該船之茶葉因而全部虧損。後來，我接受有記茶行指點，向香港之堯陽茶行寄出在庫茶葉之樣本；但香港回信說，該樣本無火路〔烘焙的火候〕，況且過於幼碎，不合當地之銷售。不得已，我再買入新茶葉混合，製造厚火路，再寄出樣本。數日後，對方回信說，還是比較不合適。但是，因爲香港也無其他茶葉，不得已，只好向我訂購。我於是每週出口三百件，並且收取不貶值的港幣。一年之間，我把文山茶行所有在庫茶葉處理殆盡，並將獲利存在香港。」

一九四九年，王水柳五十二歲。

二月五日，台北市茶商業同業公會成立；王水柳被選爲第一屆理事。[72]

六月十五日，台灣省主席宣告台灣之幣制改革，發行新台幣；舊幣四萬元折合新台幣一元，新台幣五元折合美金一元；發行總定額爲兩億。結果，通貨膨脹，舊幣如同廢紙。

「當時，本人之舊幣不多，大部分是港幣，影響不大。」〈王水柳九四回憶〉繼續述說了文山茶行在時代動蕩中的發展：「因此，同年，我即買入圓環之房屋、軍人陳元良先生在北投之四百坪別莊，及台灣企業公司（台灣茶業股份有限公司）之股份。一九四五年九月，二弟添灯就任該公司董事長；現任是陳清汾。後來，二弟之股份由王政統接收。他之股份與我合併占公司股份的三分一以上。該公司之大樓占地一千二百餘坪，先前是印尼、香港、大陸聞人郭春秋之茶行。」

文山茶行在王水柳先生的主持下繼續平順地經營著。

例如，〈王水柳九四回憶〉說，「一九五一年五月，台北縣石碇庄人林清標先生（林井）與我相議，要前來文山茶行代工包裝，我亦承諾。他所製造之烏龍茶大都銷售德記洋行，一年約十萬斤左右。但我文山茶行收入工資而已。」

---

72. 《臺北市茶商業同業公會會史》，頁二七七。

1950年，王水柳與邱寒梅領著三女（左起第三為王淑惠）一子於北投公園

鶼鰈情深的王水柳與邱寒梅

一九五三年的茶業記事

一九五二年三月十一日，台北市茶商業同業公會改選；王水柳連任第二屆理事。73

一九五三年，王水柳先生依然在茶業界活躍著；文山茶行也與香港的堯陽茶行，以及永興洋行與有記、金記、盛昌、源成、錦成、信記、泰興、南興、文裕、永和昌……等茶行，都有業務往來。他除了擔任台北市茶業公會理事之外，同時擔任台灣企業公司董事、台北市第二信用合作社理事；也負責王姓宗親會祖祠建設的總務事宜。

這裡，我們敬謹通過摘錄王水柳先生當年日記所載社會活動及與茶相關的記事來理解他的茶人生涯的片段。

【一月】74

十日，上午九時至十一時三十分，出席檢驗局會議，出席人員包括陳和錦、林朝明、朱阿西、王進益、王連河、宋燕謀等人。決議照四十年（一九五一年）之標準。

十一日，上午九時，往永興洋行蔡氏之處，適蔡氏不在。

十二日，上午八時，訪問永興洋行之蔡先生，但蔡氏往南部未回；囑吾弟進益前往永興本店接洽。九時，大坪林佃人高金章來本行面會二年來之小租六二五斤，每百斤八十元。下午二時二十分，蔡氏通知：電報已入，但價格尚在詢問，至十四日決定後通知。

十三日，下午二時至五時，前往三重埔，給和榮鐵工廠小主人陳文生送葬；同時往金記茶行、三重埔工廠，視察設備。永興洋行決定收購價格是每磅港幣八元。

十四日，開始再製永興洋行訂購之綠茶，預定一週完工。

十五日，下午二時，王清振來本行，適逢法院人員也來本行，余逃避至盛昌茶行，暫時避之。四時至五時，往源成茶行與周旺料談話。六時，陳接生姆〔產婆〕之女婿金田來云：會仔已經被人倒閉；余與妻二人往訪後轉往錦成茶行，與陳和錦先生談話，七時回本行。

十六日，上午九時三十分，永興洋行蔡氏持契約來本行蓋印。

十七日，下午四時至五時三十分，往信記茶行，與黃先生談論。

十九日，永興洋行之支票因爲未蓋印而不得入金於第二信用合作社。下午二時，陳接生母來電話商量，前金田被倒之會仔要攤分；結果抽籤決定：第一回廖學壔、第二回陳留、第三回邱寒梅、第四回黃得蟳、第五回陳作霖、第六回張東華、第七回陳紅毛。

二十日，午前，整理茶堆，準備要兌出之必要，漸漸整理清楚。下午六時至九時，出席公會理監事會議並懇親會；泰興茶行詹金登先生值當〔輪值做東〕。九時，城內之廖萬年先生來本行談論明年度經營茶業之事。

二十二日，上午八時，邵宗興先生來談明年度的茶業與贌〔租〕工廠之事。

73.《臺北市茶商業同業公會會史》，頁二七七。

74. 一日至九日沒有書寫。

上：大稻埕老街景（1952）
左頁圖：王水柳與香港堯陽茶行往來書信

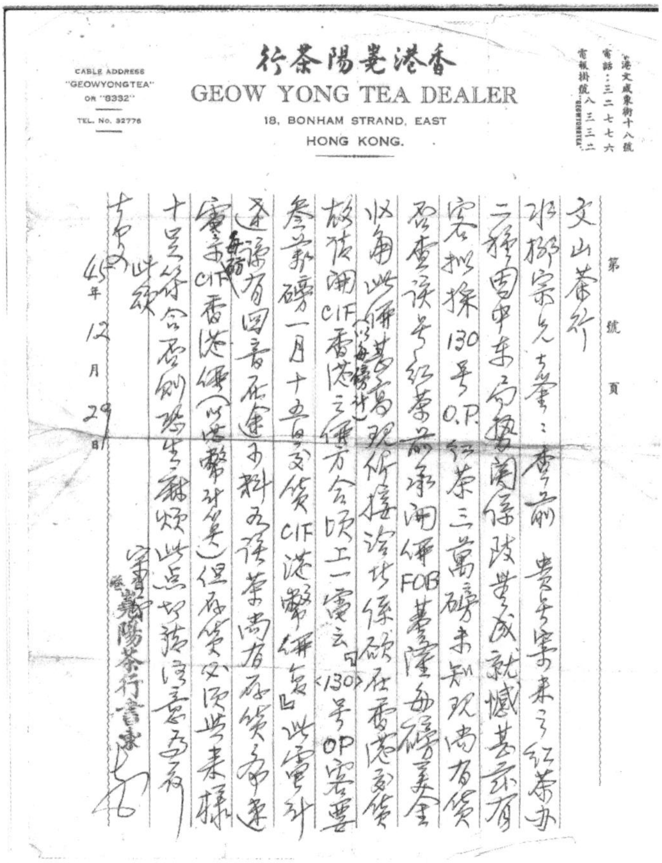

CABLE ADDRESS
"GEOWYONGTEA"
OR "8332"
TEL. No. 32776

香港蕘陽茶行
GEOW YONG TEA DEALER
18, BONHAM STRAND, EAST
HONG KONG.

香港文咸東街十八號
電話：三二七七六
電報掛號八三三二 "GEOWYONGTEA"

第　號　頁

文山茶行
水柳宗兄大鑒：[illegible]前貴号寄來之紅茶[illegible]
二種因中東局勢關係改變成就憾甚亦有
客擬採130号O.P.紅茶三萬磅未知現尚有貨
否查該号紅茶前承開價FOB基隆每磅美金
[illegible]此價甚高現仍接洽[illegible]在香港交貨
故請開CIF香港之價方合頃工一電云<130>号OP客要
叁萬磅一月十五交貨CIF港幣價[illegible]此電計
達[illegible]有回音在途予料[illegible]茶尚有存貨[illegible]
[illegible]CIF香港價(以港幣計算)但存貨[illegible]
十足[illegible]
[illegible]
此頌
[illegible]　蕘陽茶行啟
45年12月29日

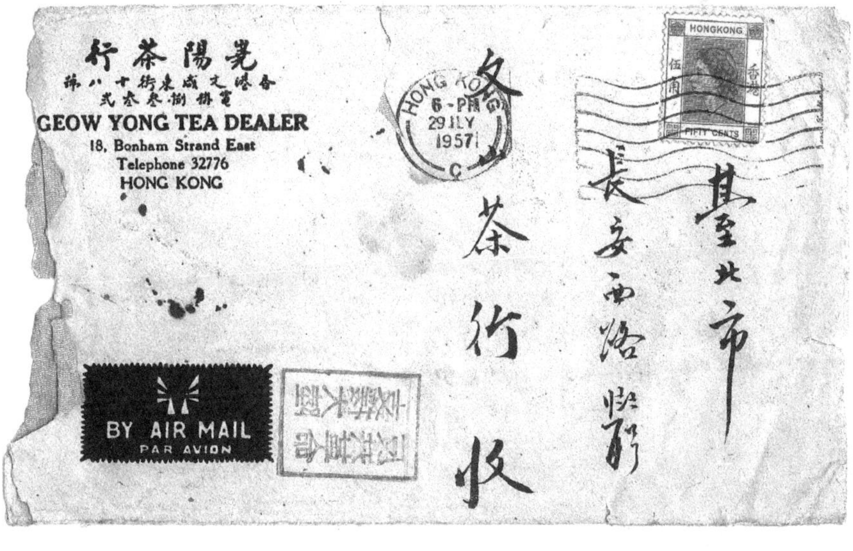

蕘陽茶行
香港文咸東街十八號
電報掛號：[illegible]
GEOW YONG TEA DEALER
18, Bonham Strand East
Telephone 32776
HONG KONG

HONG KONG 6-PM 29 JLY 1957 C

HONGKONG 伍角 香港 FIFTY CENTS

臺北市
長安西路[illegible]號
[illegible]茶行 收

BY AIR MAIL
PAR AVION

二十三日，上午八時，開始包裝永興洋行之綠茶。下午三時，召開記者招待會，說明向法院抗議南興、文裕諸茶行向林進益買茶之事。六時至九時，出席茶業者張祥傳、陳和錦二位先生當選台北市議員祝賀會。

二十四日，監督裝茶打包，終日作業。上午十時，游景富并周錫春先生二位來本行，商議明年度茶業經營之事。下午二點，台北市茶業公會役員會〔理事會〕；因爲議長張祥傳先生往基隆未回，臨時代理議長，四時散會。續開台灣區茶輸出同業公會役員會。

二十六日，上午九時，往華山檢驗局訪問邱氏，適本日紀念週關係，余即回歸。下午一時，轉往邱宅問檢驗之事。下午三時，廖氏來本行檢驗。

二十七日，下午二時至四時三十分，與張西河、林復泉先生，代表台北市茶業公會參加台北市政府舉辦的茶葉比賽審查會。下午三時，得到綠茶檢驗合格的通知。

二十八日，上午八時，爲寄綠茶要辦之事，往永興洋行蔡先生處。

二十九日，下午六時至九時，本年最終完館，招待職工並送別香港友人王國友，陪賓王清振、王飛龍、王兆祥、黃維藩、游景富、鄭萍、王進益、周丁貴等人。

【二月】

二日，下午二時，邵宗興、游景富、周錫春來本行談論明年度生意如何進行。

三日，上午八時，兌永興之茶四百三十五件出基隆。

四日，上午十時，黃得謙茶□來本行談論買工廠之事。

五日，上午十時至十二時，出席台灣區茶輸出商同業公會代表大會，通過本年度預算案，並向政府建議各種事項。下午二時至六時，派高朝宗出席台北市茶葉商同業公會。

【三月】

九日，下午二時至四時，台灣區茶輸出公會理監事會議於企業公司召開，決議：不可搶購茶葉，並向政府建議貸款問題。

十二日，下午二時，於企業公司召開茶葉產製聯合會議，決議：1.請政府配給肥料，2.請農林廳於茶園廣施肥，3.每甲補助五百元開發廢茶園。

十九日，上午十時至下午一時三十分，在檢驗局開台灣茶等評定委員會，因各委員全部反對，未能決定而散會。下午四時，華森許先生來云：有記茶行王清振由暹邏回來；余隨即往訪談論，本年南洋茶商無厚望。五時回本行，值王妻與香港吳雀梅女士來訪本行。

二十一日，由香港送來茶九十萬磅、金額一百九十八萬元之不明信用狀；照英文譯之，元盛茶行並無此人，送還台灣銀行。

二十四日，下午二時至四時，出席台灣茶商公會理監事會議。

【四月】

十七日，中午十二時，得知茶商公會理事長陳清汾於下午一時由日本搭機回台，即往松山機場待候；歡迎人數共二百餘名。下午二時，回到茶商公會；約定十九日開洗塵會，每人會費四十元。

二十日，下午七時至九時，台灣茶業輸出公會理監事及有志四十餘名，在蓬萊閣舉行陳清汾理事長洗塵會；散會後同往永樂座看戲。

二十二日，下午七時，出席公會理監事招待會，值東〔東道主〕新德隆李團居先生。

二十六日，上午七時，開始製造綠茶，將要一直持續製造到冬尾。

【五月】

二日，上午十時，金記茶行派黃全員來本行云：在淡水石門方面收購茶葉給之工廠製造，因爲競爭關係而與永和昌茶行發生糾紛，囑余代他調解。上午十一時，余往永和昌與游、鄭二位接洽，勸說金記以前建設之工寮依然存在，採購茶葉要步調一致，不得紊亂，否則恐生出種種糾紛，希望他們好好解決。

四日，下午二時，金記茶行邵宗興氏來本行云：在淡水石門方面採購生茶葉，與永和昌茶行發生糾紛，雙方各執一辭，難得相讓，險起動武；余向他解勸。最後，雙方諒解息事，約定條件，同時宣誓此後不再發生。

九日，近日茶價反常，莫名奇妙再起。上午九時，往永和昌商討茶經營之事。

十日，台灣茶價有稍落價之兆：中下茶每百台斤價格下落三十元左右，但上等茶並無變動之態。如果韓戰平和解決的話，大勢無望轉回，前途可憂。

十一日，上午九時至下午五時，往永和昌茶行探籌茶價行市問題：本日市面仍呈跌落之勢，各茶行中止採購，新竹方面之工廠運茶來台北卻無處售兑，只好借置各茶行，待日後結價。

十五日，下午三時，出席茶商公會理監事會議，商議開拓台灣茶葉市場等種種事項。

十九日，下午七時至九時三十分，永和昌茶行於蓬萊閣招待有利洋行之西洋人老闆、張祥傳先生、黃維藩先生及十餘名職員，余爲陪賓。

二十八日，台北茶市依然無人問津，市面非常寒散，乏人買賣，前途可憂；若待起色，恐要一個月之久。

【六月】

四日，台灣茶市依然不況，各擔危險，市面寒散。

八日，下午五時，台灣省茶輸出同業公會於蓬萊閣開理監事會議，決議結匯證問題。七時至九時，台灣茶業者於蓬萊閣設宴歡迎前日據時三井茶行經理岩蒼氏來台考察台灣茶業。

九日，茶市依然不況，乏人買賣，各茶價廉，每百台斤一百五十元以上，之前買入之人都吃虧。

十日，茶市依然不況，無人問津，前途非常悲觀；綠茶大約無望之勢。

十一日，茶市依然不況，無人受手，粗製茶每百台斤廉價二百元左右。

十三日，下午二時，永興洋行蔡先生來云：前日之茶辦〔茶樣本〕每公斤要減價二角，可能大約二、三日就要通知。

十五日，下午六時，游景富先生來本行云：黃維藩先生往關西製茶工廠，回來後手足不能動作，非常嚴重，速囑醫生診察。

十六日，台灣茶價依然不況，前途悲觀之概。

【七月】

二日，上午九時二十分，往協和洋行相議中堆綠茶價格，允喜承諾基隆渡每磅港幣一百一十二元，限三天可能通知。

十四日，下午四時至六時三十分，茶葉比賽委員會於台灣企業公司討論等級問題。

十五日，上午十一時，茶葉比賽委員會於台灣茶輸出商同業公會開會，議決若要變更比賽原則要再開理監事會議。下午三時至六時，茶輸出業者邀請協和洋行在非洲銷茶之大股東於蓬萊閣開座談會。

十八日，上午十時，永興蔡先生來本行，云他之英人總經理從香港來台灣視察茶況；余因爲話語不通，派弟進益前往，與他接洽。但他不在。下午三時再往，前日所寄之茶辦出價：上堆六元、下堆五元，雙堆並無成盤。

二十七日，下午七時至九時，台灣茶輸出同業公會於蓬萊閣招待永興洋行總經理，主客二十餘名，盡歡而散。

【八月】

十三日，茶市依然不況，最近工廠全部製造紅茶，綠茶依然無人問津，前途悲觀之嘆。

二十六日，茶市依然不況，市面並無買賣；粗製無來台北販賣，再製亦無人問津。

【十月】

九日，下午三時，與茶業者二十餘名於檢驗局開座談會。

二十五日，光復節。各處迎神賽會遊行於總統府前非常熱鬧。上午十時至下午六時，德樂軒導引各茶行從茶商公會出發，往媽祖參香。

【十一月】

二日，因為基隆海關查獲萬國茶行輸出之茶（新店鎮林君之茶）內藏銀條走私，下午二時至四時，台灣茶輸出業同業公會於企業公司會議，警告各茶業者此後出口名義不可輕易借人輸出。

六日，永和昌茶行集合十九名向財政廳陳情。

十四日，上午九時至下午五時，往檢驗局審查民國四十二年度（一九五三年）出口茶比賽；出席委員還有呂石頭、張西河、黃玉池，以及茶商公會理事長陳氏、王進益與農林廳代表等人。

十七日，上午八時四十分至下午三時，往檢驗局審查參加比賽之茶葉；出席委員還有呂石頭、張西河、黃玉池，以及陳和錦與農林廳代表等人。

二十一日，上午十時，王清振、謝銘鐘二先生來談：暹邏政府禁茶入口對台灣茶出口影響很大，要向當局陳情解救辦法。

【十二月】

十九日，因為香港堯陽茶行來信云：香港誠豐行經理與他交涉要向本行購買綠茶。上午八時三十分，往新芳春茶行，但進賢不在。下午一時至二時，進賢與清振前來商量，約定明天與買方交涉，一

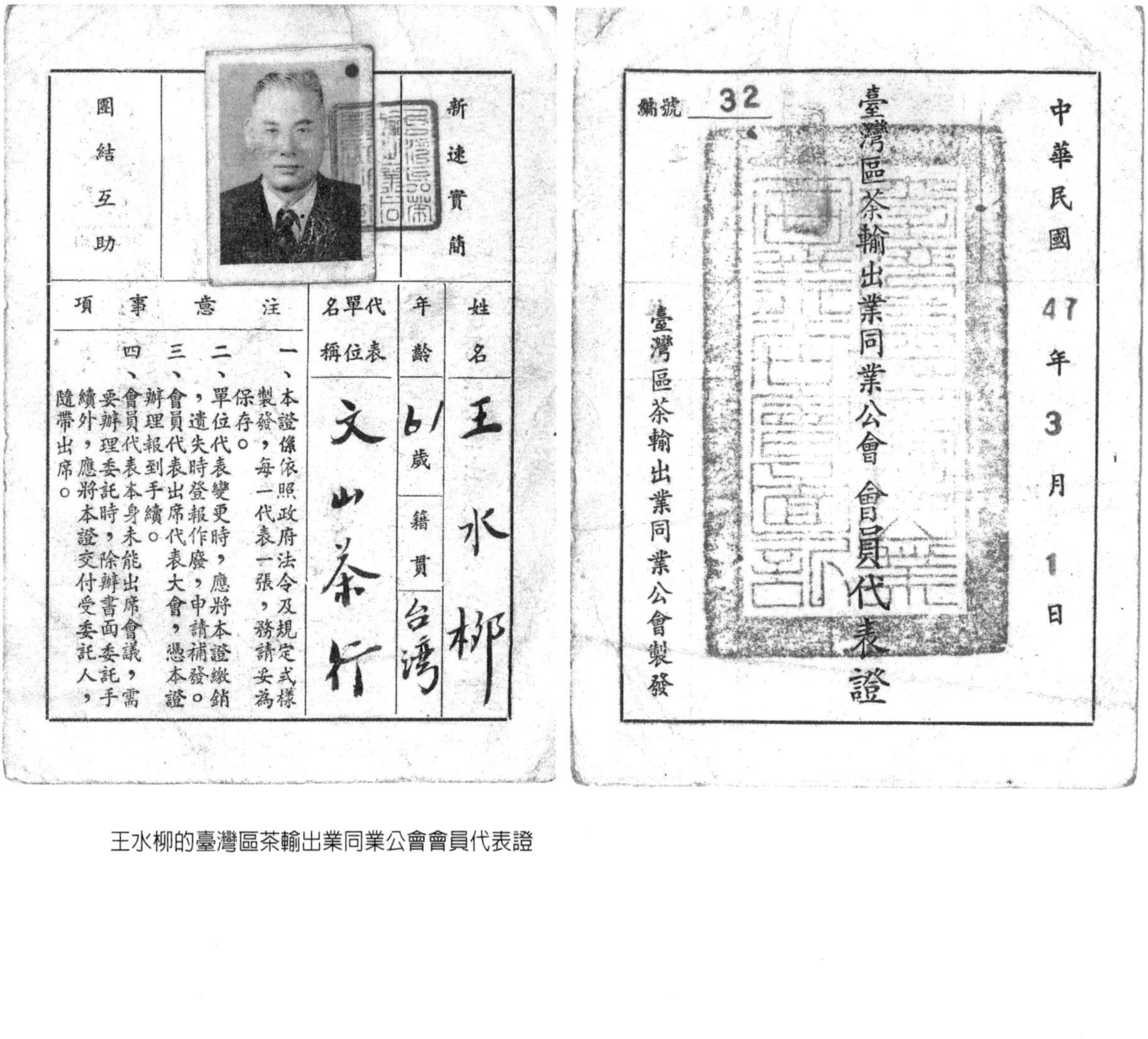
團結互助
新速實簡

姓名	年齡	籍貫	代表單位名稱
王水柳	61歲	台灣	文山茶行

注意事項
一、本證係依照政府法令及規定式樣製發，每一代表一張，務請妥為保存。
二、單位代表變更時，應將本證繳銷，遺失時登報作廢，申請補發。
三、會員代表出席代表大會，憑本證辦理報到手續。
四、會員代表本身未能出席會議，需要辦理委託時，除辦書面委託手續外，應將本證交付受委託人，隨帶出席。

編號 32
臺灣區茶輸出業同業公會 會員代表證
中華民國 47 年 3 月 1 日
臺灣區茶輸出業同業公會製發

王水柳的臺灣區茶輸出業同業公會會員代表證

有結果即刻通知香港堯陽本行。

晚年的茶業記事

一九五六年三月二十六日，王水柳被選爲台北市茶商業同業公會第三屆監事。

一九五八年三月八日，王水柳又被選爲台北市茶商業同業公會第四屆理事。

一九六〇年二月二十五日，王水柳進一步被選爲台北市茶商業同業公會第五屆理事長。這也說明他的茶人生涯走到了頂峰。

一九六三年四月二十六日，台北市茶商業同業公會換屆；王水柳卸下擔任了三年之久的理事長，改任第六屆監事。這也是他逐漸退到茶業第二線的人生拐點。[75]

「民國五十三年，」王淑惠女士說，「父親結束文山茶行對外的營運。」

也就是說，一九六四年，六十七歲的王水柳先生終於結束了一生心血開創的文山茶行的對外營運。

然而，一九六五年五月二十五日，台北市茶商業同業公會換屆；在茶業界德高望重的王水柳先生還是被選爲第七屆的常務理事。

75. 《臺北市茶商業同業公會會史》，頁二七九～二八〇。

一九六七年三月十日，王水柳先生再度榮任改制爲院轄市後的台北市茶商業同業公會第一屆常務理事。

一九六九年四月十二日，台北市茶商業同業公會換屆改選；王水柳先生又退讓到第二線，榮任院轄市第二屆的常務監事。[76]

這也說明，王水柳先生雖然有心淡出，可茶業界的同行還是需要老成持重的他爲茶業的發展出謀獻策。

「一九七〇年四月間，」〈王水柳九四回憶〉寫道：「嘉義人鐘委向王政統相議有人要買收台灣企業公司之股，王政統也承諾賣出。這樣，光是本人持股也無法超過三分之一，也就追隨他賣出。買受人是東雲閣酒家主人鄭兩家，他一共買收了三分之二以上的股份。我將賣出所得之款拿出兩百萬元，公平分配給王安邦、王定國及王耀東三個兒子各五十萬元，另外五十萬元給淑堅、淑寬、淑婉三個女兒〔淑惠已出嫁〕，隨即還了向第二信用合作社所借之款。當時，我已經是七十三歲的老人了。文山茶行的業務，大連、天津、那霸等地已經中止，只有經營綠茶銷往非洲而已。非洲與歐洲及美國的經銷，皆由茶行請人打電報，送樣招購。但我文山茶行並無打電報之人，由蔡懿範前來打電報，也只有少數成交；茶業自此漸漸衰退。因此，我也想要休息。但是，某茶行的王君前來向我相議要來文山茶行代工包裝，我承諾讓他前來。大約五個月後，他所運之茶葉約有一萬台斤左右；但他欠款項流通，向本人借了三十萬元左右。有一天，同業之張君問我王君向我借了多少錢？我向他說三十萬元左右。他於是向我報告說此人過去經常與人借款。因爲這樣，我也覺悟了。有一天，我向王君言明我要用到錢，前日他向我借的錢可以返還否？他說他無現款，要以茶估價返還之。他後來又提出要與我面會算清楚向我借款的金額。我於是與他面會，並且由他在結算書明細表捺印。但是，二個月後，他卻向台北地方法院告我侵占，並提出工人運來之茶葉爲證據提交法院。法院開庭，我即前往；幸好我先前向他會面結算時有結算書爲證，判官一看就明白了，因此一庭就結案。出庭後，我告訴王君，他是天下最無良心之人。從此與他絕交，不再來往。此後，我茶業出口非洲以外，烏龍茶銷售德記洋行以及義和洋行而已。」

儘管如此，一九七一年五月十四日，院轄市時期的台北市茶商業同業公會第三屆換屆改選，王水柳先生還是再度榮任常務理事。[77]

事實上，目前可見的王水柳先生日記，在一九七一年以後依然零星記載著有關文山茶行的茶業記事。因此，我們不妨通過這些摘錄的日記再來看看這位老茶人晚年的茶業活動。

【一九七一年】

一月十七日，二樓的文山企業公司全部移轉至樓下前面與文山茶行一起辦公。

一月十八日，午前，由製茶工人幫忙，全部整理完成文山企業公司辦公室。

五月六日，下午二時三十分，華順岳先生前來本行談談，適淡水石門草里工廠來兌綠茶，由華氏

76.《臺北市茶商業同業公會會史》，頁二八〇。

77.《臺北市茶商業同業公會會史》，頁二八〇。

參考；我向他買收二萬七千斤綠茶，約束五月初入口，全部運來。

五月十一日，向淡協興茶工廠買入綠茶粒茶二百九十五包，約二萬九千斤左右，約束明天前來取款，但尚未檢斤。

六月九日，整理尚未結算完成的四、五月份帳務，並處理茶行賣出綠茶枝之事；茶枝已經兌出，謙松要送往日本；下午，全部六十件、四千台斤要包裝完成，近日間要出口。

六月十五日，上午十時，王政統妻來辦公室，她云電話已經移轉至長安西路一七六號，明天就可移轉清楚；新辦公室繼續營業，如有事可與彼處洽之。

六月十六日，上午八時，囑茶行職工移轉茶行之事務所。文山企業公司之事務所昨日已經移轉清楚於天祥；文山茶行移在天祥舊址；文山茶行之事務所作文山企業公司之用。

七月二日，上午九時三十分，淡水石門鄉之協和茶廠林某前來本行談售茶之事，我向他約束七月初五日買入三萬斤。

七月八日，午前，在茶行看茶；協和茶廠配來綠茶二百包，預定明天再配一百包，七月初九日即要結價。下午二時，我用電話通知王政統，聲明他先前放在倉庫之綠茶要速速運出，不然我無倉庫可置茶。

七月十二日，上午九時，與協和茶廠林某協議綠茶之事；他要求每百斤九十元，但我云五十元，相差四十元，尚未解決，再過三天解決之。

七月十五日，下午二時三十分，協和茶廠林某前來本行，他之綠茶三萬斤結價每台斤十丹角，但款項要於四十五天後支付。

七月十六日，午前，在本行整理茶業之事宜；協興茶行合堆之綠茶二百萬磅，明天要送往龜山與天祥茶行合堆，準備裝茶。

七月十七日，下午七時，李樹根持茉莉花五十七斤前來薰花茶；文山企業公司平日送客用。

七月十八日，下午三時四十分，文山茶行向許益包裝之紅茶已經裝好，明天要檢查出口。

七月三十日，下午三時至五時，台北市茶業同業公會開常務理事會議，決議：因台北縣政府迫茶業公會返還向陽明山管理局租出之北投土地，決定讓渡茶業者個人去建築別墅，但是要補償茶業公會先前之損失。

八月十日，前北非洲之綠茶本日開始積貨所，各茶行之茶已經開始運搬，於十二日出港。

八月二十八日，上午無事，在本行之辦公室與諸位友人談茶業之近況；因爲欠缺雨水的關係，茶葉歉收嚴重，茶農生活清苦。

【一九七二年】

一月二十四日，上午十一時，李錫源來電話云：本行珠茶要用二萬斤。但是王政統云要買收，不可兑出他人。十二時，接廣華茶行買進户云，經營不善要整理之事。

一月二十六日，上午十一時三十分，楊梅之徐有生兄前來取二號珠茶茶樣；他要五萬磅，我開價每百台斤一千三百元正；他云後天回答。

二月十二日，上午十時三十分，協和茶廠前來本行要求茶款；因無現款支付，開立遠期支票五萬五千元正。

橫山製茶廠時期，王水柳（右）抱病親往請託製茶師傳傳授工法

四月七日，下午二時三十分，英記茶行陳木君持紅茶辦數種前來，付王耀東寄往中東，如若注文〔指定〕，即可使他代辦。

四月二十八日，下午三時至八時三十分，台北市茶業公會在金冠飯店開會並聚餐，我派王安邦前往參加。

七月十三日，午前，在本行與諸位老友相談茶業之事，並云昨年之茶業經營順利，古今之差，令人感嘆。

八月十日，上午十時，用電話詢問王政統茶枝之事，他云：每百台斤四百四十元，大約六千斤左右，決定十二時裝船。

八月二十日，王政統向我買入之茶枝已經全部出口。

八月二十八日，上午十時至十一時，老友華順蓬先生前來本行談談茶業之事宜。

九月二十九日，午前，在本行整理帳務寫日記，並與諸位老友談談茶業之事宜。

協助么兒經營茶業

從一九七二年下半年起，原本「想要休息」而漸漸淡出茶業界的王水柳先生，又因爲他與邱寒梅所生的兒子王耀東「決定要經營茶業」，而再次奔奔忙碌於購地、建廠，買茶、製茶等諸多繁瑣事宜。

王水柳先生一九七二年以來的日記詳細記載了事情的起因與經過：

六月二十二日，中午十二時三十分，徐鴻洲、王淑惠、王耀東三人由東京回來；他們前往日本考察該國之商業概況並買一些物資回來應用。耀東云，他決定要經營茶業，並在北投開工廠，製造銷日本的茶葉。

七月十八日，上午七時五十分，與王耀東、邱寒梅、林永福、林光復同往淡水之橫山，視察當地茶園；當地茶園非常廣闊，如要建廠並無問題；並有茶園六甲餘要賣，如有工廠時即可買入。十時正，由橫山回台北本行，與林光復約束近日間接洽，可合資建設。

九月六日，上午七時二十分，與王耀東乘計程車往淡水，再乘八時十分之公路班車往小基隆（三芝鄉），八時四十分再乘計程車往橫山，九時二十分到達目的地，與林光圳先生面議購買土地建茶廠之事；在他工廠附近看二、三處土地，但業主在外地尚未與他相議，其中有仲介人數名前往相議，明天林氏來台北時即通知。

九月七日，上午十一時，淡水橫山林光圳先生前來報告土地之事；他云我昨日選擇之土地二甲餘，每甲要八萬元以上，並要全部買收，他才要賣出。我與他約束明天再往鑑定之。

九月九日，上午九時三十分，與王耀東、張富勤乘計程車往淡水，轉小基隆，再往橫山，全部旅程四十三公里；十一時，到達內橫山，在山頂視察工廠地點，與林光圳先生之公子相議後，乘十二時三十分之公路班車回淡水，再乘計程車回本行。

九月十一日，下午三時，淡水林光圳前來本行，他云前日所定之土地已無成交，約束九月十三日再往鑑定另一所土地。

九月十二日，上午十二時三十分，淡水協和茶廠林光圳先生前來，他云本日在台灣區製茶公會會議發表要設日本製茶工廠，凡依政府規定設計建築者有補助。我用電話詢問製茶公司之總幹事，他云明天下午要來本行相議建設之事。

九月十三日，上午七時三十五分，與王耀東乘計程車往北投接林光圳及地理師林某，往淡水橫山鑑定要建設工廠的地理；上午十時三十分，到達橫山，林氏之股東呂某亦在茶工廠會合；十一時，往現場視察決定地點。十一時三十分回來製茶工廠談股東之事，他云舊工廠要賣五十八萬元，但我主張用租的方式；他不允，未有結論，決定明天上午十時在文山茶行談判。

九月十四日，上午十時至十一時三十分，淡水林光圳與桃園呂某前來本行相議茶工廠之事，他們希望新公司買收他二位建設之協和公司茶工廠，但我不承諾，亦不要加入新公司。

九月十六日，上午九時十五分，林光圳先生前來本行，他云前日所寄之土地定金尚未付他，要我明天往橫山現場時全部付款，九時三十分回去。

九月十七日，上午九時三十分，與王耀東乘計程車往淡水，再換計程車往小基隆，然後再往橫山，到達工廠已十一時，與林光圳先生面談後，往工廠預定地視察並相議開山機如何整地，十一時四十分回協和工廠相議土地交款之事，十二時二十二分，再回淡水，乘指南客運回台北。

九月二十四日，上午九時二十分，與王耀東乘計程車往淡水轉小基隆到達橫山，因要建設茶廠關係，於昨日開始由推土機開工整地，但我到達時大雨霖霖，推土機司機已經回去，我與耀東乘卡車回來小基隆，再回淡水，十二時三十五分回台北本行。

九月二十七日，上午九時三十五分，我與王耀東往淡水橫山視察整地之事，十時三十分到達，但是當地降雨，作業艱難。在林光圳處中食之後，十二時二十分回淡水，再回台北，已經是下午二時十分。

十月一日，上午十一時，王耀東、王進益二人前往松山機場迎接來台視察茶業之日本國茶業者。

十月二日，上午八時十五分，與弟弟王進益、王耀東三名往林森北路華泰大飯店接日本同業十七名，然後由新高觀光旅行社林嘉瑞部長領導，前往新竹視察工廠。八時三十五分出發，陸續到達平鎮之茶業指導所，建榮製茶廠，高源製茶廠；中午在關西之飯店中餐。下午一時再出發，陸續視察了沙坑製茶廠，新竹聯合茶業公司富興茶廠及三峽橫溪之林清義茶廠。七時二十分，回到本行。

十月四日，上午九時三十分，王耀東與王宗珍、鄭玉堂往淡水橫山視察要建茶廠之土地，十二時三十分回來，云明天再來談談如何建之。

十月五日，上午十時，新店鄭玉堂先生前來本行，云他昨日往淡水視察茶廠建設之情形，並比較要設計建鐵厝及鋼筋之工程費，約束初八下午前來接洽。林光圳先生亦前來參加相議。

十月八日，下午三時，王宗珍、鄭玉堂前來，因我囑問他淡水之地圖及計算建築費用幾何，他云要六十萬左右，我云考慮後通知。

十月十四日，上午十一時，老友華順蓬前來談談茶業之事，十一時三十五分回去，他云近日再來。下午二時，淡水橫山來電話云淡水地政科來測量土地，囑我前往；我與王耀東前往視察，下午四時測量完成，回本行。

十月十八日，下午三時五十分至四時三十分，林嘉瑞先生陪同恆輝實業公司日籍總經理井上安正與江燦輝前來本行，相議買收台灣之日本煎茶之事，約束下次持茶樣前來參考。

十月十九日，下午二時至三時，淡水橫山林光圳先生前來談明年設廠之事。

十一月二十一日，下午三時三十分，林嘉瑞先生與二十五日要回日本之恆輝實業有限公司日人總經理井上安正前來，約束明年度每月向我文山茶行訂購三萬公斤之煎茶。

目前，我們依然未能見到王水柳先生一九七三年的日記，因此無法知悉文山製茶廠的建廠經過。

但是，這年的五月二十五日，院轄市時期台北市茶商業同業公會第四屆換屆改選，王水柳先生還是被選爲理事。[78]

【一九七四年】

王水柳先生一九七四年的日記，又讓我們能夠繼續閱讀文山製茶廠中斷了一年的相關記事：

一月五日，上午九時三十分，王耀東與富勤往淡水三芝鄉橫山之文山製茶廠視察增建部分，因欠水泥關係尚未全部完成，如水泥付足時，再三天可完成。

一月八日，上午十一時，王政統來電話云：台灣之綠茶殘餘無幾，時價每百台斤一千一百元左右，可以合股，向製茶工廠全部買收。

一月九日，午前，在本行。天祥茶行向小基隆協和茶廠買入之二萬斤綠茶已經運來文山茶行，全部再製爲珠茶，預定明年五月出口北非洲。

一月十六日，下午二時三十分至三時三十分，台灣區製茶公會開粗製茶工廠會議，因春茶製茶時

78.《臺北市茶商業同業公會會史》，頁二八〇。

要用瓦斯，決議向瓦斯公司陳情。

二月二日，上午十時，華順煌〔蓬〕與王政統前來與我談本年度製茶之事：因物價波動關係台灣茶並無調整價格，恐難進行。

二月三日，上午十一時，王耀東與鐘委之弟前往橫山製茶廠視察，並與林永福相議代招工人數名之工資；我亦囑永福回台北談談。

二月八日，上午十一時，與王安邦、王耀東乘自己之小包車往淡水橫山製茶廠視察。本日水泥已到六十包，明天開工，七天後即可全部完成。下午二時十五分即回台北本行。

二月十八日，上午九時二十五分，由吳義春自己小型卡車送我往淡水之三芝鄉橫山製茶廠視察工廠之建設。茶葉已經迫在目前，工廠不得緩設，所以我前往督促進行。下午一時回台北本行。

二月二十二日，本日茶行開始雇用職工三名，每人的日工資要求二百四十元正；本年茶行經營非常困難。

二月二十四日，上午十時二十五分，與邱寒梅、王耀東往三峽鄉視察祖師廟之建廟，雕刻非常巧妙；十一時三十分，再往橫溪，訪林連福製茶工人，聘他於三月中旬往橫山製茶工廠指導製茶方法。他云只能指導十五天而已。十二時三十分回台北。

二月二十七日，下午二時三十分，王政統前來本行云：本年度之工資太高，生產費提高，但茶無起價，所以綠茶經營要注意，如無訂單，不可亂製。

二月二十八日，上午十時，與王安邦、王耀東乘自己之小卡車往淡水三芝鄉橫山之製茶工廠，視察機器之設備及放置位置適當與否？下午一時三十分回台北本行，與王彬相議如何製造綠茶之事，王政統亦來指導。

三月一日，上午十時三十分，台灣紅茶公司羅先生來電話約束：下午二時三十分要來茶行，接洽本年度之煎茶銷日本國之事。

三月二日，上午十時三十分至十一時三十分，與王耀東往長安東路訪問台灣紅茶公司之羅先生。他云近日間要往日本國，並要全部買收本年度生產之所有日本煎茶。我二人向他云要考慮。

三月十八日，上午九時三十分，與王彬由王耀東之卡車往三芝鄉之橫山製茶廠。茶廠之設備漸近完成。生茶葉大約要二十天即可出品製造。工人已經有十名，如果不足待開工後再補。下午一時三十分回台北本行，與王政統相議本年度製茶之事。

三月二十日，前向林光圳買入之綠茶款項，今日全部到期；上午十時，所有股東全部持來向市銀行王耀東户頭繳納。

三月二十三日，上午十時至下午二時，派王耀東參加台灣區製茶公會代表大會，與中午在金凌大飯店舉辦之會員懇親會。

三月三十一日，上午十時，與邱寒梅、王耀東往淡水三芝鄉橫山視察工廠。本年度因寒冷關係，茶葉尚未可採，預定四月初三日開始採購茶葉。下午二時，由橫山回來北投，與王耀東相談。下午五時，回台北。

四月一日，淡水三芝之各製茶廠云要開會，但是並無人前來。昨日，林光圳云本日要來本行，亦無前來。

四月四日，下午二時，與王耀東及其友人往橫山製茶廠。本日已經開始買生茶葉，明天開始製造。我於下午五時回台北。

四月五日，下午一時，與王耀東往淡水三芝鄉之橫山製茶廠。昨天開始買茶葉。本日下午四時至八時三十分，又買入六千公斤，每公斤價格平均新台幣十二元左右。因物價波動關係，本年比去年約高一元（每公斤）。

四月六日，上午六時三十五分，與王耀東往三峽成福訪問茶業技手陳君旺，囑他前來橫山製茶廠指導製日本茶之事；七時十五分到達。他云因近日間要往大埔茶業，四月初八日可能前往指導。上午九時即回本行。

四月七日，我與邱寒梅往橫山製茶廠，幫忙買收生茶葉；本日買入七千五百公斤，平均價格七元左右。

四月八日，上午十時，我與王彬由吳義春當司機，往淡水三芝橫山製茶廠。本日雨天關係無生茶葉可買，以昨日之生葉製造；但是機器之皮帶壞去，吳義春回台北買來換之。下午三時，王耀東由台北持款前來，發茶款。

四月九日，上午十一時，我與邱寒梅由台北往橫山製茶廠視察。本日因細雨關係並無人剪茶，所以至下午三時尚未有人持茶葉前來；下午五時五十分，有二名持茶葉前來，大約二百公斤，每公斤價是四元正。

四月十日，上午十時三十分，與王耀東及和榮之工人往淡水橫山製茶廠，因茶拌機之風道尚未大通，囑他前往修理；下午三時，回三重市和榮工廠。四時三十分，與王耀東、富勤往三峽之白雞視察紅茶揉捻機，但已經賣完無貨，五時三十分回本行。

四月十一日，下午一時二十分，與邱寒梅、王淑寬、王淑婉往淡水三芝鄉之橫山製茶廠。本日買入生茶葉八千二百公斤。下午十時回台北。

四月十二日，上午十一時三十分，與王耀東往橫山製茶廠。本日生茶葉買入一萬一千公斤。下午五時，邱寒梅亦往茶廠；十時三十分，四人同回北投。

四月十三日，上午四時二十五分起床，依然是在室內基礎運動，因在橫山製茶廠工作非常疲倦，所以無往對面山運動。

四月十四日，上午十時四十五分，橫山工廠來電話云：送油機之馬達損害，不得工作，要速買前來應用。我到達工廠已經是十二時二十分，工廠並無工作，茶葉滿滿。下午三時，徐某前來修理；四時完成即開工。前後休息八小時。

四月十六日，天氣清和。春深。如無摘茶，再十天全部變成老葉，無利可圖，各茶農全部出去茶園剪茶。上午十時，開始買收生茶葉；每公斤三元八角買入。農民陸續而來。至下午八時三十分止，全部買入六千六百公斤，折台斤一萬一千斤。

四月十七日，上午十一時三十分，王耀東送我往淡水三芝鄉之製茶廠。本日開始買生茶葉，至下午八時三十分止，全部買入一萬三千餘公斤，每公斤價格平均二元八角左右，比昨日減二角左右。

四月十八日，上午七時，往協和製茶廠，與林光圳先生談生茶葉之事，三十分回來。十一時，開始買生茶葉。但本日比昨日少，至下午八時止，買入全數是七千八百餘公斤，價格與昨日同。下午四時，邱寒梅由冬山工廠回來，即時與淑婉乘計程車往橫山製茶廠，持一萬九千元交王耀東買收生茶葉，四時三十分回台北。下午十時三十分，王耀東由橫山工廠回台北。我依然在茶廠休息，但是太熱關係，終夜無眠。

四月十九日，上午二時起床，向工作人員指導如何進行製造，三時再休息；五時，再起床，於二樓坪頂上基礎運動，依然無比太極拳，只往郊外散步，大約六時三十分回來。

四月二十日，下午一時，與王耀東往橫山製茶廠。當地農民茶山之生茶葉已近尾巴。本日我廠再買入一萬一千公斤以上，價格每公斤二元六角左右，明天可能比本日減少，但價格普通無變動。

四月二十一日，上午二時起床，指示工廠之工作人員如何工作並指導製造珠茶種種。

四月二十二日，昨日，橫山送來二百包之綠珠茶要製造，我往茶行指導。十時二十分，往天祥，與王政統相議綠茶之製造條序幼度之事。

四月二十三日，下午二時三十分，我與王耀東、富勤往橫山製茶廠。昨日之生茶葉全部製完，並無殘餘。

四月二十六日，下午一時二十分，與富勤、小女乘公路班車到達小基隆；乘計程車轉往橫山製茶工廠，四時到達。本日生茶葉陸續前來，至下午八時三十分結算約是六千五百公斤，與昨日買入數量略同。再三天即無生葉可買。

四月二十七日，因綠茶要出口，午前在茶行指導製茶。下午三時五十分，與蔡懿範、王耀東往淡水橫山製茶廠視察。他下午五時回去，我在茶廠過夜。

四月二十九日，因茶行未整理綠茶關係，我思再往橫山茶廠。下午二時三十分，我乘指南客運往淡水，再乘公路班車往三芝，再乘四時之公路班車往橫山茶廠。

四月三十日，下午二時二十分，王耀東與王安邦二人往橫山工廠。三時三十分，我與王耀東往石門看曾某之茶。四時三十分回台北，再往訪王政統；因綠茶之事。六時回本行。七時回北投。

五月一日，上午十時，我往台灣區製茶同業公會；因橫山製茶廠之許可尚未完成，拜託林復總幹事請農林廳及建設廳速速前來檢查。他云明天一定向各機關催促。

五月二日，中午十二時三十分，與王耀東往淡水三芝鄉橫山製茶廠；下午二時三十分到達。昨日之生茶葉三千公斤左右，至下午十一時可以製造完成。

五月四日，上午九時，往汐止看建順茶行之三十六吋大揉捻機；他要賣出三萬五千元，我囑廖某與他接洽……。十時，往天祥，與政統相議綠茶之事，十一時即回本行。下午二時，與邱寒梅往淡水橫山製茶廠視察工作情形如何。橫山已無生茶葉可購，全部由石門方面買入，每公斤二元九角左右。

五月七日，上午十時三十分，與王耀東往淡水三芝鄉橫山製茶廠視察製茶工作。因爲已經立夏，無春茶生茶葉可摘，明天起休息。下午四時回台北。

五月十日，下午三時四十分，王政統前來茶行指導如何製茶，並向工人說明指示如何用白臘調合之種種。

五月十一日，上午九時五十分，與王耀東往橫山製茶廠視察製造情形。春茶已經終了，待夏茶再製造。本年在橫山製造約七萬斤左右。下午一時三十分回北投。

五月十二日，下午一時，與王耀東往橫山製茶廠。二時十分，運來黃枝花二百七十三斤；二十分鐘後開始蒸花（蒸綠茶風古尾）。五時，我回北投。

五月十三日，上午九時五十分，與王耀東往橫山製茶廠，運李樹根之黃枝花三百斤，下午一時開始蒸花。鐵工廠工人往橫山組立揉捻機，預定明天即可全部完成。一時二十五分，與王耀東回台北。

五月十四日，上午九時二十分，與王耀東運黃枝花往橫山製茶廠，蒸花茶。十二時二十五分，回台北本行。

五月十七日，下午二時，我往文山企業公司辦事處時，富勤來電話云茶行西北角房屋之一部倒壞。我急急回來視察，果然一部損害，速囑工人前來鑑定，決定明天來修理。

五月二十七日，上午九時三十分，與鐵工二名往淡水橫山製茶廠，安置機器。因夏茶已經開始採購，要準備一切。

五月二十八日，在茶行整理茶葉之事。因本日止綠茶要製造包種茶，要蒸花。

六月三日，上午九時五十分，與王耀東往橫山製茶廠視察。昨日買入生茶葉一萬公斤左右，本日開始製造。

六月四日，上午九時三十五分，與王耀東往雙連之市銀行訪問林道義先生，並與李經理說明建茶廠之事。他云近日間要往橫山視察製茶狀況。

六月五日，上午九時三十五分，與王耀東往淡水三芝鄉之橫山製茶廠視察製茶狀況。昨日所買入之茶葉已有二萬七千餘公斤，其中約有五千公斤是每公斤三元六角左右的價。

六月七日，上午九時三十分，王耀東與台灣合會〔民間金融的互助會〕人士往淡水三芝橫山製茶廠視察。因要向合會加入會款關係。

六月九日，下午二時，與王耀東、陳進、鐘委、王南往三芝橫山製茶廠視察製茶情形。現每日之茶葉約有四千斤，價格三元五角左右，且製成之品質良好；但是價格普通，無甚獲利，平平過日。

六月十二日，中午十二時二十分，與王耀東往橫山製茶廠。昨日買入之生茶葉尚存約一萬台斤未製造，恐久無製破壞品質，故本日要作夜工。今日再買約一萬斤。下午七時回北投。

六月十三日，上午十一時，由李金全代理（因王耀東下午三時有事）送我往橫山製茶廠。本日之茶葉只有五千公斤左右而已，比昨日少得多；天陰無曝茶，用乾燥機焙之。下午五時三十分即回北投住宅。

六月十四日，上午十時，王耀東與陳進往橫山製茶廠視察製茶情形。下午三時回台北云：昨日之生茶葉五千公斤左右，且因天氣變成雨天，明天可能無生茶葉可買收。

六月十五日，下午二時三十分，與王耀東往橫山製茶廠視察製茶情形。本日之生茶葉比昨日少些，且夏茶已經過三分之二，此後是六月白，因茶價過廉關係減產，大約失去二割（二成）左右。下午六時回北投。

六月二十五日，下午三時，黃阿富前來本行與陳進製造茶辦，持往紅寶石大飯店，付阿富汗之商人，是綠茶中茶。

六月二十七日，上午十時，與王耀東、王淑堅往三芝橫山製茶廠視察製茶情形。夏茶已經過去，此後是六月白之茶葉，因價格關係，農民無意擴張生產，無茶葉可買入。

七月四日，上午十時，與王耀東、富勤並其女兒往淡水三芝橫山製茶廠。因現茶期尚非盛產期，要再十天左右才可開採製造。下午運一百包之粗製茶回台北。

七月十一日，上午十時，在茶行整理再製部分之收支結算，下午二時三十分全部完成，但是無利益。

七月十五日，出口摩洛哥之綠茶於昨日全部出清。下午三時，各茶工廠之茶户前來收款；要求前所買入之茶全部要收回。

七月十七日，上午十時二十五分，與王耀東、富勤並其女兒往淡水三芝鄉橫山製茶廠視察。因收冬關係，致生茶葉無甚多，每日只有三千公斤左右而已，價格每公斤三元左右，全部製造綠茶。

七月二十六日，下午二時，茶行之茶一百二十包送往龜山天祥茶行合堆，但是價格尚未決定。

七月二十七日，上午十一時，與王耀東、陳進往三芝鄉橫山製茶廠視察製造情形。生茶葉每天有五千公斤左右，價格每公斤三元左右；因出口綠茶全年度已經滿足〔飽合〕關係，所以價格不振。製造者無利可圖。

八月一日，上午十二時三十五分，與王耀東、陳進乘自己之小卡車往三芝鄉橫山製茶廠視察製茶情形。現時生茶葉價每公斤三元左右，但是台北之兑出價格無好，生茶葉要降至二元八角左右，不然不得合盤，囑林永福如此行之。下午五時二十分回北投住宅。

八月五日，午前，在茶行視察製綠茶之事。近日間，各輸出茶行之綠茶全部數量充足，無意再買入，所以茶市非常軟化。

八月七日，下午一時二十五分，王耀東、陳進往三芝鄉橫山製茶廠；四時五分回來云：工廠之生茶葉甚少，每日只有二、三千公斤而已，二天才製造一回。我明天亦要往工廠視察。

八月十五日，上午九時五十分，與王耀東往天祥茶行訪問王政統；因茶行之綠茶無位可置，要往龜山製茶廠。他云再五、六天才可移之。

八月二十日，上午十一時，橫山製茶廠送來綠茶一百包，明天開始製造；近日間要送往龜山天祥茶行合堆，於九月上旬出口。

八月二十四日，上午十時三十分，馬先生來電話云要買我文山茶行之綠茶珠茶，出價每百台斤一千五百元，不得合盤，致無成交。

八月二十五日，下午二時三十分，台北王耀東與林永福來電話云：三芝橫山之生茶葉大約每公斤二元五角左右，詢問我可買否？因對農民關係，多少要買入。我云明後天要往工廠視察，到時決定。

八月二十六日，午前，在本行整理本月之帳務，並向職工云製造綠茶之事；因摩洛哥之茶已經滿足並無其他銷售，所以秋期之生茶葉恐難好價。

八月三十日，午前，在茶行整理帳目並綠茶之事，預定下午三時再運一百包往龜山天祥茶行合堆；但是此回之綠茶只有三百包而已，其他是副茶。

九月九日，上午十時，檢驗局前來檢查出口之綠茶；下午一時來電話通知云：澱粉過多，恐不得通過。最後，由陳進前往檢驗局，向檢驗課長交涉而通過，下午三時即回本行。

九月十六日，午前，在茶行整理在庫綠茶並計畫如何銷出之事。十一時三十分，與王耀東、陳進往撫順街，訪問李團居先生；因日本茶要設備在三峽之事，與他相議。他云依然在橫山經營即可，不可遷出。

九月二十日，上午十時，與王耀東往淡水橫山製茶工廠視察。生茶葉甚少，無可買入；況且茶葉粗劣無柔軟，只能製造劣茶，所以少買即可。十二時十五分回台北。

九月二十一日，下午二時，往王有記茶行，囑王有記：代文山茶行買二百斤之包種茶。

九月二十七日，上午十時二十五分，與王耀東、富勤往淡水之三芝鄉橫山製茶廠視察。生茶葉無幾，每日二千公斤左右；二天製造一次而已。下午一時我回北投。

十月二日，上午十時十五分，與陳進往淡水之橫山製造廠視察近日工作情形。生茶葉每日有八千台斤左右，但價每公斤是二元六角左右；因價格過少關係，農民無興趣生產。下午三時十五分回台北。

十月七日，午前，在本行整理種種事項並綠茶要輸出中東之訂貨部分，囑黃阿富君代理打電輸出。

十月九日，上午十時，與王耀東、富勤往市銀調查組，說明文山茶行之經營方針並經營收支結算概況，十一時回本行。

十一月四日，在茶行看工人做綠茶之風骨尾成堆之事。

十一月十一日，上午九時三十五分，王政統前來本行看我母親之病。他於十一月二日往日本一星期於昨日回來。他云：日本之經濟景氣無好，明年之茶業無甚起色。

十二月十日，下午三時五十分，王政統前來本行云：明年紅茶之行市比較好轉，製造紅茶有利，下午五時回去。

十二月十二日，有人前來商議文山茶行改建大樓之事。

【一九七五年】

二月六日，在文山茶行與許炳南先生簽訂建築契約。

四月六日，文山茶行開始拆屋，預定二十天全部完成。文山茶行改在森城富祥建設公司辦公；文山企業公司改在台北市茶業公會辦公。

五月二十九日，在茶行相議綠茶如何製造；摩洛哥之契約已經決定延續五年，價格與以前相同。

七月十七日，下午三時，王政統來電話云：茶枝已經賣出，不兑出他人；煎茶亦可速速製造，他負責賣出。

八月八日，上午十時，往有記茶行，與王清振談茶業之事；他云：近來泰國並無多銷，只有一部分高級茶而已；下茶全部飲用泰國土產茶。

九月十四日，下午二時三十分，與王耀東全家往台北，持花祝賀王有記茶行小賣門市開市。

九月十五日，下午五時三十分，與邱寒梅往濟南路王有記新開之小賣門市部；非常堂皇，生意亦好，非常有希望。

十二月十八日，上午九時三十五分，與王耀東、陳進同往淡水之三芝鄉橫山製茶廠視察，並囑林永福整理綠茶；本月底，王政統要全部運往天祥茶行。

【一九七六年】

一九七六年六月十八日，院轄市時期台北市茶商業同業公會第五屆換屆改選，王水柳先生又被選爲理事，任期一直到一九七九年八月十六日。[79]

這也可以說是王水柳先生茶人生涯的正式結束。

79.《臺北市茶商業同業公會會史》，頁二八一。

儘管如此，王水柳先生後來的日記裡還是記錄著協助么兒經營茶業的相關記事：

三月二十五日，上午十時三十分，在文山茶行與蔡南田談茶業之事宜；他云：近日間要裝運綠茶珠茶二千公斤往阿拉伯。

五月四日，上午十一時三十分，王政統來電話云：他要買綠茶，囑王耀東如不賣，他要向他人買收。王耀東要賣出一萬斤。

六月二十二日，本年度之茶葉出口比去年少一割以上，因日本茶及綠茶無銷，茶業漸漸衰退；生產不敷成本，茶農非常困苦。明年景氣若仍如此，再少無疑。

【一九七七年】

四月四日，上午十時三十分，往文山茶行，與林永福、陳進、蔡懿範相議本年度製茶方針，決定以綠茶、紅茶爲主；日本茶因茶葉太貴暫停，多少製之。

五月三日，上午九時三十分，往文山茶行，與蔡懿範相議：橫山之紅茶機器要速速裝置；夏茶再二十天可採，不可遲遲工作；春茶之綠茶再製亦要開始，不要遲延。

九月十四日，文山茶行遷至新大樓八樓。

九月二十八日，下午五時，王耀東送我往淡水三芝鄉之橫山製茶廠。本日有生茶葉，但是價格較高且不多，再加上其他工廠爭相收買，每公斤比以前高五角左右；因爲年終無多可買，以及各工廠的聲譽，雖無利益，不得已，非買不可。

十月一日，已經進入秋末，茶之生產亦漸漸告終；本年之茶業比較前年有好些，茶農亦好，各欣喜。

十月二十二日，文山茶行再十天後要採第五回之茶葉，所以要準備買生茶葉之事；此回是本年度最終之茶期，茶之賣出亦要設法；本年全部賣出蔡南田、黃阿富二人而已，現時在庫還有五萬斤左右，要設法賣出。

【一九七八年】

二月一日，上午八時，在八樓與陳進相議綠茶出售之事；最近中東並無訂單，綠茶無銷，暫且停止。

三月七日，中國時報報導，本年度之茶業可以經營，因國際近年來瑣費太多，特別是中國大陸綠茶生產不足，會來台灣採購。

四月十一日，上午九時十五分至下午五時，王耀東由小屬駕駛往埔心傳習所講習；有導師前來傳授各工廠技術人員製茶（特別是煎茶）之方法。

四月十六日，因雨量過多，本年度之茶葉發育最劣，製造的綠茶品質比去年粗劣，所以買生茶葉每公斤六元左右即可合盤，如超過此價恐難有利潤。

四月二十七日，本年之春茶期已經進入尾巴，紅心茶葉已經採盡，只有晚種部分尚未採摘而已。本公司綠製茶，本年度比昨年減少四分之一；春茶，再一週間可以完成二次；夏茶，於五月中旬即可開始採摘；本日買入三千公斤左右而已。

七月十二日，昨日新台幣兑美金是三十六元兑一元，對出口商人非常不利，有利於進口商人；所以對茶業者不利，恐將打擊茶業之生產。昨日，摩洛哥國家人員前來向台灣買綠茶，現在交涉中；價格與昨年有變動，匯款亦有差，現時接洽中，近日可成交。

七月十三日，台北茶商同業公會開六十六年度〔一九七七〕之收支結算與六十七年度〔一九七八〕之預算會議。

八月九日，與陳進相議橫山廠買生茶葉之事，決定我獨自買收，王耀東決定放棄無買收之意。

九月二十六日，下午二時，小厲駕駛，載我與邱寒梅同往淡水橫山製茶廠視察。本年度之生茶葉太貴，製茶無利可圖，但我最後決定要買收，不可放棄。

【一九七九年】

六月二十二日，因文山企業公司及王耀東的〔茶廠〕經營非常不善，心情非常無好，記憶力亦差，身體無好。

九月七日，下午二時三十分，橫山製茶林永福來電話云：現時茶葉尚未盛出，想要製造紅茶；但綠茶無銷，所以不要製造，不如休息。

【一九八〇年】

一月二十日，裕豐行想要買收文山製茶工廠之土地，上午九時三十分，與徐鴻洲、王淑惠，陪同該行之王某、蔡某，前往淡水三芝鄉橫山視察。十時三十分到達工廠，視察後於十一時三十分回台北。下午二時，他來電話云滿意，決定要買，並要取權利書狀。

> 十月二十日，下午二時三十分，國稅局來電話云，要持文山茶行之帳簿前往檢查；約定明天持往檢查。文山茶行本年已無做生意，只有小賣而已。

這一年，王水柳先生已經八十三歲高齡了。

目前，我們所能看到的王水柳先生所遺留的日記，有關茶業活動的記載，也以此則做爲最後。因此，我們所述說的王水柳先生的茶人生涯，不妨就到這裡告一段落。

王水柳與文山企業公司

王水柳文化基金會

前言

一九六四年，王水柳結束文山茶行的出口貿易，淡出茶業界。不久，一位羅東的一貫道道親介紹他的妻子邱寒梅認識了「台灣石粉公司」的羅董事長。雙方經過次數不多的會晤和勘查之後，邱寒梅便以二百萬元向羅先生購買了位於蘇花公路第九公里處的華夏石礦場。一般認爲，這個買價簡直就是天價，因而在蘇澳、羅東地區引起不小的驚撼。儘管如此，一生從商謹守誠信原則的王水柳並沒有因此毀約，還是委由家人和當地道親出面斡旋，最後，雖然打了八折，仍以高出市價的一百六十萬元簽約。

一九六五年，爲了經營管理華夏石礦場的事業，邱寒梅以賣掉長安西路名下房產的八十餘萬元，成立了台北文山企業公司，自任董事長，並由長女婿徐鴻洲掛名總經理。華夏石礦廠的營運逐漸上了軌道。不久，開始獲利，並存有一些盈餘。爲了因應多數客戶希望直接採購原石後製的滑石粉的市場需求，文山企業公司於是又在冬山鄉購地，另建冬山滑石製粉廠。

茶人王水柳雖然在台北文山企業公司沒有任何職稱，但基於愛妻之情，卻也從此兩地奔波，展開了他在茶業之外的另一個領域的企業經營。

基金會現存王水柳先生的日記，年代最早的一本是一九五三年。第二本則是相隔十八年之後的一九七一年。因此，我們謹從一九七一年以後的日記摘錄相關記事，從而認識他對文山企業公司事必躬親、盡心盡力的作爲。

一九七二年，向來體弱的邱寒梅的健康狀況尤其不佳，經常出入大小醫院診療，但都只能依賴藥物，暫時舒緩病痛，無法查出眞正的病症。憐愛妻子的王水柳既要隨守病榻，又要奔走視察文山企業公司位於蘇澳、冬山的兩處廠區，並且爲了么兒要從事茶業，而從九月開始忙著爲橫山茶廠的設立覓地建廠……。

由於基金會目前未見王水柳先生一九七三年的日記，因而我們無從直接得知文山企業公司隔年的後續發展。

一九七四年，我們又看到，時年七十七歲的王水柳先生，仍舊爲文山企業公司的營運奔波操勞。這一年，除了前述成員之外，王水柳的長女王淑惠（總經理徐鴻洲之妻）、么兒王耀東，以及甫自日

以實業為善的茶人王水柳

早期文山企業公司位於蘇花公路9公里處的礦場

凡事親力親為的王水柳

王水柳在蘇花公路9公里處的礦場

上：荒廢的冬山製粉廠（2012. 詹益湧攝）
下：原蘇花公路9公里處礦場現貌（詹益湧攝）

臺灣省臺北市政府營利事業登記證

北市公商 54 字第05779號

據 邱寒梅 以左列事項聲請登記、經查核相符、合行發給登記證、以憑營業。

一、營利事業名稱：文山企業股份有限公司

二、營業項目：各種石材石粉類之買賣業務二前項附帶事業之經營及投資。

三、資本總額：伍拾萬元

四、負責人姓名：邱寒梅

五、組織：公司

六、營業所在地：長安西路二八七號

市長 高玉樹

中華民國五十四年十二月二十一日

注意：一、本證不得供他人使用

二、本證 [illegible] 處以備查驗

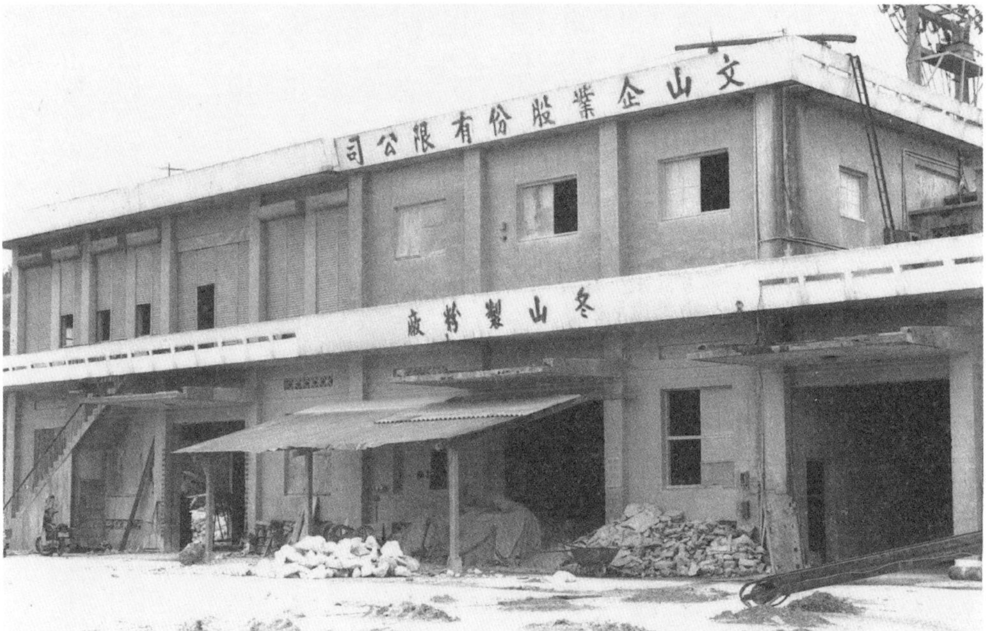

上：文山企業股份有限公司營利事業登記證（1965.）

下：文山企業公司位於宜蘭冬山的製粉廠

本學成歸來的女兒王淑寬、王淑婉，也都一一進入公司任職。五月，向來與王水柳互動密切的長女婿徐鴻洲，為了工作順利進展，全家搬離居住了十多年的文山茶行。十二月，養成王水柳一生慈善性格的母親王許有女士與世長辭。事親至孝的王水柳，為母親辦理完善的後事之後，終於同意建商拆除已顯頹圮的茶行屋舍，合建大樓。

一九七五年，年近八十的王水柳先生，既要監督協調文山茶行與文山企業公司搬遷及拆建工程的種種事宜，又要兼顧文山茶行淡水橫山製茶廠的採購、製造和銷售，以及文山企業公司蘇澳礦石廠與冬山製粉廠的勞資爭議、資金週轉不順……等等變故。

一九七六年，文山茶行舊址新建的大樓完工。王水柳先生毫無歇息地繼續為之後的隔間裝潢、用途規劃等細節耗費心力。另一方面，文山茶行在淡水橫山的製茶廠經營，卻不見好景。同時，文山企業公司在蘇澳、冬山的工廠，則因農藥ＤＤＴ禁用導致滑石粉需求陡降、惡性競爭而沒有獲利。王水柳先生不得不考慮要將廠區易手他人。但也終究沒能成功。他為了讓製粉廠繼續順利營運，在經過審慎評估之後，決定落實自一九七一年就開始有打算的化學研發計畫。他先是以合作模式聘請自稱握有多種發明專利權的林姓技術員，接著又投入更多資金增建廠房、添購機器，為冬山製粉廠正式設置了化學部門。

一九七七年，文山企業公司在冬山製粉廠的化學部門開始運作。林姓技術員的專利權申請，並不如原先承諾已全部取得，且對於化學試驗亦延宕不理。王水柳先生隨即發覺自己遭技術騙子所騙。只是，事與願違的無奈並沒有削減王水柳的鬥志。八十歲高齡的他儘管面臨著滑石製粉存貨滯銷，以及化學部門無法取得專利證明等危機，卻始終屹立於第一線，秉持他「不屈撓但盡人事，不消沉但聽天命」的積極態度，正面迎擊，不閃不躲。

一九七八年七月中旬，新台幣兌美元調為三十六元兌一元，非常不利出口的茶業者，也嚴重打擊了茶葉的生產。身為茶人的王水柳明知茶業前景不佳，卻不忍見辛勤耕作的茶農血本無歸，堅持不跟進其他茶商停止採購的行列，繼續向茶農買茶製茶。

就在這樣時局惡劣、經濟動盪的形勢下，八十一歲的王水柳先生硬是辛苦地撐住，讓文山企業公司的經營之路走到了一九七九年……。

【一九七一年】

一月一日，元旦，冬山工廠公休一天。七時三十分，我與徐鴻洲前往蘇澳礦廠，視察九□口公路崩坍處；臨時吊橋已經完成，我文山企業公司開始雇工人運搬大白石，送回工廠，製造石粉，送南部使用一年。九時二十分，開工人會議，決定改為請員制度，各人負責生產，試辦三個月，如果理想則實行，十一時結束。

一月三日，自昨日起，工廠工人開始試行請員制度。工人全部奮勉工作，比較之前的月給制度，生產有進步樣子。如此長期生產，我文山公司亦有進步之利益，實雙方都有好處。我試辦二、三個月，便知好歹矣。

一月四日，下午三時三十分，由冬山出發往羅東，乘四時十一分平快車回台北。天氣太冷，乘客寥寥。六時四十分到達台北。徐鴻洲往後車站接我回本行。

一月十四日，下午四時，邱寒梅與陳小姐往重慶南路，訪開發公司谷先生；文山企業公司需提高資本爲一千萬元或八百萬元，即可向開發公司貸款。

一月十六日，上午九時，與王淑惠往市立銀行，向林道義先生交涉文山企業公司客票向市銀借款之事。他持申請書報告財產目錄，並貸借對照表，受銀行審查之事。

二月二十日，下午二時，與淑惠提白土送試驗。如能合用，每月三十噸左右，可付庵原農藥化學公司應用。下午四時回台北本行。

二月二十一日，八時二十分，邱寒梅往谷先生處。文山企業公司要增資，囑他代理手續並幫忙銀行之事。

二月二十八日，下午四時三十分，徐鴻洲由冬山工廠回來云：外銷之白土六十噸已經完成，決定三月初二日出帆；三月一日一定要送到基隆碼頭裝貨。

三月三日，上午十時，與王淑惠往華南銀行，訪問許經理；但他外出尚未回來。我決定於中午回來時，再往訪問。因要用客票交換現金之事。

三月四日，下午三時三十五分，與王淑惠往華南銀行，交涉客票借款之事。

三月六日，下午三時三十分，文山企業公司開業務檢討會；陳美明爲議長，討論販賣方法及各人負責之數量，同時要負責收款之事。

四月七日，下午二時五分，與邱寒梅由冬山工廠回台北。近日間，二女要往日本留學，至明年三月卒業。我要準備費用。

四月十二日，下午三時，陳美明往南部收款，訂五天後回台北。最近，陳美明與林洋次有生意曖昧之處甚多；我有注意中。

六月二十二日，上午十時三十分，徐鴻洲、王淑惠、陳美明三人往南部訪問客户；前往調查華夏工廠近來向何處購買石粉之事實，下午七時三十分由南部回來。

六月二十七日，上午九時，徐鴻洲與羅東林銀河往桃園，視察大隆工廠之乾燥機。他云三萬元左右即可買收，十一時回去。

七月十八日，上午八時，徐鴻洲往冬山工廠視察。泰國指定每月要一百五十噸白土，本公司準備應付，所以前往工廠，囑咐準備。

七月二十二日，文山企業公司向日本國輸入農藥用之膨潤土一百噸，七月二十四日入口，信用狀之款項要二十萬左右。向裕豐借入納之，順利進行。

八月十五日，午前，在工廠指揮工人工作，並指導工作方法；向工人説明指導工作利益如何長收？如何減收？

八月三十日，上午十一時，冬山工廠來電話囑本公司匯款，應工人中元節借款之用。但本行〔文山茶行〕之職工亦要借款。

九月十二日，上午九時五十六分，陳永華前往冬山工廠化驗室，代理檢驗。下午二時，邱寒梅來電話，要徐鴻洲指導陳永華化驗；他即時前往。

九月二十九日，上午九時，蘇澳許聰賢、林清松前來向邱寒梅説明：王耀東囑林清松代買雲母之費用究竟是公司或是王耀東開出？

十月十六日，上午九時，我自己坐小包車前往蘇澳，囑林清松在文山石礦支取石灰石供製洋菇粉之用。但他云因上面鐵道已壞，無道可通，生產費高，不得經營。

十月十七日，上午十一時，卜蜂之台灣總經理鄭武暉先生前來冬山工廠，抽查他訂購之三A滑石粉之重量及白度是否足夠？結果幸皆足數。

十一月十四日，因王耀東要買收雲母，下午二時十五分，前往蘇澳，囑林清松代往花蓮買收。他云再二、三天即前往買入。

十一月二十四日，上午三時二十分起床，準備要往冬山工廠，所以並無基礎運動。三時三十五分由本行出發，在後車站等候四時十三分之普通車，但是遲至四時二十五分車才起行；因天未明，只有看報紙。六時十五分至福隆站。天微明，但無日光；陰天，卻無雨。上午七時四十五分到達冬山車站。我買些許蔬菜，八時十五分到達工廠。下午三時，徐鴻洲來電話詢問盧氏：十一月三十日外銷白土一百件可否輸出？盧氏云可以。但他無問我老人到達冬山工廠否？可見他對老人無關心矣。

十二月五日，下午一時三十分，前往蘇澳石礦事務所，與林清松乘卡車視察礦場；前日大雨，滑石山崩下約一萬噸左右，幸無流出大海，全部在礦場貯場內。

【一九七二年】

一月三日，下午三時，與邱寒梅乘自己之小包車往蘇澳。因前月崩山至今已經二個月之久，尚未前往視察，故再往礦場視察。

一月二十七日，下午三時三十分，王耀東向萬華某行買收雲母二噸，全部運來本行，同時急要加工，兑出南港輪胎應用。

二月十二日，上午十一時，蘇澳之立大鐵工廠前來要求機器之款；之前與他相議以土地交換，因土地不足額而要求現款。我云土地賣出時即全部還他。

三月二日，上午八時，徐鴻洲乘八時二十分之火車往清水。因黃某要向文山企業公司代銷石粉，前去簽約。下午十一時三十分再回本行。

三月三日，上午十一時四十六分，徐鴻洲、陳美明、陳萬來往冬山工廠，開本年度之生產會議及業務檢討會。明天即可以回本行。

三月九日，下午三時，陳美明由高雄回來云：肥料公司之投標已經由文山公司得標，近日要交貨。

三月十二日，上午十一時五十六分，我獨自往冬山工廠視察。因寒梅染病關係，自農曆十一月中旬回來台北，至今一個月餘無前往。下午三時，到達冬山工廠。本日公休，但乾燥第一號機無休息。只有盧光男君一人在場而已，其他之員工全部四十二名，於昨天往北港進香，預定本日下午十時可回工廠。

三月十三日，下午三時，我往蘇澳礦場視察。我已有六十天以上無往現場觀看。前之崩山現已正常，每日有一百噸以上之生產，應付客人之要求。

三月十四日，上午九時三十分，我向工廠之職員聲明：工廠所有廢鐵及其他無用處之雜物，命陳萬居集中處分為員工之福利金。盧光男云可以自此進行。

三月三十日，外銷琉球（沖繩）之滑石粉一百噸已經配出，明天之船運往琉球第一農藥公司應用。

四月六日，因要向合庫借三百萬元，上午十一時，徐鴻洲持三十萬元往宜蘭合作金庫寄金作實績，預定明天回來本行。

五月十七日，上午十一時三十五分，由台北本行出發，前往冬山工廠，監督明天造ユンぅワ庭，下午二時四十分到達。

七月三日，上午九時三十分，我與寒梅再往康河清之處視察白土。到了現場才知是許炳煌之礦，他要求每噸七千元之權利金，因此不得合盤，再研究中。

八月三十日，下午二時，與徐鴻洲往中山北路，訪問王木發先生。因競爭關係，經營石粉之冬山工廠想要改途作針織，故前往詢問經營與養成工人之方法。他云九月十一日要往工廠視察。

十月十三日，上午十一時五十六分，徐鴻洲搭火車前往冬山，工廠有種種事情要他處理，最遲四、五天即可回台北本行。

十月十五日，上午八時三十分，王耀東往蘇澳買雲母，下午七時回來云價格太貴，先向他處買，若無再買入。

十月二十四日，昨夜下午九時，王耀東往蘇澳，找許聰賢買收雲母；下午七時三十分回來云：因價格太貴，先買收三百公斤，其餘尚未向他買收。

十月二十八日，上午九時二十分，邱寒梅、王淑惠往城內，訪問國際牌之洪健全太太，借出公債十萬元。明天持往高雄台肥公司，作爲投標滑石粉的保證金（五萬元）。

十一月四日，上午三時五十分，由台北本行出發，徒步往後車站；乘四時十三分之火車，往宜蘭冬山工廠；七時四十分到達羅東；在車站前飯店早餐，乘公路班車往冬山工廠，八時十五分到達。感覺大白石不足，即時電告許聰賢；十一時，他從蘇澳前來工廠。囑他速速準備買大白石之事。他云明天即可送來。

十一月七日，上午八時二十分，康阿清前來本行，囑我與徐鴻洲前往陽明山小油坑之東方，視察他向台寶公司契約之白土礦。因要經營關係，雖然大雨霖霖，我二人亦前往，觀視不錯。十一時，康阿清前來借款，作為他之保證金；不得已，取三萬，借他設備種種工程之用。

十一月二十三日，下午一時五十分，王淑惠與小女往宜蘭之合作金庫，借出羅東之土地權利書狀登記今回賣出多少土地，三天後即回。

十二月五日，下午一時三十分，王淑惠往工廠設法韓國滑石製造之事。

十二月九日，上午九時，與王淑惠、徐鴻洲、邱寒梅、徐櫻華往中和南勢角東源製粉工廠。因信用狀過期，要取消向韓國買收之白石，所以前往相議。上午十時三十分回來本行。

十二月二十七日，下午三時，與徐鴻洲、陳萬來往基隆海關第七號碼頭，視察韓國運來要兌出之滑石約一百萬噸左右，並持見本〔樣本〕回來工廠化驗。

十二月二十八日，上午十時，盧光男回台北本行；徐鴻洲往高雄，明天要與興農化工廠交涉三級滑石粉之事。

十二月三十日，下午二時，徐鴻洲由南部回來云：勝農行陳英明刁難不交貨款，最後要訴訟。

十二月三十一日，上午九時三十分，與徐鴻洲、陳吉祥及天工牙膏採購人員，往冬山工廠，視察本公司之工廠。

【一九七四年】

一月一日，上午十時，往蘇澳石礦辦事處，視察礦場工作進展。因鐵道局無車，滑石不得順利運送，因此訂購滑石之客戶每日前來催貨。我囑許聰賢速向蘇澳站長交涉車皮〔台鐵貨車〕。十一時三十分，回冬山工廠休息。

一月三日，上午九時三十分，乘卡車，由冬山工廠往蘇澳礦廠，視察滑石採掘之情形。雖入年關，工人仍非常勤作，每日有六十噸以上之生產。本年滑石銷售非常順利，最困難的是無火車可運出，所以要想辦法應付。十一時三十分，由蘇澳回冬山工廠。

一月七日，文山企業公司要支款項數萬元，上午八時十五分，與淑寬回台北本行，幫忙設法借款之事。十時三十分，先向華順煌借二十萬元付客户，順利進行。十二時，韓國之國際電話來云：近日間，高級滑石七百噸可由韓國送達基隆港，要我準備款項領貨之用也。

二月九日，下午二時三十分，獨自往蘇澳訪問章金樹（東利貨運）；自農曆元旦至今，他尚無一台〔貨車〕前來，所以與他相議：此後，每日送二台來工廠應用。我於五時回工廠。六時，果然送二台前來。

二月二十日，上午八時三十分，台北總經理徐鴻洲來電話云：添設機器之事，費用需要八十萬元以上。我向他回答：我想，現在頭寸無寬，暫且按下，下半年再設想。

二月二十一日，上午九時二十五分，與陳萬枝往蘇澳，訪問東利貨運章金樹。因無大白石可以製造，所以我向他要求每日二台〔貨車〕前來工廠付用；他不在，向他之職員拜託，於下午二時送一台前來。

三月二日，上午八時二十五分，與邱寒梅、王淑婉往台北中途，到士林接淑寬，往台北文山企業公司上班。本日起，淑婉亦在文山企業公司上班，服務收款之事。

三月九日，因工廠之變速機損害，前來台北市買機器換之，但無此物，不得已，向台中之修理廠交涉修理之事，尚未決定。

三月二十六日，下午六時，王耀東由台北來電話云興台加工雲母粉之事，囑前往視察。

三月二十七日，上午八時，前往蘇澳，詢問興台製粉公司：前日王耀東託他代磨雲母粉，不知製好否？他云三天交貨。我於九時十五分回來冬山工廠。

三月三十日，上午九時，邱寒梅於文山企業公司辦公室詢問淑惠：向吳義春借款之事。但是，對該事，淑惠並無滿意答覆。

四月二十五日，下午三時，我用電話通知蘇澳礦場之許聽賢，明天午前持民國六十二年度入出之滑石統計表來公司，我要視之。他已經承諾。

五月二日，下午二時，邱寒梅由冬山工廠回台北。她云：此回冬山工廠進行非常順利，韓國滑石亦大半已經製成石粉，順利交中興紙廠。

五月十七日，徐鴻洲全家遷往濟南路新宅。他在文山茶行居住十餘年之久，令人心酸。午前，我亦往新屋守望運來之物件；十一時，全部運搬完成，我便回台北本行。

六月三十日，上午九時二十五分，搭礦場卡車往蘇澳礦場視察。我已經三個月無往礦場。工人要求買炸藥卻因無貯場以致不得申請。我囑許聽賢速速辦理手續向當局申請。

七月二十五日，上午十時，冬山工廠來電話云：興農化學公司廖副理要去檢查紙袋；還有二名韓國人也要前去視察滑石之事。十一時，與邱寒梅、徐鴻洲及二名韓國人，同往冬山工廠……。興農化工之廖副理已經在工廠，檢查結果損失百分之十五，但對方不承認。下午五時，全部回去。

八月七日，下午二時，文山企業公司由甘谷街移轉回來舊文山茶行辦公。

九月十一日，下午二時起，在工廠調查工作情形如何及本月份入貨出貨之事；因小月關係，出貨甚少，當然要設法兑出。

九月二十日，昨日，徐鴻洲往冬山製粉廠。因有人要往冬山製粉廠加工製造石粉關係，與加工主人前往視察。下午五時即回台北本行。

九月二十五日，因無業務關係，工廠只有二班作業而已。當然要擴展業務。因景氣不好，各工廠競爭賣出，致無利益。

十月三日，下午二時二十分，徐鴻洲前往基隆，繳納之前與東源合股進口原石之報關費，五時三十分回來。

十一月五日，上午九時十五分，我與徐鴻洲、盧光男往蘇澳，與華榮製粉廠相議買入石粉之事；十時三十分，再往立祥製粉廠，買高級石粉；他要求一噸一千一百元以上。十一時回冬山工廠。

【一九七五年】

一月一日，上午九時三十分，由林波良之機車送我往蘇澳東利石礦，相議大白石之事。他云：因久雨關係，公路損害太多，影響交通，致無貨可交。我云要急用，最近要送一百噸前來應用。他亦承諾。十時回冬山。下午二時，由宜蘭合作金庫持來冬山工廠之土地權狀，係王淑惠之名義，要變更為公司名義，持往張燦棟代書代辦手續。

一月三十一日，上午七時二十五分，蘇澳之許聽賢前來工廠，相議礦廠之事；林青松要請負包工，但我文山企業公司無意包工。

二月二十四日，下午一時三十分，盧光男與許聽賢由文山企業公司往冬山製粉廠。明天是元宵節，工人全部休息，他們要管理工廠；明天下午即回本行。

三月十五日，星期六。十七日，星期一，高雄肥料公司之滑石粉要投標。現在台灣石粉的前職員陳某、裕□等其他數名要搓湯圓，故前來相議價格；因他各人心懷惡意，所以無成，決定要競爭。

三月十七日，上午十一時，我往車站前之國泰信託公司，向張水豐之父親借款十萬元，要往高雄押標金之用。

七月七日，上午八時三十五分，徐鴻洲與客户黄某搭火車往冬山之文山製粉廠；他訂購石粉一百二十噸，七月下旬要全部出貨。由韓國人買入之高級滑石粉三十噸，七月五日已到達基隆港口，明天要出貨，所以徐鴻洲本日要再回台北。

七月二十一日，上午八時三十五分，徐鴻洲、王淑惠由王贊興爲司機，往冬山製粉工廠。本日萬家香之吳文華親翁要視察工廠，他們前往陪之。下午五時三十分由冬山工廠回台北；八時，平安回到本行。

七月二十五日，上午十時三十分，徐鴻洲與客户黄某往冬山工廠；明天要出口積貨，前往設法。

七月二十六日，上午十一時十五分，徐鴻洲與客户前往冬山製粉廠；監看二十九日要外銷出口之一批貨，免生意外。下午八時三十分回來。

十月二日，徐鴻洲與韓國鄭先生會面後，明天往美國夏威夷。他個人往美國視察，與公司無關，大約二十天即可回台灣。

十一月七日，因生產費用過高，工廠不得已要停工，暫時休息。上午七時三十分，王淑惠往宜蘭電力公司辦理停止供電一年。此後再設法如何繼續進行營業。

十一月二十日，下午三時，冬山之阿麗、吳先生及其他數人前來文山企業公司，相議滑石粉聯合經營之事，結果，各自承諾以文山四、海南三、阿麗三之比例合營，容後簽約。四時，海南公司之公子義定與吳先生、阿麗前來，相議加工費每噸六百元、原石每噸二百五十元為原則，營業部：文山四分、阿麗一分、海南四分、吳一分。

十一月二十一日，下午三時三十分，冬山工廠之聯合公司之盧盛耀先生持聯合之契約書草稿前來；我修正數條後，再研究，送回。

十一月二十二日，上午十一時三十分，徐鴻洲由美國回來，王淑惠往機場接他；尚未報告旅行感想，待後日。

十一月二十三日，上午十一時，徐鴻洲夫婦與子女全部前來北投相聚，談美國之行的情形，並說明世界經濟之事，下午四時回去。

十一月二十四日，下午四時，冬山之盧盛耀前來，取海南、梨山各礦統一銷售之契約書去打字，明天要履行。

十一月二十七日，上午十時三十分，蘇澳之海南礦業公司與梨山礦業之代表前來公司，相議統一販賣之事，於下午一時全部結束。全部股金是七十五萬元，於三十日繳納。

十一月二十八日，上午八時五十五分，徐鴻洲與客户黃先生往羅東冬山工廠。因十一月底有六十噸要外銷出貨而前去開工。下午六時三十分，回台北。

十二月三日，統一聯合公司各股東開始開支票拂入資金，其中，吳某入當日支票十二萬五千元，其他都是十二月十五日之支票。

十二月五日，上午十時，省農會陳先生來電話要三級石粉六十噸，先給應之。但是價格太廉，要受股東承諾。

十二月九日，下午一時，徐鴻洲與盧先生往冬山工廠視察工作情形，並要往蘇澳與立祥、裕盛、南隆協議統一販賣之事。

十二月十日，上午十一時五十分，徐鴻洲與盧盛耀前往冬山礦場，與陳義貞相議：向黃阿信採掘滑石之事。明天要回台北報告。

【一九七六年】

一月五日，下午三時，羅東冬山之游某前來本行，前日相議統一公司之事宜，因海南公司破壞不得成功，決定解散，明天結算所用經費各開之，各人廢棄契約書，此後各人經營。

一月六日，午前，統一公司在文山企業公司解散；吳小姐結算開銷、各股東之損失金額，各持回去。

二月十六日，高雄肥料公司滑石粉明天開標。下午一時三十分，徐鴻洲與陳聰然由自己之車前往投標，價格比前回廉。

二月十七日，上午十一時，高雄來電話云：肥料公司之滑石粉已經得標，價格八百三十五元，近日間要交貨。

四月六日，下午四時三十分，徐鴻洲與陳聰然往雲林縣之台灣農會，投標滑石粉；明天開標後再往高雄收帳。

五月十二日，上午十時，台北大雨霖霖。本年度大雨太多，冬山工廠無日可曝土，生產減少，無利可圖。

六月七日，上午十一時，王淑惠往城內訪問洪太太，請她紹介永豐餘之石粉；她云近日間要向他〔永豐餘〕紹介。

六月十一日，上午十時三十分，我與邱寒梅、王淑惠，由徐鴻洲駕駛，往宜蘭訪友；車到坪林，發現消風〔漏氣〕不得行，只好修理；下午一時再出發，三時到達冬山工廠。在此與王贊興相議工作進行之事。三時三十分，我往富山討貨款。四時，往宜蘭，受徐鴻洲之友人招待。七時三十分出發回台北。十時回北投休息。

六月二十一日，有人來電話云要買收冬山工廠；我向仲介人聲明：價格要二千二百萬元，會議後即通知他。

七月四日，上午七時正，王淑惠來電話云要往工廠視察；我云亦要與同往。八時，我由北投乘光華汽車公司往台北市中山市場，與徐鴻洲、王淑惠合車；八時四十分，由中山市場出發。雨天關係，一路蒙霧無風光可觀。十一時到達羅東，即往工廠。本日星期日，工廠休息，只有王贊興在場當值。因工人對公司有所不滿，囑游興章與另外一名前來詢問原因；他云不滿王贊興之指揮。我與徐鴻洲、王淑惠云：往後如何改善，由他二人指揮；他亦承諾三天後通知。我於下午三時即回台北北投休息。

七月二十八日，上午七時十五分，由北投乘光華汽車公司之班車往台北中山市場，與徐鴻洲、王淑惠並科學家林某，同往宜蘭冬山之文山企業公司文山製粉廠，視察林某之發明混合石粉加工製造之情形；林某非常滿意。十一時往羅東中餐後相議合作之事，決定他之生活費每月一萬五千元正，利益甲六乙四分配。下午四時五十分，由工廠回台北。

八月二十七日，下午七時三十分，代書黃某前來處理林某之發明加工製造白石粉之專利權。

八月二十八日，上午十時三十分，與邱寒梅、徐鴻洲、發明者林某，由黃一經駕車，往台北地方法院公證處，公證林某之專利權契約；十一時，四件發明中有二件已經許可，二件尚未許可，不得全部公證，所以暫時等候該二件許可後即公證。十二時回本行。

八月三十日，下午二時，鐘委前來本行，化學石粉銷售之事；等林某明天來時再議。

八月三十一日，上午八時十五分，黃一經之小包車送我與邱寒梅往台北文山企業公司。九時三十分，由徐鴻洲駕駛，與王淑惠及技術者林某，往宜蘭冬山鄉文山製粉廠。因為要與林某技術合作，經營石粉處理，要建尚不足之工廠，囑北投陳某前來設計並估價；他於九月初二日要告知價格。

九月一日，下午一時，由陳聰然駕駛，與徐鴻洲、黃一經、林某，往三重市之安正鐵工廠，視察脫水機；再由高速公路往楊梅，視察和榮製造之乾燥機焙石粉。李錫源之女婿云九月初五日即要使用，所以如期前來視察。

九月二日，與徐鴻洲、黃一經及仲介人往三重市某鐵工廠視舊大鼎一台；二噸，修理中。再看二處之舊物。下午二時三十分，往樹林大豐紙廠，詢問處理石粉之事。

九月十日，下午二時，與林某、黃一經往三重市，視安正鐵工廠之脫水機；要與契之時，他之業務經理云要在他之廠內交貨。但我主張在冬山我工廠交貨，故尚未決定。

九月十一日，上午十時三十分，與徐鴻洲、林某、黃一經往松山，視察一工廠製造脫水機；價格相議中尚未決定。十一時三十分，向和榮鐵工廠訂購乾燥機一台，價格是四十二萬元，限五十天交貨。下午二時，徐鴻洲、黃一經、林某往三重市蘆洲視察舊冰箱，但無成。再向他行買之。

九月十二日，上午九時二十五分，由徐鴻洲駕駛，與王淑惠、黃一經、林某往迴龍，視察建成鐵工廠之鍋爐；該工廠之規模宏大，要向他買一台一噸二分之鍋爐。十時三十分，再出發，往台北市內湖宜大鐵工廠，視察要向該工廠買入之脫水機。各約束星期二訂購。

九月十五日，向建成鐵工廠訂購一噸二分之鍋爐及十二噸油桶各一個，四十五天交貨。

九月二十日，昨日，黃一經因林某不在工廠，不得工作，由冬山工廠回台北。上午十一時，冬山工廠來電話云：林某已於上午八時回工廠。黃一經乃於下午二時往冬山工廠工作。

九月二十一日，下午三時，冬山工廠之增設已有進行：推土機在現場工作，三天可以完成；土水工亦進行工作，二十天全部完成。

九月二十四日，上午八時三十分，徐鴻洲與王淑惠來北投，送我與邱寒梅往台北文山企業公司；九時三十分出發，同往冬山工廠。台北無雨，宜蘭卻大雨霖霖。十二時到達冬山工廠視察，化學方面之新建設已經開始。

九月二十六日，冬山工廠要改化學工廠的新設備，現由林某與黃一經二人合力建設。

十月五日，上午十時，由徐鴻洲送往宜蘭之冬山工廠，視察增建情形；化學設備已經開工，一個月後即可完成。下午五時回台北，八時到達。

十月十三日，下午，在冬山工廠視察增建廠房的施工與原料；管理人云：十月末，此工程可以完成。

十月十四日，七時三十分，在工廠視察增建部分，指導職員如何進行及節省經費；新開之井水尚未清，要設法。

十月十九日，上午八時十五分，由徐鴻洲駕駛，與邱寒梅、王淑惠往宜蘭冬山之文山製粉廠，視察增建部分之進展如何？完成七分左右。十二時，在工廠中食。與林氏面談後，下午四時正由工廠回來；七時三十五分到達北投休息。徐夫婦即回濟南路自宅。

十月二十八日，上午七時，徐鴻洲駕車前來北投，送我與邱寒梅往濟南路會合，往宜蘭縣冬山鄉工廠；因雨天關係不敢急行，緩慢駛之，十一時三十五分到達。在工廠中食後，視察增建部分；已順利進行。下午二時，往蘇澳石礦辦公室，與許聰賢談滑石之事。二時三十分回工廠。三時五十分，由工廠回台北；中途往公正路記帳處面談；六時三十分到達北投。

十一月五日，上午九時三十分，由徐鴻洲駕駛，與邱寒梅及一名紹介人前往金山鄉，視察要買收之成豐之機器。

十一月九日，上午九時三十分，南港鐵工廠蕭先生持估價單前來，要造硫酸桶二個。

十一月十五日，下午七時三十分，和榮鐵工廠所製之乾燥機運來工廠組立。

十一月十六日，上午八時，和榮工人由武荖坑前來工廠組立乾燥機；與我及黃一經相議組立位置後，九時三十分開始組立。化學方面之化學桶亦進行混凝セメト，下午五時休息。

十一月十八日，上午八時十五分，與徐鴻洲、陳聰然、王淑惠往冬山工廠，十一時三十分到達。視察工廠。下午三時三十分開職員會議，決議員工要和好，通力合作，進行工廠之生產，增進業務之發展等，五時散會。五時三十分，與徐鴻洲、王淑惠回台北。

十一月十九日，上午九時三十分，由林波良駕駛，與邱寒梅、林某往蘇澳礦場視察。十時三十分回蘇澳，買菜後回工廠；與林某相議硫酸桶之位置及其上之房屋，已經受林某承諾。下午四時三十分，和榮鐵工廠老闆來冬山工廠視察組立乾燥機之情形；六時要回台北之時，我與邱寒梅由他送回北投，八時到達。

十一月二十日，下午一時三十分，由陳聰然駕駛，與邱寒梅、徐鴻洲、王淑惠，往內湖之宜大鐵工廠，視察訂購之脱水機之製造進度；主人云於十一月底全部完成。

十一月二十四日，本日建成鐵工廠之職員要往冬山工廠，視察水鍋爐及油桶之位置。上午八時十五分，徐鴻洲由圓山前來送我與邱寒梅往濟南路；八時四十分由濟南路出發，十二時十分到達工廠，視察位置及種種事項，與建成人員相議。

十二月二十八日，下午一時，在工廠與林某相議：增建部分之廠房已經完成八、九，要向工作人員指示此後如何工作；日本國之耐酸土已經寄來試驗，近日可知。

【一九七七年】

一月五日，下午二時三十分，冬山工廠黃一經先生來電話云：日本國送來之奈泥土試驗結果超過一百度，不能使用，所以本公司要再設法。

一月八日，上午十時三十分，冬山工廠來電話云：日本國送來之處理硫酸之泥藥，昨日試驗結果無效，所以要再研究。徐鴻洲有通知日人於近日來鑑定。

一月二十日，在工廠組立向建成工廠購入之硫酸鐵桶，預定六天完成；因太大及雨天關係，非常難做。下午二時，王淑惠與工人相議工作增產之事，每月各增六百元工資於工人。

一月二十三日，蘇澳工人林章之次女被車撞傷，在榮民醫院六樓六十一房〇三六號醫治。上午十一時十五分，徐鴻洲、王淑惠由濟南路前來，與邱寒梅合往石牌榮民總醫院探視。已經回復，近日出院。十時三十分，羅東前文山企業公司職員宋文賓、羅朝輝前來相議滑石粉經營之事，中午在海霸王招待。

一月二十五日，下午二時三十分，林某向公司借款後云：要回去嘉義，農曆元月初再回來冬山工廠工作。我云年底要試車。

一月三十日，上午十一時三十分，文山企業公司台北之職員及文山茶行之職員全部三十餘名，坐小包車四台前來冬山工廠，與工人尾牙聚餐；筵席於十二時開始，下午二時三十分完畢。四時，王耀東家族回去。徐鴻洲因酒醉關係在工廠過夜。王淑惠、我與邱寒梅亦在工廠過夜，明天即回去。

二月二十五日，下午二時，林某由冬山工廠前來公司，要求款項安家；不得已，付他一萬元。他要回嘉義，云於二十八日再來。

三月九日，上午二時三十分，林某前來向我要求借款，被我拒絕；他憤慨要回去，被徐鴻洲阻止，最後云開工後要回去。

三月十一日，上午十時，徐鴻洲向嘉義林某通電話，向他聲明：本月十五日上午開工，他於十四日即要前來。

三月十五日，在冬山工廠。上午四時五十分起床，在二樓之坪頂上基礎運動，比太極拳。本日開工，巡視機器之安全並清理塵埃。八時十五分，用敬果向福德正神拜拜。八時三十五分，向工廠之各部分拜拜；然後向新來之工人訓示並說明：如何工作及合作經營化學事業之事。九時，開工；工作非常振氣。

三月十七日，昨夜，徐鴻洲由冬山工廠回來；製造安定劑之樣本，試驗結果已經成功，明天再往製造。

三月十八日，上午十時三十分，徐鴻洲獨自往冬山製粉廠工作，先製「安定劑」，以後要製沙丁白製紙之用，近日可出品。

三月二十一日，上午八時二十分早餐後，視察徐鴻洲指導各新雇工人研究沙丁白之化學物品；結果與林某研究之品質無差；需再進一步研究。下午三時，與徐榮燦往蘇澳坑，視察他要賣出之鹽酸桶；容量十噸左右，要賣三萬元。但我之估價是一萬元左右，由黃一經決定。

三月二十六日，下午二時，開始製造沙丁白之石粉。因林某之陷害，不得已，自己研究製造。明天持製成品往台北化驗，即可知曉。

三月三十一日，上午十一時三十分，徐鴻洲由高雄來電話云：南亞化驗我公司自造之安定劑石粉已經通過，此後將向我公司購買。

四月二十二日，下午五時，回冬山工廠；適嘉義之林某來談製造沙丁白之事。

四月二十三日，上午八時三十分，徐鴻洲由冬山工廠來電話報告：林某於六時三十分自冬山工廠回嘉義，並云沙丁白之專利權尚未確定前不會再來；我文山企業公司不得已放他回去。

四月二十八日，上午十一時三十分，突接嘉義林某送來之內容證明云：他因文山企業公司冬山工廠尚未許可而無來製造云云。此係無稽之談。最後，我文山企業公司向他提告技術騙子之刑事訴訟，並通知工廠的徐鴻洲知之。

五月四日，上午十一時，宜蘭冬山工廠來電話，要經理前往指導製粉。他云明天要往工廠。我亦要往視察。近日間，工廠比以前有些增產，但未超過理想，要與工人相議：互相合作經營，可能達到理想。

五月六日，午前，在工廠視察過去之工作情形。近日，天氣薰熱，對滑石方面非常有利，各地訂購之貨全部可以供給。化學方面之生產則因乾燥機而傷腦筋，暫時用天然之日光曝晒，等五月初十日和榮鐵工廠之陳阿興由國外回來時解決。

五月十一日，上午八時三十分來電話云：昨夜，林某由嘉義前來台北，要與徐鴻洲面會。所以，十一時，徐鴻洲駕駛，與我由冬山工廠回台北；下午一時四十分到達，與林某面談。我責他無履行契約。他無話可答。

五月十二日，上午七時二十五分，林某由公司回去嘉義，並云近日間要再來。但公司已經無須他來。下午二時，陳聰然由嘉義來電話云：林某如有來公司不可付款於他，此人是技術騙子。

五月十九日，下午三時，在工廠與黃一經、游興章開會，由總經理徐鴻洲主持；工廠化學部每月要生產三百噸，石粉部要一千噸以上，不然經費不足；決議進行，達到目標。

六月二十日，下午三時，徐鴻洲由日本國東京來電話云：他近日間要與安田先生面會台灣購買產品及建設材料之事。陳天來亦在場，與邱寒梅通電話。

六月二十八日，上午六時四十五分，由陳聰然駕駛，與王淑惠往宜蘭，八時四十分到達。在合作金庫等候許經理。九時十分，與經理接洽借款之事；工廠新建部保存登記證後即可辦借款；最後囑合庫代為辦理，再一週後即可借之。

六月二十九日，昨日下午八時，徐鴻洲由日本國回來。與他談往日本國及韓國之經過。他待阿拉伯之王子往日本時要再往日本，與陳天來相議生意之事宜。

六月三十日，因樹林鄉客户所購石粉部分有混入小石之事，上午十時三十分，黃一經與林進善前往視察鑑定；十一時三十五分回來云：不是工廠混入，所以要調查。

七月十九日，上午七時三十五分，徐鴻洲駕駛小包車前來北投，載我與邱寒梅往宜蘭之冬山文山製粉廠；因久無前往視察，前去與工人及職員談談而已。下午二時，往蘇澳辦事處；三時正，與許職員、徐鴻洲往礦廠視察。因近日客户來信云滑石內有混合硅石，成績無好，而前往指導工人。四時即回冬山工廠休息。

七月二十八日，午前，在工廠與各工人接觸，相議此後經營，求各工人通力合作，使我文山製粉廠維護成功。各工人亦歡喜承諾。

九月三日，上午十時二十分，天氣變成清朗，白日青天，開始曝滑石。客户來電話要求滑石速速運往付他之用，所以本日送出三台，約有三十五噸以上之滑石。

九月三十日，下午二時三十分，徐鴻洲往宜蘭冬山工廠視察工廠情形，預定三天即回。近日間，工廠之生產比較多，但是販賣力弱，倉庫滿滿，要極力處理；待經理回來時設法。

十月四日，上午十時三十分，徐鴻洲、王淑惠夫婦因商業關係往日本國：陳天來紹介與某韓國人投資做事業，以及交涉代理除草劑之原料。預定十天回來。

十月十五日，九時三十分，昨日自日本國回來之徐鴻洲、王淑惠前來報告：日本國之經濟情況；向各商社交涉生意之事；持有二件專利品回來向市面推銷，近日有本省人林某要來接洽。

十月二十二日，昨日，徐鴻洲往冬山工廠，本日回來報告：工廠工作情形比較良好，但業務方面如無進行，恐未來倉庫不得容納。

十一月十七日，下午四時三十分，豐原之邱秀松與次子前來，相議台中地區向文山企業公司代賣石粉之事及種種條件。

十一月二十二日，上午十時三十分，徐鴻洲經由日本國往韓國。陳天來之韓國友人來電報囑他前往，相議台灣貿易之事，大約一週內即可回來。

十二月二十日，下午二時，文山企業公司第一次招民間會開標，每名之會頭三萬元，全部三十二名；當標人陳鳳嬌，七千五百元當標。

十二月二十六日，下午三時，徐鴻洲與林進善二人往南部收帳並招客户，五天後回來。

【一九七八年】

三月十四日，下午一時，由小厲駕駛，與王淑惠往宜蘭縣政府，辦理工廠土地變更工廠用地手續。

四月十七日，上午十時三十五分，日本人吉沼先生前來本行，與徐鴻洲相議技術合作條件及如何出資等種種問題。

四月二十四日，上午九時，日本國技術人員吉沼先生前來談技術合作之事；十一時，由徐鴻洲駕駛，往宜蘭冬山製粉廠，視察工廠有否適合化妝品經營之場地？

四月二十五日，上午十時三十分，小厲送日本人吉沼先生前來橫山製茶廠，視察經營化妝品之工廠地點；他云此地較冬山工廠好些。

五月一日，五一勞動節，要慰勞工人。上午八時三十分，由小厲駕駛，與徐鴻洲往宜蘭冬山製粉廠，並在羅東慶華餐廳請工人，全部四桌。我在工廠食素麵後即往。

六月六日，文山企業公司出貨之收款帳目交由我管理。

七月四日，文山企業公司支票存款尚不足數十萬，將被退票。如此之苦痛不可久長，非設法整理不可，所以近日要開會議之。

七月十七日，上午十時起，在八樓看文山企業公司之帳目；文山茶行部分尚未完全整理，待整理完畢後亦要視之。

七月二十二日，下午二時，徐鴻洲由「阿拉伯國」來テリワス〔特稅〕通知：本日要面會該國之太子；明天要申請往新加坡，與陳茂周面會石粉之事；預訂二十五、六日回台灣。

七月二十五日，昨夜十一時，徐鴻洲由阿拉伯回來，但未說明訪問經過之事。

七月二十六日，下午一時三十分，與徐鴻洲及技工林某往宜蘭冬山鄉之文山製粉廠；到達後開工做化學物品，囑工人參與。四時三十分，與徐鴻洲往蘇澳礦場辦公室，但許聰賢不在。五時三十分回工廠。

七月二十七日，下午五時十五分，徐鴻洲與林某由工廠回來本行報告：化學物件的製造順利進行，預定每月有一百噸左右之產量。

八月十五日，上午八時五十分，韓國友人安田先生回日本國東京。此回，他來台灣五天，在柳園旅社住宿，費用全由公司負擔。徐鴻洲前往美國時亦皆由他招待。

八月十九日，上午十時，徐鴻洲由雲林縣來電話通知：昨日下午一時，農會之滑石粉被台中商社得標，價格是每噸八百八十元；但是，我文山企業公司計算，每噸不足三百元以上。如此競爭之生意實在無法可做，不得不放棄。下午十一時三十五分，徐鴻洲從南部回來台北；明天要往宜蘭冬山工廠，與宜大鐵工廠配合機械位置之事。

八月二十日，星期日。前往宜蘭冬山工廠，視察鑑定化學方面之儀器安裝位置。

九月四日，下午四時，與徐鴻洲、王淑惠往桃園縣，視察基力化學公司之工廠設備及生產力。六時三十五分回台北。

九月九日，上午十時十五分，由葉坤南駕駛，與徐鴻洲、王淑惠、宜大張某，往我文山企業公司宜蘭冬山之工廠，十一時到達羅東。中食後，往工廠；後某工廠有乾燥機可賣，我三名前往視察，最後囑主人前來相議，以十二萬元成交，並附屬現場之滑石全部在內，即時開三個月支票付他成交。下午三時，與王淑惠、徐鴻洲往礦廠視察；此後礦場要機器化採掘。五時，由工廠回台北市；九時二十分正到達。

九月十六日，我到達冬山工廠後即囑工人前來相議，向弘餘公司買入之乾燥機安置之位所，決定與舊乾燥機並排安裝。

九月二十三日，星期六。宜蘭冬山大雨霖霖，不得工作。職員來電話云：本年度，因稻害關係，滑石粉非常暢銷，供不應求，工廠被客户催貨甚急。

九月二十六日，上午八時二十五分，徐鴻洲陪同日本人及泰國人蘇某往宜蘭冬山製粉廠視察；泰國友人有錫礦及鐵礦要運來台灣加工，所以前往工廠視察鑑定可以用否？

十月八日，上午七時正，由葉坤南駕駛，與邱寒梅、徐鴻洲、王淑惠往宜蘭冬山之工廠，十時十五分到達。在工廠視察並指導。特別要緊是，前日買入之乾燥機至今尚未完成安置，預定再一週間，囑工人速速進行。

十月十三日，下午二時，冬山工廠來報告：大雨關係，滑石粉之生產不得出貨；乾燥機亦未完成安置；生產有限，出貨少，無法補救。

十月十六日，下午四時，冬山工廠來電話云：乾燥機已經安置好，但機油尚未送來，不得開工；下午五時可送到云云。

十月二十八日，因樓下借款之事，上午十時三十分，與王淑惠往台北區合會，訪問副總經理陳清標先生。他已經全部承諾。

十一月七日，下午一時，徐鴻洲與林進善往南部收款，預定三天即回台北本行。三時，王清振與陳茂洲（新加坡人）前來相議代銷石粉及滑石粉；他云於十一月十一日要回新加坡。

十一月十四日，基隆海關來電話云：韓國滑石粉五十噸已經前來。明天要往海關辦手續提貨。

十二月四日，上午九時三十分，於本大樓一樓，向台灣區中小企業銀行借款一千二百萬元；本日全部領出，存各人之帳户。

十二月十八日，上午九時三十分，豐原邱秀松因在台中代理文山企業公司石粉販賣成績無好，與他次子前來相議解散之事，並要求解散費用，十二時無歡回去。此後要代賣否，尚未知之。

十二月二十四日，上午九時三十五分，宜蘭冬山文山企業公司工廠員工及家屬四十餘名，由盧光男領導，前來本行，上十二樓，視察本樓之種種設備；十時三十分出發，前往南部各地旅行；在新竹吃中餐；二十八日下午即要返回。

十二月二十九日，上午十時，方先生前來本行，與林進善往市內之客户推銷飼料，下午五時回來本行。客户之反應良好，但提出要國營之檢驗局檢查飼料之成分及其營養成分，即可極力銷售。

【一九七九年】

一月五日，上午十時正，由葉坤南駕駛，與徐鴻洲往宜蘭縣冬山文山製粉廠；因建成鐵工廠之鍋爐故障，技術人員卻不得前往，所以我二人前往視察。林化學技師由火車前往，但建成人員無來，他即回去。又有前肥料公司退休職員之外省籍人來幫忙化學方面。本日起，他就住在工廠服務。下午二時三十分，與徐鴻洲往蘇澳；因無太白石關係，與許聰賢合往蘇澳港視察，然後再往與運石材之人相議，速速運來使用。四時三十分，由工廠回台北；六時四十五分到本行，即休息。

一月六日，星期六，又是舊曆年關，各商店非常繁忙。物價日日膨漲，倒閉之商店甚多。囑各職員要多注意。

一月二十五日，上午十時三十分，由葉坤南駕駛，與徐鴻洲往宜蘭縣冬山鄉之文山企業公司，視察新建之化學方面之設備；昨日試車尚未完全成功，由宜大鐵工廠再調整，舊曆之正月即可開工生產。石粉方面之第一號機故障，立大鐵工廠估價要七萬餘元。我向立大老板交涉，但他往台北未回；與林某相議，明天要來工廠鑑定機器之尺寸。

二月十四日，上午十時，徐鴻洲與鄭友禮及另一人往宜蘭冬山工廠視察，但並無必要之事，只用錢而已。

二月十七日，技師林某要往宜蘭之冬山工廠。下午五時三十分，由徐鴻洲駕駛，載我前往，八時二十分到達。但林某並無前來，最後由電話向他家詢問，因公司有事致無前往。我二人在冬山工廠過夜休息。

二月十八日，上午四時五十分起床，在工廠二樓坪頂上基礎運動。六時正，徒步往看裕盛工廠，順便往馬籌，七時十五分即回冬山工廠。因是星期日無工人前來。八時正，徐電汽行老闆本人前來云：電力公司指示，電氣台要油漆，如無油漆，檢查不得通過云云。九時三十分，與徐鴻洲，由許聽賢導往礦廠視察：該礦廠由推土機向下取滑石，有欠佳；將來如有大雨，積水過多，現場工地恐有崩壞之虞。我向許聽賢指示排水溝之事。因本日停電無工作，林某亦無前來；下午二時十分，我二人由冬山工廠回台北；下午五時到達本行休息。七時，通知橫山茶廠：我明天要往橫山茶廠工作。

二月二十二日，公路局因恐推土機採掘，將來損害礦區，中止文山製粉廠採石礦。上午十時三十分，邱寒梅獨自乘小型車，由葉坤南駕駛，往宜蘭冬山視察工廠及石礦。

二月二十三日，下午三時，囑張清泉前來，向他說明：工人並無向公司合作，要如何改善？三時三十分，囑游興章前來，亦是向他說明工人無合作之事。

三月二日，上午六時，與徐鴻洲，視察冬山製粉廠左方之超然工業公司之工廠；再徒步往國瓏化學公司視察，由當值人林先生紹介該工廠之經營狀況及銷售情形。六時三十五分，視察裕盛之製粉廠及其經營方法：近來，該工廠之工作全部改機器自動化，少用工人，節省資本。再往電石廠視察，七時三十分即回公司。

四月二日，本日，王淑惠有二百餘萬元要受人領取；我往大橋頭向連財先生代借五十萬元正；下午二時，連先生持來三十五萬元，入二信一三〇三號。

四月六日，上午十一時，徐鴻洲與韓國人三名，前往冬山台塑電石廠，向該公司經理相議交涉：前指定買收之電石，貨無對樣。

四月九日，上午十時，與邱寒梅、王淑惠往北投，向黃金興先生及康河清借款。下午三時三十分，冬山工廠徐錦燦君來電話云：工廠工人過去之薪資問題他已經向工人解決，此後之經營方針要改革清楚。他要求我明天往冬山工廠面談。

四月十日，上午十時三十分，與邱寒梅往宜蘭縣羅東台北區中小企業銀行，訪問賴俊彥經理。因冬山工廠要借款而向他申請。他云近日間要向地政科調查。中食後休息三十分，往蘇澳，訪問徐錦燦君，持回昨日向工人解決之書類參考。

四月十四日，星期六。聽說台灣省農會之滑石粉六百噸被台中林先生當標。但他無受約束之信用，所以各行業非常不滿，此後不與他合作。

四月二十五日，下午二時三十分，台北第二信用合作社開放款委員會，決議數件：政府恐物價波動而暫時停止放款，合作社之放款超過限度，要聽上司之命令，無意放款。五時十五分散會。

四月二十九日，下午八時三十分，與蓮英、富勤訪問杜世彬先生，因王耀東週轉困苦關係，森城大樓〔文山茶行改建之大樓〕之一樓要賣渡，求他買收。但他無意買入。十時回來。

五月七日，下午八時，與王淑惠往源和茶行，訪問張杜榮先生之子，向他聲明：前日公司向他所借之款，由王淑惠所有之房屋登記。他亦承諾。

五月二十七日，近日文山企業公司在各銀行不得放款。下午三時，徐鴻洲、王淑惠前來。我與王淑惠往天母，訪問高女士。因爲文山企業公司有向她借款，所以向她相議：暫時不可向銀行提領支票，恐爲不渡。她亦承諾，但工廠之土地付她登記，明天提出財產目錄付她看。下午五時即回本行。

六月十三日，上午八時三十分，邱寒梅往士林，再訪吳義春之父親，但他不在；向親家母聲明：此回因銀行禁止借款關係，前之借款，先不清還。但王淑堅無歡，向邱寒梅出不遜言詞。她恨恨而回，非常憤慨，向我言明。我亦用電話罵淑堅。下午八時，高女士前來設法債務；我向她聲明：滑石礦賣她，確定一千八百萬元，還她之債務，清楚之。

六月十五日，下午七時，吳義春前來詢問：他借出王耀東及公司之款如何處理？但由北投之京都處理。他云不可，並云如有其他之財產由他處理。

六月十七日，下午二時三十分，我與徐鴻洲、王淑惠、徐錦燦君往會場相議，債權人有十名左右；最後決定：工廠作爲公司，由債權人入股工廠；礦場作五千五百萬元，由債權人經營。下午五時散會。

六月十九日，六時三十分，與徐鴻洲、王淑惠往桃園，訪問徐鴻洲之友人鄭先生；因徐鴻洲前日向他借款關係，要他諒解，我前往參加說明。七時三十分到達，鄭先生並無表情向我們敬意；最後云要登記之事，他即喜諾。世間如此現實，即知人情似紙。

六月二十二日，因文山企業公司及王耀東所經營非常不善，我心情非常無好，記憶力亦差，身體無好。近日來，因文山企業公司業務無好關係，我之心情非常苦痛，年歲已多，事事不得如意，因此憂愁過日。

六月二十三日，七時三十分，與邱寒梅往三重市，訪萬家香之董事長吳文華。因文山公司有向王淑堅借款，要以北投京都向他抵債。但云要考慮。八時三十分即回本行。

六月二十五日，下午三時，源和茶行之張杜榮及公子媳婦前來本行云：其中有幾張客票如何解決？我云由文山企業公司借出，由本人保證，如何？他之父親承諾，但兒子不允。下午五時回去。

六月二十六日，昨日，王淑堅來本行詢問：前被王淑惠開出，向鄭君借款之支票五十萬，明天到日要領；因我無款，要賣金條二十兩，由她持去。上午九時三十分，她持三十萬存我支票二號；加上王淑婉持來前日我與她之五萬元，以及王定國持來他旅社退股金十五萬元，合計五十萬元。明天付鄭君領之，即平安無事。

六月二十八日，午前，在十二樓工作，只有除草而已，並無其他之事。但我老人之心情非常苦痛，我之人生至此，受子女之打擊，心神非常不安，思要往別地靜居之。

後記

讀到摘錄的最後一則日記，我們的心情是非常沉痛的。

一九七九年，在內外因素衝擊之下，在第二信用合作社擔任了三十多年理監事的王水柳亦難免於

上：王水柳與邱寒梅視察韓國當地礦場

下：當年文山企業公司冬山滑石廠工人的工作情形

上：邱寒梅與王淑惠視察蘇澳礦場
下：王水柳與邱寒梅（右）、王淑惠母子於冬山滑石廠

蘇澳礦場當年的作業情形

王水柳家族與職工大合照（1967）

遭受這一波的風浪襲擊。這個局面，似乎已經不是他個人能否撐住的問題了；隨著風浪沖刷，如骨牌效應而倒下的一連串撞擊，終究是他所要面對的……。先是文山茶行橫山製茶廠董事長——王水柳的么兒王耀東發生資金調度的困難：所發起的互助會被人倒會，在屢收不到會款之下只好賠償解散；同時，茶廠和製粉廠賣出的貨品又多收不到貨款。在資金只有出沒有進的狀況下，經商首重信用的王水柳只好親自出面，想方設法，四處借款支付向茶戶及其他廠商買入茶葉和機器等等款項，並緩解資金週轉的壓力；只是緊接著，早先將資金寄附孳息的親友聽聞之後，卻紛紛趕來索討金錢……。諸如種種，迫使樂觀的王水柳產生了難得的哀傷感慨……。經此重大磨難，八十二歲的王水柳雖在日記裡偶表惆悵之意，但他沒有逃避，反而是主動出面，以他個人長年累積的信用作爲基礎，以他或他的子女名下的地產和廠房作爲擔保，一一安撫了債權人。

一九七九年開始出現的龐大債務，也讓王水柳老先生痛切地感受到商場上「薄如紙」的人情關係。但他還是秉持向來輕重有分的行事原則，堅守他待人接物的義理，眞誠面對。然而，一旦遇有牴觸他所明示的做人底限時，他亦毫不示弱！於是，在他遺留下來的一九八〇至一九八五年（佚缺一九八三與一九八四）的日記裡所敘述的有關文山企業公司的文字，讓我們更深刻認識到他那有所爲有所不爲、有所容有所不容的剛強性格！

王水柳先生首先向十位債權人提出合組公司的方案，將合計七千多萬的債務，以入股合營的方式處理。即便遇有退股要求，他仍以他的、他的妻子、他的長女的各種資產買回、換回這些股份。也因此，文山企業公司蘇澳礦場和冬山製粉廠才得以繼續運作，並且不再欠有任何一分債務。

這是王水柳爲了拯救文山企業公司的第一次出手！

其後，製粉廠的後繼經營者爲擴張資本，企圖將工廠資產抵押貸款。王水柳得知此事，認爲此舉涉及詐欺，不只是背信於其他股東，並且增加各股東債務。在幾經協商未果之後，他決定訴諸法律，以維護眞相、保全勞資權益。

王水柳爲拯救文山企業公司的第二次出手也成功了。

彼時，文山企業公司位於蘇澳的石礦場，王水柳仍有五十・四一％的股份，其次的第二大股東則是占有百分之三十多股份的國際牌公司。一直到一九九一年，採礦授權執照到期，地方政府因礦場距離拓寬的馬路只有三公里，不再發給許可執照，石礦場終於宣告廢除。

現在，文山企業公司不再生產的製粉廠廠房，依然落寞地座落在宜蘭冬山鄉的田野之間，靜靜地守候著那一段曾經屬於它的過往滄桑以及王水柳老先生在這一條路上留下的腳印。

最後，必須說明的是，基金會摘錄、整理王水柳先生遺存的這些日記，並不是要藉此控訴任何過往的人與事；我們只想藉著王水柳先生那平實誠懇的文字，眞實呈現他做人處事的原則態度。我們更期望的是，王水柳先生的後輩們能夠通過這些無法全面完整釐清細節的日記，看到一個扎扎實實地做人做事的實業家典範。

（林靈摘錄整理，藍博洲潤校）

水柳寒梅同修天道

王水柳文化基金會

〈王水柳九四回憶錄〉提到了邱寒梅女士的出身背景。

邱寒梅女士（一九〇五年至一九九一年）生於台北市士林一個書香世家。父親邱保臣是當時的秀才，可惜早逝。母黃甚育有四男三女。邱寒梅是長女，上有三個兄長，下有一個弟弟，兩個妹妹。幾位兄長都曾前往日本留學。長兄邱坤土擅詩詞，台灣光復後，曾在豐原開了一家頗具規模的戲院。二兄邱炳輝入日本大學，後來定居嘉義，曾任嘉義議長。三兄邱秀松入慶應大學，後來在台中豐原開設豐隆發木材行。四弟邱秀城入京都帝國大學，畢業後回台，後來被淡水施合發木材行主人施坤山的長女招婿。大妹邱玉鳳。二妹邱寶玉。

相對於幾位高學歷的兄弟，在封建社會，身爲長女的邱寒梅與兩個妹妹的命運卻絕然不同。雖然家境不錯，出生後，她們就被送養。

邱寒梅被送給台北牛埔（今德惠街一帶）翁姓佃農當童養媳，不曾上過學校受教育。因爲這樣的身世，她心裡覺得委屈又感到自卑，從而使得她一生鬱鬱寡歡。

邱寒梅在十五、六歲時便出落得很漂亮了。她的養兄於是逼她結婚。她不願意，只好翻後門脫逃，卻不慎摔到糞坑裡，爬起來，再逃，就這樣一路跑回士林生家。可她在生家並沒有得到更好的對待，乃至一絲絲疼惜，因而活得不快樂。又因爲養兄時常到生家吵鬧要人，生家人於是將她送到姑姑家躲避。雖然姑姑對邱寒梅很好，可她覺得住在那裡也是不妥，更爲了擺脫養家未婚夫的糾纏，於是和手帕交（陳天來的母親）一起進城，在大稻埕的各家茶行打零工。

相識於文山茶行初創之時

〈王水柳九四回憶錄〉也坦白寫出他與邱寒梅女士相識於文山茶行的經過。

當時，文山茶行初創。因爲提供雇工吃住，年約二十二歲的邱寒梅與數位女友人就前來工作，在混入茉莉花蒸的製茶流程中，負責篩花及搓茶。這樣，她就與老板王水柳相識了。日子久了以後，因爲妻小仍住安坑，自己一個人住在茶行的王水柳，自然就漸漸與邱寒梅走在一起了。

那時候，邱寒梅已經二十八歲了。茶行休假時，他經常與她散步到植物園，彼此無語地坐看池塘的魚游來游去；或者到行天宮或淡水的祖師廟行香。通過這樣的交往，他才知道她的出身背景，以及她的養兄不斷對她逼婚的情況，因而對她由憐生愛了。

邱寒梅年過三十了還沒有結婚。

一九三六年四月間，邱寒梅女士的姑母於是前來向王水柳勸說：既然邱寒梅不同意與未婚夫結婚，不如解除婚約；同時要王水柳拿錢幫她贖身。王水柳同意她姑母所提的條件，付了款，並出錢替邱寒梅的養兄討一房媳婦，另外又爲他領養一男一女，負責他們的生活及教育費用，這才讓邱寒梅完全脫離養兄的糾纏。

從此以後，王水柳就與邱寒梅女士同居於港町李泰山先生之松記木材行四樓。當時，他是文山茶行董事長，薪俸每月五十元，付原配林氏三十元，本人與邱氏二十元。幸好當時之物價較廉，生活還過得去。

隔年（一九三七年），邱寒梅產下一名男嬰。不幸的是，這名男嬰卻因故夭折。

邱寒梅自幼成長曲折，經歷喪子之痛的打擊之後，更是心情鬱悶，病痛不斷。她遲遲未再懷孕，於是便領養一女。一直到一九四〇年農曆六月十日，三十六歲的她才又在松記木材行四樓生下長女王淑惠。一九四三年農曆十二月十六日，她又在松記木材行四樓生下獨子王耀東。一九四五年光復後的十二月十六日，她在安坑大坪頂王姓宗祠內生下二女兒王淑堅。一九四七年農曆五月十八日，她再次在松記木材行生下三女王淑寬。最後，一九五〇年十二月十日，四十六歲的她在文山茶行二樓生下么女王淑婉。

少女時期的邱寒梅

左：邱寒梅四弟邱秀城畢業於京都帝國大學
右：王水柳與剛懷身孕的邱寒梅及養女邱月香（1939）

同修天道的起因

〈王水柳九四回憶〉說，一九四九年某日，邱寒梅突然高燒不退。他隨即請杜世彬醫師前來診查。（杜先生是苗栗後龍人，日據時代在大連鐵道醫院當外科醫師；是王水柳的三弟王進益的好友；光復後回台灣，未有客戶。）最後，鑑定是肺病。

當時醫藥並不發達，戰爭中發明的新藥方，台灣還買不到，要託人往香港代買，而且非常昂貴。儘管如此，王水柳還是請杜醫師每天前來，注射一支。邱寒梅病癒後需要運動鍛鍊。他就每天陪她前往圓山五百完人墓的庭園空地運動。

三月間，在運動中，王水柳看到一名山西人王延年先生在那裡打太極拳。當時，台灣尚未有太極拳，所以他與友人顏必從、楊永塗、胡阿清、陳錦川及其他數名便組織太極拳會，每個月每人繳納五十元，作爲聘請王延年先生指導的車馬費。

從此以後，每天清晨四、五時，王水柳就徒步前往圓山運動。邱寒梅則搭乘他雇用的三輪車前往。

「小時候，我經常看到母親自己一個人坐在文山茶行要上二樓的階梯上，雙眼無神地發呆……。」王淑惠女士具象地追憶父親陪母親運動，乃至同修天道的起因說：「可我問母親都在想什麼呢？她卻回答說沒在想什麼，而且腦袋總是一片空白……。爲了母親的身心健康，父親開始陪母親一起運動健身，並且接觸了一貫道；他也積極鼓勵母親出外聽學經書講道。」

一貫道及其入台經過

一貫道，也就是一貫天道。起源於伏羲氏。比較可以追溯之脈絡，起於清順治年間，第九代祖師黃德輝在江西饒州府鄱陽縣開創先天道。光緒十二年（一八八六年），第十六代祖師，山東青州東震堂劉清虛開始命名為「一貫道」。

一貫道之宗旨為「敬天地，禮神明，愛國忠事，敦品崇禮，孝父母，重師尊，信朋友，和鄉鄰，改惡向善，講明五倫八德，闡發五教聖人之奧旨，恪遵四維綱常之古禮，洗心滌慮，借假修眞，恢復本性之自然，啓發良知良能之至善，己立立人，己達達人，挽世界為清平，化人心為良善，冀世界為大同。」它所指的「道」有多重意義，是指創生宇宙萬物的本體、永恆不變的眞理，也是返回先天的唯一道路。它的中心神是無生老母，或稱無極老母、無極天母、皇母，或明明上帝。明明上帝乃是一貫道道親對上帝的暱稱，全稱有二十個字：「明明上帝，無量清虛，至尊至聖，三界十方，萬靈眞宰」。

一九〇五年，第十七代祖師路中一開始於山東濟寧家中傳教，收了二十五名大弟子，並在民國初年，快速拓展至各地。一九二五年，路中一逝世，道務由妹妹路中節暫管。

一九三〇年，第十八代祖，師尊張光壁（號天然，又號弓長祖師，為濟公活佛轉世），師母孫慧明（號月慧，為月慧菩薩轉世），接續道統，以濟南為基地傳道；但未得到路中一其他七大弟子的認同。一九三四年，張天然又前往天津傳道；天津於是成為一貫道擴展的重要基地，但張天然也於一九三六年被國民政府軟禁南京近一年。

早年鬱鬱寡歡的邱寒梅與子女（右為王淑惠）

抗日戰爭期間，一貫道從山東、河北兩省向外擴展。一九三九年後，隨著大批道徒到外地「開荒」而迅速傳播至長江流域上海、漢口等地。到了抗戰勝利時已經傳至中國各省。

台灣光復後，孫（月慧）師母及師尊（張天然）派陳文祥回台灣開荒渡眾。陳文祥是台灣人，日據時期留學日本，其妻楊倚文求學上海；一九三五年在上海共同創立愛華醫學院。一九四二年在南京加入一貫道。

一九四六年一月十三日，陳文祥在宜蘭德陽村設立台灣第一座一貫道佛堂：「天德佛堂」。五天後，又在台北市大龍峒（今伊寧街）設立「歸元佛堂」。

陳文祥前人向兩人點道

〈王水柳九四回憶〉敘述了他和邱寒梅信教的具體經過。

一九五一年農曆三月十四日，王水柳與邱寒梅應友人邀請，參加大龍峒（大同區）保安宮祭典，偶然認識了王姓宗親會會員王森淼先生及一貫道「文化組」前人陳文祥。

那天晚上，九時三十分左右，王森淼先生及陳文祥前人手持一對佛燈及老母燈，勸王水柳和邱寒梅求道。王水柳莫名其妙，心想拜拜神佛就可，何必用此拜呢。陳文祥前人於是向他二人說明：這是天道，並且解釋道義，進一步強調，一貫道主張宇宙眞理只有一種，但可經由各種形式，依各地風俗民情，來顯現教化人心的力量，所以世界各地有儒、釋、道、耶、回等五大宗教，惟其宗旨皆相同無異。

王水柳的四位千金（左起王淑寬、王淑堅，右一為王淑惠，前立為王淑婉）

王水柳與邱寒梅互動親密的家居生活

王水柳和邱寒梅明白道義後即決定信教，並由王森淼爲引保師，陳前人爲點傳師，向他二人點道。從此成爲道親。[80]

點傳師，即一貫道傳道師「代表點傳師」之簡稱；昔日稱爲代表師，代表祖師點道傳法；一九三六年之後改稱點傳師；現在通稱爲經理。點傳師領有天命，具有資格傳授三寶之一的道脈心法，有渡人點道之權。但所有的點傳師都要由前人放命才可以成爲點傳師。

前人，即資深點傳師，是開道一方，道親眾多，擁有多位以上點傳師之領導者。前人經祖師授權後，可就其准員額放命點傳師，但其上若有老前人者，往往由老前人（資深前人）親自授職。在習慣上，大陸來台開荒的點傳師都被稱爲前人。亦有支線堂口道親多者，在開荒地區，擇資歷較深的點傳師，授爲地方前人（一稱領導點傳師）。

一貫道以「明師一指，點開玄關」爲傳道的主要儀式；它認爲「玄關竅」爲生死門戶，靈性、佛性、如來藏，住於「玄關竅」之中。

點道時，陳前人向王水柳和邱寒梅指說，介於兩眼之間凹陷的鼻腰就是玄關，經過點傳師指點玄關竅的求道儀式後，便會開啓玄關竅（自性所居處）；死後，靈魂便會由玄關竅離開肉體，往生至無極理天。然後，他分別在王水柳和邱寒梅的兩眼間一指，隨後在眼前一晃；也就是所謂「一指中央會，萬八得超然」。

80. 一貫道的信徒彼此稱爲道親，男性爲乾道、女性爲坤道。

邱寒梅變成二重資格之點傳師

〈王水柳九四回憶〉又說，陳前人向他表示，爲了證明一貫道不是邪道，便要向求道人索取功德費，可卻從此不再前來。每天早上，他與邱寒梅仍往圓山運動，並且認識了一起晨運的洪烏香夫婦。他們在迪化街二段開了一間洪萬美香燭店。邱寒梅與洪太太每日相處，久而久之變成好友，同時知道她也是求天道之人，並在家裡安了一座佛堂。有一日，洪太太邀請邱寒梅往她店裡談談，並囑邱寒梅求道。邱寒梅云已經求好。但洪太太云所求與她不同。邱寒梅於是再求，但內容卻是相同。

王水柳與邱寒梅後來知道，一貫道有十八組線，前求是源於上海寶光壇（一九三五至一九四七年間由陳文祥等人先後傳入台灣）的寶光組。現求是源於天津文化壇（一九四六年傳入台灣）的文化組。只是同道分組而已。

王水柳回憶說，他們入道後，文化組每天派周益森點傳師，前來文山茶行，向諸道親講道，指導孔孟之四書五經，及講修道之要領。數日後，改爲每週二天；餘時要出街市，渡未求道之人。從此，邱寒梅每天都出去渡人；所渡之人皆是友人及親戚，每天都有十名左右。因此，前來聽講求道者愈來愈多，非常宏盛。因爲這樣，寶光組之陳文祥前人非常恐懼他的道親被奪便即時放命邱寒梅爲點傳師。文化組之周益森（周前人）知道此事後亦囑趙前人（趙輔庭）向邱寒梅放命。這樣，邱寒梅變成二重放命，是二重資格之點傳師。

文化組，每天都由周益森前人及點傳師陳太太（阿儉）來領導王水柳與邱寒梅。寶光組，因爲陳文祥前人的人手不足，起先沒有派人，後來才派總統府參軍長劉士毅[81]第三太太湯點傳師前來領導。

這樣，邱寒梅就變成二組之強人。但此後，她的修道大都向文化組方面進行。

一九五三年一貫道被禁

一九五三年，由於信道之人急速攀升，施行反共戒嚴令，畏懼群眾運動的蔣介石政權，於是由內政部對一貫道頒布禁令，長期採取限制打壓措施；部分宗教更視它爲邪教而百般排擠，導致道親必須祕密聚會，因而被污衊是集體裸體膜拜傳教。也因爲一貫道提倡蛋奶素，又被民間稱爲「鴨蛋教」，蒙受了許多不白之冤。

事實上，一貫道並未強迫信徒必要遵守嚴格的吃素的規定。

一貫道信徒可分爲得道道親與清口道親兩大類。得道道親不需嚴格遵守吃素戒律，可以方便爲前提的方式吃素，亦有鍋邊素或逢農曆初一、十五素食者。清口道親在完成清口儀式之後，成爲一個完全的蛋奶素素食主義者，從此不再食葷；但清口不只是專指飲食，在心靈修養、道德言行上，也要一併提升。

〈王水柳九四回憶〉說，這年三月，他以邱寒梅的名義，在長安西路中山市場對面右方購買了一

81. 一九五二年四月卸任參軍長一職，任戰略顧問，兼任國防部戰略計畫研究委員會主任委員。一九五三年退役後轉爲總統府國策顧問。

左：邱寒梅（右立者）與道親

右：誠心向佛的邱寒梅

下：邱寒梅（右）點傳師的祭祀儀式

棟二樓店面，租給一家小型餐廳，收入由她應用。每天，他和邱寒梅依然持續在清晨前往圓山運動，然後在文山茶行進行修道活動。

據王水柳先生一九五三年日記所載，這一年，他們具體的修道及相關活動如下：

【一月】

十一日，下午二時，陳太太與廖二人爲好姨之家族求道而來本行。

十二日，四書研究班，乾十人、坤九人前來研學，上午十一時散會。下午二時至五時，周益森先生（周前人）再來講道。五點至六點，妻寒梅與好姨前往萬華阿罔處。

十三日，上午八時三十分至下午九時，妻寒梅前往北投簡先生新設佛堂幫忙。

十四日，午前九時至十一時，四書研究，乾、坤共十八名。

十六日，上午九時至十一時，四書研究，男、女共十八人（周錫春先生亦來）。下午二時，周益森先生再來本行講道。

十七日，上午九時三十分至下午三時，在本行開設佛堂全線班，女士十餘名聽講。

十九日，四書研究，男女共十八名，十一時散會。下午二時至四時，周前人再來指導。

二十一日，四書研究班日，余爲種種關係致全無研究，本欲下午再讀，因爲周前人無來，全部女士於五時回去。

二十三日，上午九時三十分至十一時，四書研究班十餘名來本行。

二十五日，下午二時，陳太太來求道，幼緞之友亦來求。

左：中年時期的邱寒梅

右：邱寒梅的手帕交陳幼緞女士（三洋電機創辦者夫人）

二十六日，上午九時至十一時，四書班來本行研究，出席人員十餘人。

二十八日，上午九時至十一時，四書研究班全數十八名來本行研究。下午三時至四時，周前人再來研究四書。

二十九日，上午九時，參拜之信士多人前來本行。

三十日，上午八時三十分至十一時四十分，四書研究班，男女共二十二人；趙前人、王前人亦來參加。因爲舊曆年關各人無暇，決定暫時結束，待明春再進行。

【二月】

三日，父親當仙三十五年的八旬冥誕紀念日。我爲人子，用素菜祭拜，請古亭村之周益森先生（周前人）、周錫春、杜先生、廖先生及邢先生之公子等數人前來本行拜拜，並招待午宴。下午三時，妻往古亭村劉軍長士毅之處訪問，五時回本行。

四日，下午二點，妻與母親和劉士毅軍長夫人前往北投看石鼓洞。下午六時，寶光組陳文祥前人與張道親、王美玉來本行，因爲大雨霖霖不能回去，在本行過夜。

六日，下午四時，妻往好姨之處，遇新竹獅頭山一位女姑娘；她云是阿彩姐囑她前來問話。

七日，上午十時，中佬壇之廖氏持求米來本行。下午六時三十分，古亭村周根朝先生持禮物來本行。

八日，下午五時，陳留先生來本行借場地勸善，預定舊曆正月初旬進行。

十一日，上午十一時，周益森先生與廖先生來本行。下午二時，劉軍長二位夫人來本行送禮。下午三時，妻與二位夫人同往洪萬美處；四時三十分回本行。
十四日，下午二時三十分，與幼緞同往古亭村中化佛壇周先生之處與趙前人見面；三時三十分回本行後，妻又往三重埔陳（文祥）前人處拜年，下午六時回本行。
十五日，上午七時，陳前人、張先生前來本行拜年。下午三時三十分，士林五人（含百草之次子）來求道，但周益森先生不在；周根條先生來講道，六時三十分回去。
十七日，上午九時，妻與洪夫人同往古亭村劉軍長之處拜年，十二時回本行。下午一時，妻又往萬華陳太太之處拜年。二時正，劉軍長二位太太前來本行拜年。三時，妻與劉夫人同往洪萬美（香燭店）拜年。下午六時至九時，陳前人與張氏同羅東道親及楊先生四人來本行談論。
十八日，下午三時，妻乘車往雙連百草之處，六時回本行。
二十二日，上午十時，妻與周益森先生往劉軍長士毅之處拜年。
二十四日，下午三時，劉軍長二位夫人來本行，要妻同往周益森先生之處拜年。
二十五日，上午九時三十分，由劉軍長之車與二夫人並大越黃氏夫人同往塔寮坑陳前人之佛堂。中途，余之腳跟疼痛非常，雖不能行亦徐徐行之，十一時始到佛堂。
二十六日，下午，陳前人率張先生持藥來本行治療我的腳痛。下午二時至五時，求道之人八名前來，由廖先生指導。
二十八日，上午八時，陳太太與老太太百草、幼緞等數人來本行拜拜。下午一時，往古亭村中化周前人之處拜拜，四時回本行。下午六時，往三重陳前人之處拜拜。

【三月】

一日，六時三十分至九時三十分，前往三重陳文祥前人之處拜拜，並講說佛道。

二日，下午二時，劉軍長二位夫人前來用包車要迎妻合往陽明山（草山）觀櫻花盛開；妻因爲新道親數名前來求道關係不能同往。下午三時至五時，陳太太寶貴、施太太及士林的阿鳳、玉英等數人來求道，由周前人等指導。

三日，下午二時，妻勸導一信女往劉軍長之處拜拜。下午八時三十分，該道親母女來本行拜拜。

四日，陳留兄來本行設勸善壇，預定近日間開始講善。

五日，上午十時，周前人與廖先生二人來文山茶行，商量印發大學、中庸之事。

六日，上午七時三十分，妻開始前往後車頭讀書。

九日，上午九時至十一時，四書研究會重新開始，出席人員十餘名。

十一日，上午九時至十一時，四書研究，乾八名、坤九名。

十三日，上午九時半至十一時，四書研究，男女共十八名。下午二時三十分至五時，周益森先生再來講四書之道。

十四日，上午八時三十分，妻往後車頭研究讀書；九時三十分回來後又與鴛鴦同往大橋頭盧阿山之處；十一時三十分回來。

十五日，大雨霖霖，不能做其他事；余研究東洋孔子及其他諸聖人思想，深感數千年前之學說仍適用現代，實聖人之言，令後人讚嘆不已。

十六日，四書研究班，出席人員男女共十六名；周益森先生前往南部而沒有出席。上午十一時散會。

十七日，上午十時，陳文祥（前人）與劉軍長太太王美玉來本行相談修道之事，爲何人收圓[82]種種之事。下午二時，三人又一同往士林阿姑之處。下午三時，新竹獅頭山之阿彩姐與菜姑二人來本行，講經説教並過夜。

二十日，四書研究，男女共十八名；十一時散去後，陳太太、寶貴、廖等在本行研究其他書籍。

二十二日，下午二時至五時，牛埔嘴嬸等數人來求道，由廖氏指導。

二十三日，早上九時，四書研究，男女共二十名；因爲邢先生身體違和，十時散會。下午四時三十分，陳留、趙鳳寶約訂明天來本行勸善。

二十四日，上午十時至下午二時，布置勸善會場的種種設備；七時三十分至十一時，吳秀三氏、簡荷生、王加一、高寬宏等數人講演，聽眾約二百名左右。

二十五日，上午九時，四書研究開始，因爲邢先生身體違和（咽喉痛），十時散會。十二時，盧阿山夫人來本行求道。下午七時至十一時，佛教講演會，演員胡傳紅、邢雲二氏，聽眾約百餘名。

二十六日，早上，余往新店而無參加四書研究班。下午二時，周前人再來研究。

二十七日，早上，余往新店而無參加四書研究班。下午二時，周前人再來研究。七時三十分起開始勸善，高銘珍先生講〈兄弟無情〉、楊明儒先生講〈冤孽果報〉、張水量先生講〈節烈坊〉。

二十九日，下午七時至十一時三十分勸善，林喜先生講〈無義惡報〉、林雲山先生講〈陰魂報德〉、康瑞麟先生講〈鐵面青天〉，聽眾百餘名。

三十日，下午七時開始勸善，聽眾八十餘名，王森淼先生講〈殺姦夫〉、王嘉壹先生講〈溺女慘報〉、高銘珍先生講〈孝子賣身救父〉；十時突然空襲警報，於是提前結束。

三十一日，下午七時三十分至十一時廿五分佛道講演，林雲山先生講〈觀音感應〉、康瑞麟先生續講〈鐵面青天〉，皆是好施樂善之詞，聽眾八十餘名熱烈反應。

【四月】

一日，上午十時至十一時，四書研究班。盧阿山先生來本行求道，下午二時回去。下午八時至十一時勸善，洪耕雲先生講〈福地福人居〉、王森淼先生講〈先逆後孝〉，聽眾八十餘名。

二日，上午九時至十一時，妻往古亭區訪問中化壇周前人。下午二時至五時，廖氏來本行講三寶。七時四十分至十一時四十分勸善講演，王森淼先生續講〈先逆後孝〉、工嘉壹先生講〈信佛福報〉、高言德先生續講〈孝子賣身救父〉、張水量先生講〈逆子懺悔〉、高寬宏先生講〈弄假成眞〉，聽眾八十餘名。

三日，上午八時至九時，妻往後車頭研究四書。四書研究班，出席人員二十名，十一時散會。下午七時至十一時三十分勸善，王森淼先生續講〈先逆後孝〉、高言德先生續講〈孝子救父〉、林雲山先生講〈賣身爲父〉、洪耕雲先生講〈認錯〉、高寬宏先生講〈弄假成眞〉。

四日，上午八時至九時，妻往後車頭研究四書。下午八時至十一時二十分勸善，高言德先生講

---

82. 收圓：算是功德的總結算。其中也有用人才、成就人才爲聖賢之意。

〈害人自害〉、洪耕雲先生講〈雷防仁不仁〉、趙鴻寶先生講〈雷擊除惡〉。

五日，下午八時至十一時三十分講演勸善，高言德先生講〈財帛動心〉、洪耕雲先生續講〈需防仁不仁〉、李肇基先生講〈一時救三命〉。

六日，上午九時至十一時，四書研究，男女計二十一名。下午八時至十二時勸善，洪耕雲先生講〈孝虎□祠〉、李肇基先生講〈冤冤相報〉、高寬宏先生講〈嫁嫂失妻〉。

八日，下午八時至十一時勸善，高言德先生講〈笑裡藏刀〉、鄭含光先生講〈搜雞煮人〉、王森淼先生講〈再生緣〉、王嘉壹先生講〈不敬其夫〉。

九日，下午三時，與吳秀三、王森淼往朝陽街看勸善要用之厝。八時三十分至十二時勸善，吳秀三先生講〈恩將仇報〉、趙鴻寶先生講〈婦人暗行現報〉、吳秀三先生再講〈積德美報〉。

十日，四書研究日，敝人不在，其他人員三十餘名，上午十一時散會。下午二時至四時，周先生再來指導。八時至十一時二十分勸善，王嘉壹先生講〈鑼雷悔罪〉、高言德先生講〈章台守節〉、洪耕雲先生講〈審眠床〉、張聖光先生講〈佛救族〉、趙鴻寶先生講〈佛祖靈感〉。

十一日，原定下午八時至十一時講善，因爲大雨霖霖，聽眾及講演員不能準時前來，遲至九時才開始，高言德先生講〈父子三狀元〉、洪耕雲先生講〈〉[83]。

十二日，終日大雨霖霖。因爲這樣，晚上的勸善聽眾甚少，由高言德先生講〈媒人破婚姻〉、洪耕雲先生講〈劉瞎子〉，十一時散會。

十三日，上午九時至十一時，四書研究日。下午八時三十分至十時三十分勸善，高言德先生講〈莚前潑酒〉、洪耕雲先生講〈〉。

十四日，上午十一時至下午二時，古亭村周前人來本行給求道人三名講道。下午八時三十分開始勸善，王嘉壹先生講〈節烈復仇〉、洪耕雲先生講〈喬太守〉、高寬宏先生講〈天不絕人〉。

十五日，上午九時至十一時，四書研究班日，聽眾二十餘名。下午三時至五時，古亭村廖先生來本行講三寶。八時三十分至十一時勸善，高言德先生講〈醉後辱妻〉、李肇基先生講〈莫非是命〉。

十六日，上午十一時，王森淼率鹿港一男、二女之道友前來本行，談論儒釋道諸教理之好處；在本行中食後，男道友回去。下午八時三十分至十一時勸善，王森淼先生講〈雷殛不孝子〉、王嘉壹先生講〈修成婚姻〉、吳秀三先生講〈港口換翁〉。

十七日，上午九時至十一時，四書研究班日，研究人員二十餘名。下午三時至五時，周前人再來講讀四書。八時至十一時勸善，張聖光先生講〈感佛恩〉、王嘉壹先生講〈細心斷獄生貴子〉、王森淼先生講〈孝子成神〉、高言德先生續講〈醉後辱妻〉、施金豆先生講〈家貧知孝子〉。

十八日，下午八時三十分至十時四十分勸善，高言德先生續講〈醉後辱妻，榮歸團圓〉；其他人因爲三重埔最終之講善，前去接受招待。

十九日，下午八時三十分至十一時四十分勸善，王嘉壹先生講〈貧女報德〉、王森淼先生講〈廣東黑蛇酒〉、吳秀三先生講〈黃菜葉〉、林雲山先生講〈賣子爲父〉、蘇潭先生講〈前世因果〉、林子孝先生講〈雪花銀〉。

---

83. 日記原稿空白。

二十日，上午九時三十分至十一時，四書研究班日，男女共二十餘名。下午三時至五時，周前人再來研究四書。八時三十分至十一時勸善，王嘉壹先生講〈有恩必報〉、李肇基先生講〈伏面善人〉、吳秀三先生講〈賞罰分明〉、高寬宏先生講〈夫妻背義〉。

二十一日，下午八時三十分至十一時三十分勸善，李大熊先生講〈因果〉、李瑞典先生講〈埋犬勸夫〉、李肇基先生講〈怒打薄情郎〉。

二十二日，四書研究班日，出席人二十餘名；但余往新店致無參加。下午三時，周先生再來；但余爲買茶關係亦不得參加研究。八時三十分開始勸善，王嘉壹先生講〈張用先改過〉、李大熊先生講〈緣起說〉、吳秀三先生講〈償討分明〉、趙鴻寶先生講〈冤鬼伸冤〉。

二十三日，下午八時至凌晨一時，最後一次勸善，王嘉壹先生講〈一本萬利〉、王森淼先生講〈禍福轉移〉、李大熊先生講〈孝德可風〉、林雲山先生講〈山東李善人〉、楊明儒先生講〈佛化有元〉、洪耕雲先生講〈大家歡喜〉、吳秀三先生講〈人身難得〉、趙鴻寶先生講〈眼前得福〉。

二十四日，四書班研究日，出席人員三十餘名，中午十一時散會；但余不在。

二十五日，上午十一時，陳留氏來本行云：下午五時，此善台要撤去他處勸善。五時三十分，已經撤去清楚。

二十八日，佛堂春季祭典，各地信徒與求道人數名紛紛前來本堂參拜，下午五時各自回去。

二十九日，上午九時至十一時二十分，四書研究班日，研究人十五名。

【五月】

一日，四書研究班日，出席人員十餘名；邢先生云，研究班本日結束後解散，此後若再開班將另行通知。下午三時，周先生來本行說明：陳太太對趙前人所云之言詞無妨云云。

四日，四書班廢止，但廖氏前來講演佛道，上午十一時散會。

五日，下午三時三十分，廖先生來本行講道，聽眾二、三名而已。

六日，上午九時三十分至十二時，廖先生來本行研究四書，研究人員七、八名。

七日，下午三時，妻往劉軍長處；因爲恭迎媽祖祭典，請他明天前來本行赴宴。

九日，上午八時三十分至九時四十分，妻往後車站讀書。

十日，敝人之生旦日，爲表示紀念關係，向先父及諸神小拜拜。下午六時至八時三十分，宴請趙前人、邢前人、周益森、周根條、廖王前人、婦女前人百草、好姨、幼緞、洪萬美夫妻等十餘名道親。

十一日，上午九時至十一時三十分，四書研究日，廖來本行講道，男女聽眾十餘名。

十二日，上午十時至十二時三十分，妻前往古亭村周先生處，並往劉軍長處。

十三日，上午八時至十時，妻往後車頭研究讀書。本日爲四書研究班日，但上午十時，廖先生尚未前來，洪萬美等人已經前來相候。

十五日，四書研究班，男女共十餘名，講師廖氏，十一時散會。

十六日，上午八時至九時三十分，妻往後車頭研究四書。

十七日，上午九時，妻乘三輪車往古亭村趙前人新建之佛堂，送他日用道具幾種，十二時四十分回來。中午十二時，劉軍長來電話云陳文祥前人在他家中，囑余下午二時前往，與他面談佛家之事。余準時前往，並於四時三十分回來。

十八日，上午八時三十分，妻往後車頭研究讀書。四書研究班日，廖先生前來本行指導男女十餘名，十一時散會。下午二時至五時，廖先生再來本行指導新來求道人五名。

十九日，上午八時至十時，妻往後車頭研究讀書。下午四時至六時，城中區李克峻先生之夫人幼緞同二位道姑來本行與妻談話。

二十日，上午八時至九時三十分，妻往後車頭研究讀書。九時三十分至十一時，廖氏來本行指導四書研究班的十餘名女性聽眾。下午三時，廖氏再來本行。三時三十分至六時，妻與百草往訪洪萬美後回來研究四書等經典。

二十一日，上午八時至九時三十分，妻往後車頭研究讀書，然後與百草同往萬華，下午二時回來。二時至四時三十分，李克峻先生[84]及夫人幼緞亦來談話。三時三十分，劉軍長太夫人持香港衣十餘套來本行，兑出數套，四時四十分回去。

二十二日，因爲廖先生不在，由周先生前來指導四書研究班男女聽眾十餘名，上午十一時散去。

二十五日，上午八時至九時十分，妻往後車頭研究讀書。四書研究班最終之日。因爲〈中庸〉已經全部讀畢，暫時休息，待此後必要之時再通知各個會員。

二十六日，上午八時三十分至十時，妻往後車頭研究讀書。十一時，豐原菜姑來本行與妻談佛法之事。下午二時三十分至六時，妻與李克峻夫人幼緞往三重埔陳前人處。

二十七日，上午八時至十時，妻往後車頭研究讀書。十一時，古亭村趙前人「清遠」喬遷新居而設宴，妻與洪太太等人赴宴；因爲大雨關係，下午一時才回到本行。

二十九日，上午八時至九時三十分，妻往後車頭研究讀書。九時三十分至十一時，廖先生前來指導讀書研究會。下午三時至六時，周先生前來教導。

三十日，上午八時至九時三十分，妻往後車頭研究讀書。

【六月】

一日，上午八時至九時三十分，妻往後車頭研究讀書。本日爲佛道研究日，廖氏分別於上、下午前來指導。

二日，上午八時三十分至九時三十分，妻往後車頭研究讀書。下午七時至八時，森山木材行職員楊先生來本行要指導佛教之事。

三日，上午八時至九時，妻往後車頭研究讀書。九時三十分至十一時，廖先生來本行指導佛教研究。

四日，上午八時三十分至九時，妻往後車頭研究讀書。

五日，上午九時至十一時及下午三時，廖氏來本行指導道經研究。上午十時，劉軍長夫人王美玉來本行，中食後，下午二時回去。

---

84. 歌林創業人。一九六二年與三洋合資，成立台灣三洋電機。

六日，上午八時二十分至十一時，妻往後車頭研究讀書，順往李克峻先生處。

八日，上午九時至十時，廖先生前來指導佛道研究。下午三時至五時，周根朝先生前來指導。五時三十分至八時，應劉軍長夫人電邀，即時乘三輪車前往她之住所。

九日，本日爲法主聖君求道日。上午九時前往劉軍長處，陳文祥前人主持聖求天道，下午二時回來。

十日，上午九時三十分至十一時，廖先生前來指導佛教研究。下午再來，於五時散會。

十一日，農曆五月一日。上午八時至九時三十分，妻往後車頭研究讀書。佛堂有數位女士前來拜拜。

十二日，上午十時至十一時及下午三時至六時，周益森先生前來講佛道。

十三日，上午八時至九時三十分，妻往後車頭研究讀書。

十四日，上午八時三十分至九時三十分，妻往後車頭研究讀書。

十五日，下午二時至三時，妻與百草往古亭村中化壇拜拜。六時至九時，余與母親、妻三人往三重埔陳文祥前人處。

十六日，上午八時至九時，妻往後車頭研究讀書。

十七日，上午八時至九時三十分，妻依然往後車頭研究讀書。本日爲佛道研究日。上午九時，周根條先生前來講道，下午六時回去。

十八日，上午八時至十時，妻往後車頭研究讀書。

十九日，上午九時三十分至十一時及下午三時至六時，周根條先生前來佛教研究會講道。上午十一時，妹妹春英前來求醫；下午三時向佛堂求道，六時回去。

二十二日，上午九時至十一時，廖先生來本行指導佛教研究。

二十四日，佛教講道日，上午九時至十一時，廖先生來本行勸善；下午三時至六時，再來講道。

二十五日，農曆十五。信佛男女來本堂拜拜甚多。

二十六日，佛教研究日，廖先生來本行，十一時散會。

二十七日，上午八時至九時三十分，妻往後車頭研究讀書。本日求道人數名。下午三時至六時三十分，游景富夫人亦來求道。

二十九日，佛教研究日。上午八時至九時，妻往後車頭研究讀書。九時至十一時，廖先生來本行指導。下午三時至九時三十分，周根條先生來本行指導；森山木材行李適發亦來求道。

三十日，上午八時至九時三十分，妻依然往後車頭研究讀書。

【七月】

一日，佛教研究日。上午八時至九時二十分，妻往後車頭研究讀書。九時至十一時及下午三時至六時，廖先生來本行指導。

二日，上午八時至十時，妻往後車頭研究讀書。

三日，四書研究日。上午八時至九時，妻往後車頭研究讀書。十時至十一時，廖先生來指導。豐原四小姐來本行講道：〈佛教之原理〉，並與廖先生談論。

六日，佛教研究日。周根條先生來本行指導，十二時回去。

八日，上午八時至九時三十分，妻往後車頭研究讀書。十時，古亭村周益森先生來本行指導佛教，談論要守五戒八德等種種佛法之重要。

九日，午前八時至九時，妻往後車頭研究讀書。

十日，佛教研究日。午前八時至九時三十分，妻往後車頭研究讀書。九時三十分至十一時三十分，周益森先生及廖先生來本行指導；下午三時，廖先生再來指導。

十一日，農曆初一。各處信女前來本行拜拜很多。下午四時至六時，陳太太來本行指導新信者女士數名；施太太、蔡太太亦來。

十三日，佛道研究日。上午八時三十分至九時二十分，妻依舊往後車頭研究讀書。周根條先生來本行指導；下午三時三十分至六時，再來。

十四日，上午八時三十分至九時三十分，妻亦往後車頭研究讀書。

十五日，佛道研究日。上午八時二十分至九時二十分，妻往後車頭研究讀書。九時三十分至十一時及下午五時至六時，周根條先生來本行指導。

十六日，上午八時二十分至十時，妻往後車頭研究讀書。下午三時，劉軍長二夫人持劉月娥女士要往第一商業銀行就職保證書前來本行，囑余與王民寧二人作保人，下午六時回去。

十七日，佛道研究日。上午八時二十分至九時二十分，妻依然往後車頭研究讀書。廖先生前來指導，十一時回去；下午三時至六時再來。

十八日，上午八時至九時三十分，妻依舊往後車頭研究讀書。

二十日，上午九時至十一時，周根條先生來本行指導佛教之事；下午因爲大雨關係無來。

二十二日，上午九時三十分，周根條先生來本行指導研究佛教之事；下午四時三十分至六時三十分，再來。

二十三日，下午三時至六時，妻與寶貴往雙連各處訪問道親。

二十四日，上午九時四十分至十一時三十分，周根條先生來本行指導佛教之事，聽眾男女六、七名。下午六時三十分，妻與洪萬美夫人及好姨往古亭村周益森先生處。

二十五日，農曆十五。本堂夏季祭典，下午五時前，男女信士來參拜者多人。六時，往三重埔陳前人（文祥）處，適他在佛堂與妻一同參拜；約一小時後離開，在廖溪池氏處談話約半小時，即回本行。

二十六日，上午八時至九時三十分，妻往後車頭研究讀書。

二十七日，上午八時三十分至九時三十分，妻往後車頭研究讀書。九時三十分至十一時，廖先生前來本行指導佛教之事，聽眾數人。

二十八日，上午八時三十分至九時三十分，妻往後車頭研究讀書。

二十九日，上午八時十分至九時二十分，妻往後車頭研究讀書。九時三十分至下午四時，廖先生來本行指導佛教研究，聽眾十餘名。

三十日，上午八時二十分至九時二十分，妻依然往後車頭研究讀書。

三十一日，佛教研究日。上午八時二十分至九時三十分，妻依然往後車頭研究讀書。九時三十分，廖先生前來指導；下午三時三十分至六時，再來。

【八月】

一日，上午八時三十分至九時，妻往後車頭研究讀書。

三日，上午八時至九時，妻往後車頭研究讀書。

四日，上午八時至九時三十分，妻往後車頭研究讀書。

五日，上午八時三十分至九時三十分，妻往後車頭讀書。九時四十分至十一時，廖先生前來本行指導佛教經典。

六日，上午八時三十分至九時三十分，妻往後車頭研究讀書。

七日，佛教研究日。上午九時至九時三十分，妻往後車頭研究讀書。九時三十分至十一時四十分，廖先生來本行指導。

八日，上午八時三十分至九時三十分，妻與幼緞往後車頭研究讀書。

十日，上午八時二十分至九時三十分，妻往後車頭研究讀書。本日爲佛道研究日，廖先生前來，十二時本欲回去，但寮國求道人數名關係，中午留在本行，下午六時回去。

十一日，上午八時三十分至九時五十分，妻依然往後車頭研究讀書。

十二日，佛道研究日，上午九時三十分至十一時三十分，周根條先生前來指導。

十三日，上午八時三十分至九時四十分，妻往後車頭研究讀書。

十四日，上午八時三十分至九時三十分，妻往後車頭研究讀書。九時三十分至十一時及下午三時至六時，廖先生前來指導佛道研究。

十五日，上午八時三十分至十時，妻往後車頭研究讀書。妻又往三重鎮陳前人（文祥）之佛堂，約他明天來本行。

十六日，下午一時至七時，陳前人與王美玉等數人，爲慶祝法王聖君來本行拜拜。

十九日，上午八時三十分至九時三十分，妻往後車頭研究讀書。

二十日，上午八時二十分至九時三十分，妻往後車頭研究讀書。

二十一日，上午八時至九時三十分，妻往後車頭研究讀書。九時三十分至十一時，廖先生前來本行指導佛教之事，聽衆男女七、八名。

二十二日，上午八時至九時三十分，妻往後車頭研究讀書。

二十五日，上午八時三十分至九時三十分，妻往後車頭研究讀書。

二十六日，佛道研究日，上午九時三十分至十一時三十分，廖先生前來本行指導，聽衆七、八名。

二十七日，上午八時三十分至九時二十分，妻往後車頭研究讀書。

二十八日，上午八時二十分至九時二十分，妻往後車頭研究讀書。佛道研究日。九時三十分至十一時四十分，廖先生前來指導，聽衆十餘名。

【九月】

二日，上午八時至九時三十分，妻往後車頭研究讀書。本日爲佛道研究日，上午九時三十分至十二時，廖先生來本行指導。

三日，上午八時三十分至九時三十分，妻往後車頭研究讀書。

中年時期的邱寒梅（右）與陳幼緞女士

邱寒梅（右立者）與劉軍長的兩位太太

二十三日，下午三時二十分，妻與廖太太、道子三人前往古亭村劉軍長之佛堂受封點傳師。下午六時回來，云此後要稱呼伊邱點傳師。下午七時，本堂慶祝拜拜。

【十月】

二十一日，上午十時至下午一時，邱點傳師（寒梅）開始點道；求道人包括李通發之子李啓明、廖太太子女二名等一共五人；收入公德費一百四十元，交給王美玉。第一回辦，成績頗佳。

【十一月】

八日，上午八時至九時，與妻同往後車頭，詢問先生，闡道要言之解釋。

一九五四年

一九五四年，孫月慧師母從香港入台。

「因爲共產黨迫近，孫師母於一九四九年四月間從天津到了香港，但一直不得進入台灣。」〈王水柳九四回憶〉說，「等到湯點傳師認孫師母爲親生母親後，才能通過總統府參軍長劉士毅的關係入境。」

孫月慧師母在劉士毅軍長處住數月後，移往台中市。面對政府的禁令及各種勢力打壓，一貫道也因爲孫師母受各修道人之敬仰，仍然在台灣民眾中獲得了大批信徒而普傳盛行，發展成台灣最大的道門。

〈王水柳九四回憶〉又說，七月間，文化組趙前人與邢點傳師之子發生衝突；趙前人因對方胡鬧，爲避免惹事，由古亭佛堂（道場）暫移文山茶行後厝，同時設立佛堂講道。

據了解，一貫道的佛堂包括家庭佛堂與公共佛堂兩種。個人家庭中設有規模較小的家庭佛堂，而公用道場中則設有公共佛堂，部分較大的道場，另設有講堂，專供講道用。佛堂的主要擺設是三盞油燈（佛燈）與主祀神祇。三盞油燈（佛燈）：下桌，左右兩盞兩儀燈，代表日月；中間（或上桌）一定會有一盞油燈（母燈），代表無生老母（或稱明明上帝、無極老母）。主祀神祇多爲儒、釋、道三家人物，一般以彌勒祖師（彌勒尊佛）、南海古佛（觀音菩薩）、濟公活佛（降龍羅漢）、呂法律主（呂純陽）、關法律主（關羽）爲主神，部分佛堂會懸掛孔子、祖師照相（或掛於講堂）；少部分大型佛堂，設祖師祠，紀念已故領導者。

「大約十個月之後，糾紛平息，趙前人再轉回古亭佛堂。」〈王水柳九四回憶〉續說，「當時，邱寒梅已被放命爲點傳師，每天都有前來求道的民眾，非常熱鬧。陳太太（阿儉）點傳師也前來佛堂幫她辦理佛事。」

一九五四年以後

根據目前可見的王水柳先生留存的日記記載，他與邱寒梅女士在一九五四年以後的修道內容大致如下。

首先是一九七一年：

七月二十二日，農曆六月初一。道親二十餘名前來拜拜。下午二時至四時，軒轅教之李氏前來講道，讀四書五經。

接著，一九七二年寫道：

四月四日，上午九時，與邱寒梅往三重市迎陳太太，往訪永和鄉寶光組之前人；我又往中化（佛堂）訪問周群朝與周益森，適周溪海云群朝、益森二位已經往日本國，將於四月中旬回來，準備要返還本人十年前借支之支票十萬元。我於十時三十分回來。

四月六日，上午九時，邱寒梅獨往觀音山向余前人拜拜。但我向她表示反對，理由是：我王家自己之祖墓她並無一回前往祭拜，向他人之墓卻如此誠懇拜拜，令人不解。

目前未見一九七三年日記。

一九七四年日記的相關記載也有如下兩則：

四月二十三日，上午，參加道親華順逢先生、洪萬美太太的告別式。

九月十三日，下午二時二十分至五時三十分，邱寒梅往古亭村中化佛堂聽講經。

到了一九七五年，相關的記事又相對多了起來。

三月十四日，古亭村中化佛堂開班講經，下午二時至四時，舉行開班典禮；邱寒梅與各點傳師前往拜拜。

八月十日，上午九時三十五分，王贊興載我與邱寒梅前往民權路之行天宮拜關聖帝君，因雨天關係人數甚多；十時，拜拜完畢，再往古亭村中化佛堂探望趙前人之病；但周溪海君云前人已入住宏恩醫院。由古亭村往濟南路徐鴻洲處，接受淑惠招待午餐。下午一時三十分，淑惠陪我與邱寒梅前往宏恩醫院五樓之五〇五病房探望趙前人；他已病入膏肓，恐無法挽救；以我之看法，三天而已。我與邱寒梅於下午三時三十分回到北投休息。

八月十一日至十五日，下午二時十五分至七時，邱寒梅前往中化佛堂開會，商議趙老先生之病體如何處理等種種事項。

八月十八日，上午八時三十五分，由王贊興駕駛文山企業公司自己之車，送我與邱寒梅、王淑婉三人前往台北茶行；中途轉往宏恩醫院探望趙老先生。到達病房時，醫護人員云趙老先生已於本日上午四時三十分逝世，移送台北殯儀館化妝室。但我們前往殯儀館時已無人，電詢米店云已回，待下午五時再受道親拜拜。下午五時，我與邱寒梅再往時已化妝完畢；邱寒梅在殯儀館候拜，我先回北投；伊於下午十時也回到北投。

九月三日，趙輔廷老先生出殯。上午十一時十五分，邱寒梅往台北市立殯儀館，穿孝服，向他致敬。十二時三十分，我與徐鴻洲、王淑惠前往，參加告別式；下午一時，王淑堅、王淑寬也前來祭拜。參加告別式的人數約有一千名以上。下午四時三十分下葬，前往山上參拜的人有五百名上下，祭拜後，五時三十分各自回去。

九月十二日，下午二時，邱寒梅前往中化佛堂開會，但到達時並無一人，只好回公司。我非常憤怒，下午五時，用電話向黃金興先生聲明：如果不要邱寒梅參加可用電話通知伊，不要讓七十餘歲的老人由北投前往又無面子回來，如此，欺人太甚矣。

九月十三日，上午八時三十五分，我與王耀東、邱寒梅前往台北。邱寒梅轉往中化佛堂，送青茶給要回香港的道親；十時，伊與周溪海回來；周氏辯明昨天因改換會議場所而無向我通知的理由並道歉。

十一月二十六日，趙前人百日祭，前往南昌街米店拜拜並聚餐。

一九七六年，相關記事如下：

一月十日，下午五時三十分至十時三十分，邱寒梅獨自往台北南昌街之米店，參加文化組道親之閉班。

七月二十日，農曆六月二十四日，是關夫子生日，所以邱寒梅在北投拜拜。

一九七七年，未見特別相關的記事。

一九七八年，又有不多的幾則：

五月八日，農曆四月二日，下午二時至五時，在佛堂開班講道，由周益森主持，宣講孔子、孟子二位聖人道德，並講中國古代之文化及其他，皆是勸人修道。

八月十五日，趙輔庭先生三週年忌日，各道親往永和仁愛街中化佛堂拜拜，我與邱寒梅、游景富亦前往。

十月三十日，下午四時，王延年老師前來，向裕豐行張火爐兄之太太及邱寒梅二人拜師；下午七時至八時三十分，在本佛堂聚餐。

十一月十三日，下午二時三十分，劉士毅軍長之二太太持佛經與種種補藥前來，非常誠意；劉先生已經九十三歲高齡，身體非常健康，行動自由，誠可欣可賀矣。

十二月三十日，農曆十二月初一，邱寒梅與諸位道親要拜拜之關係，致無前往圓山運動。

然後，一九七九、一九八〇與一九八一年連續三年的日記，除了與道親的拜拜活動之外，未見有太多相關記事。到了一九八二年又有三則特別記事：

三月二十六日，上午三時三十五分起床。細雨霏霏。五時五十分，王耀東送我和邱寒梅前往圓環，與聲寶牌陳茂榜之太太會合。六時十五分，我們與陳太太搭乘她的小包車前往台中殯儀館，參加道親王樹金先生的告別式。王樹金老先生是河北天津人，生於民〔國〕前七年六月二十日，育有二子，長子王良福、次子王良祐，均在大陸；民國三十七年〔一九四八〕，他為傳道而來台灣。起初，他與趙輔庭先生等數名同鄉一起住在台北，後來相議趙先生在台北，他往台中傳道。他精研八卦、行義、太極等拳法，於是藉武結緣，傳授各道親；也收徒授藝，不論種族，不分國籍，一視同仁，使人人學習，強健身體。但是，老先生不幸於民國七十年〔一九八一〕一月間積勞成疾，而於八月十一日撒手西歸，與世長辭。告別式於九時開始，數十名弟子身穿孝服，向他行如同兒子之禮，誠感人萬分，十一時禮成，我三人即回。

十一月六日，王淑惠送邱寒梅前往台北市立殯儀館景行廳，參加劉士毅先生之告別式。劉氏是廣西人，陸軍大將，民國前與李宗仁、白崇禧同是西南派，由蔣總統招和而加入國民黨，三十八年〔一九四九年〕大陸被共產黨占領後與國民黨來台灣，因大陸來台灣青年人多，所以他即退出軍隊，由總統命為國策顧問及國大代表。他之二位夫人非常信仰佛教，時常集眾勸道，渡人做好事。民國七十一年〔一九八二〕十月五日，他在榮民總醫院逝世。聽說，前來參加告別式並送往五指山的部下有二百名以上。我家之邱寒梅也前往五指山。下午四時三十分，陳永華前往內湖劉公館，接伊回來……。

十二月十三日，上午九時三十分，吳健經理陪同邱寒梅前往內湖劉公館佛堂；因本日有人求道，前往辦事。上午十一時，文化組寶貴經理來訪邱寒梅，云近日間有香港之老前人王孝德要來與我見面，囑我獨立修道；但我云我二人已經老邁，無力獨立而修，我已經決定與谷椿年前人同修。修道人無慾念、無貪心，和平而過。

接下來的一九八三與一九八四年，目前未見日記。

大化佛堂

據王水柳先生一九八六年的日記所載，從一九八四年起，他開始忙於建設大化佛堂，直至一九八六年一月間完成。[85]佛堂落成以後直至人生的最後，他還在日記裡留下幾則與邱寒梅及修道有關的記事。

【一九八六年】

四月五日，上午十時十五分，數名外省道親前來，談到大陸籍之求道人比本省人較多，尤其是天津方面特別多；因為我之師尊亦是天津人，而我文化組之趙前人及李文錦、王樹金也是從天津前來的前人。

85. 詳見〈佛堂建造記事〉。

上：中年時期的王水柳與邱寒梅
下：王水柳與邱寒梅

左：老年的王水柳與邱寒梅
右：邱寒梅

晚年的邱寒梅（1991.徐崇堯攝）

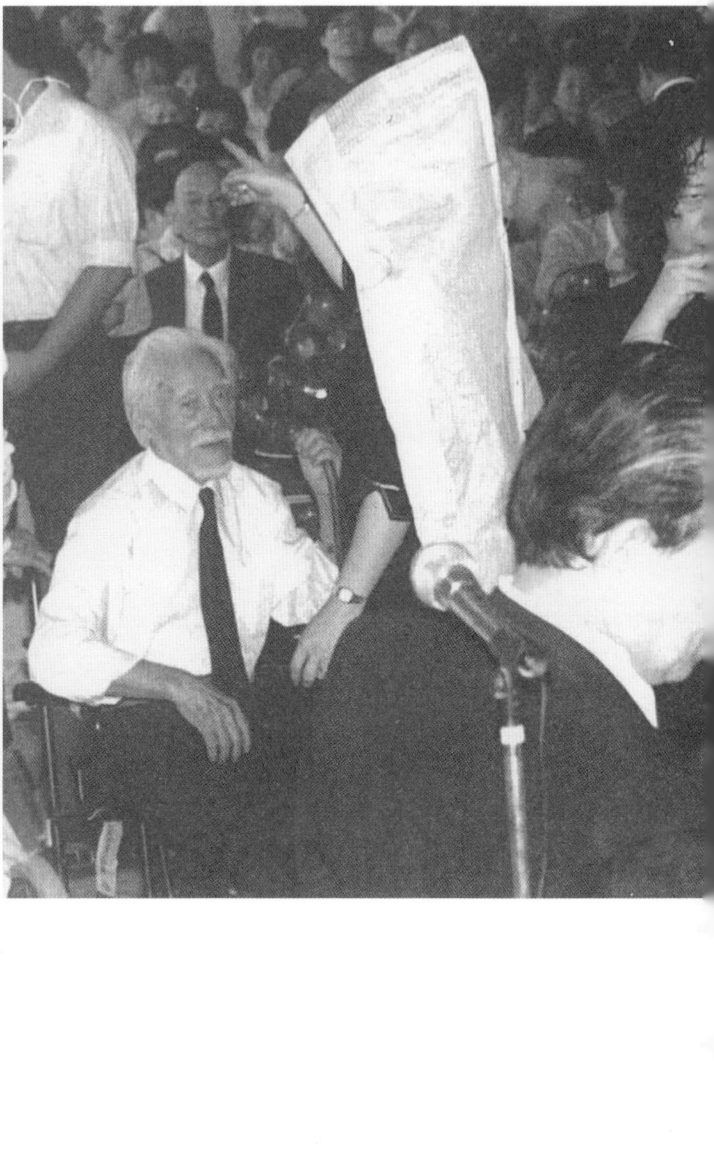

左：王水柳與邱秀城（前）在邱寒梅告別式上
右：失去一起生活五十五年老伴的王水柳

【一九八七年】

一月十日，本日之報紙報導我宗拜拜之一貫道，由四十名立法委員向政府建議要信者立案之事。

一月十三日，此二、三天來，我政府由立法委員及各界之主要人物，議論一貫道之事。本日之報紙報導，監察委員組團訪問各佛教之宗旨，一貫道過去之活動全是教人做好並無不法之事情。

十一月十七日，本日報紙報導，内政部原則決定承認一貫道，支持成立社團法人團體。此後，我之一貫道十八組已經合一，名義上爲天道，即可申請設立佛堂之事。

十一月二十一日，上午十二時至十二時五十分，邱寒梅先點傳我立願做保師，再由我作爲黄介康、邱世耀及莊秋城三位求道的保師，開始向老母娘求道立願。

十二月九日，王前人於新竹龍山里光復路設立慈光講堂，我與邱寒梅等人前往參加，參拜人員約有一千名以上。

【一九八八年】

三月七日，上午十時十五分，王淑惠開車前來，送邱寒梅前往内湖拜訪湯經理（點傳師）；下午一時，伊再往莒光路佛堂開點傳師會議。聽説，昨天有二百名以上在新店市大香山開一貫道成立大會；但是，因王前人之關係，我文化組之佛堂並無受邀參加。

【一九九〇年】

四月一日，星期日。無太陽，天氣無寒無熱，感覺精神和爽。我九十三歲之老人，幸是老母娘及上天之福蔭，身體健康，食物無缺，安養自己。四名女兒及其子女於每星期日及假日前來看我，安慰我心，感覺滿足。我是近百歲之人，留世無久，如能安靜過日就滿足。我的人生只是在佛堂朝拜晚拜，安慰自己，不理俗事、照顧自己。

五月一日，王石定弟弟之子王孫卿，前來與我談談一貫道之事；他是天祥組，該組雖無大組，但是道親非常和諧團結，每星期日都要開班。但是，我文化組卻無人前來領導。

寒梅水柳從此永別

一九九一年四月二十九日，與王水柳共同生活了五十五年的邱寒梅女士不幸病逝歸天。王水柳帶著無限的感傷，在日記上眞摯地寫下她從病逝到入土的最後感動。

四月二十九日，下午二時二十分，我在工寮休息，突然一名工人前來向我說：邱經理生大病。我即時上二樓看她。當時，游素子正抱著已經休克的邱寒梅急救。我向前摸她，已經無喘息，一時恐瘋，急囑一一九之救護車，送往耕莘醫院搶救。但是，下午五時已經逝世無望，乃送回佛堂。她是與我生活五十五年之老伴。我非常感動。

四月三十日，昨夜，邱寒梅由耕莘醫院回來，安置在一樓左方佛堂新做之床梯〔床架〕。一家人全部在她身邊守靈，各個非常悲哀。她與我同伴五十五年之久，一生是佛教徒，非常敬重神，一生是開朗之人。她是於下午二時入浴之時，因熱水過熱，心臟麻痺而無法回生。她於四月十三日才由日本、北京回來，非常欣喜。但不幸就這樣結束她之一生。

五月二日，上午三時，由一樓之小房間起床，開始靜坐，四時三十五分完畢。在一樓之室內做基礎運動，大約而已，無心運動。邱寒梅逝世第四天。本日下午完成式場設備。她與我相處五十五年，使我傷心萬千。她一生信佛，對外非常誠意待人，於物質關係開朗。從此永別，使我非常悲哀，而閉目就見她之影。

五月十一日，本日是農曆三月二十七日，本人之生誕日。二十天前，邱寒梅即建議說，此回我之生誕日，也是母親節，她要請我二人，並請王延年老師參加聚餐。如此情景，令人可嘆之，傷心之，使我永遠難忘之。

五月十二日，本日是母親節，下午一時至三時，由王淑惠夫婦之兒女辦素菜二桌，請王淑堅、王淑寬、王淑婉之全家族聚餐。然後在邱寒梅靈前守候，於下午十時各自回去，明天再來。

五月二十二日，上午八時三十五分，王定國妻子由澳洲回來，向邱寒梅捻香，九時回去。她云，她來王家是邱寒梅介紹，前來作王定國之妻，如此安定幸福，是她之功勞，她對她非常感謝。

六月二十五日，邱寒梅經理的告別氏在大化佛堂舉行，儀式由文化組及寶光組之王好德及周益森、林明順等前人主持，出席者有道親三百名以上，一般友人二百名，親戚近一百名。上午八時三十分至九時家祭，由釋慈戒師父誦經致敬，子孫並由女禮師高某指示參拜。九時三十分至十一時公祭，師父誦經後，由林明順紹介邱經理之一生及子女經營之種種事業及其發展，最後由前新店市長陳忠作先生致謝詞而完畢。邱經理之靈柩隨即由十名工人緩步送往佛堂後面之墓地，並於十二時三十分安葬。

這一天，王水柳老先生也在當天的日記上寫下他與邱寒梅女士同修天道的總結：連續下了十餘日的大雨，上午六時開始晴天，實在奇蹟，眾人稱讚這是經理有修。

（林靈摘錄整理，藍博洲潤校）

佛堂建造記事

王水柳

一九八六年九月十四日，《新生報》記者李壯士專訪：

現年九十歲的老翁王水柳，與其八十五歲的老伴邱寒梅女士，基於飲水思源及親恩難忘，他們爲了永恆的追思其尊翁王綿長，經過審慎思考，選定了新店市碧潭西岸盤龍山巔，獨資一千五百萬元，創建了一座「宮廷式的綿長紀念圖書館」。

該紀念圖書館工程，係由名建築師設計，於民國七十二年青年節開工，樓高三層，每層三百建坪，工程進度分三期，第二期工程，目前，正在積極趕工中，預定於九月十四日上午十時，舉行完工啓用典禮，遵照政府規定，基於革新和節約，不舉行任何慶祝儀式，該座紀念圖書館的設計，美輪美奐，古色古香，應有盡有，第三期工程竣工後，將恭設其信仰的佛祖與其尊翁靈位於三樓內，虔誠的供奉。

王水柳老先生說：他創建的「綿長紀念圖書館」，占地十二甲，建成後，即是一座公園化圖書館，預計藏書二十萬冊，將包羅萬象，藉以提高新店地區居民的讀書風氣。在規劃中，該紀念圖書館的一樓，為藏書室，二樓為讀書室兼講堂。今後，將敦請學者專家蒞臨，公開演講國學、科學、哲學，闡揚儒、釋、道各家的精義。同時，不定期的舉行國畫、書法、國樂、國劇研習比賽，絕對免費，全日開放。

關於綿長紀念圖書館與佛堂的興建過程，王水柳先生遺留下來的目前可見的日記，詳細地記錄了其中的艱苦點滴。

首先是一九八一年十一月十九日，王水柳先生當天的日記寫道：「上午九時三十分，因安坑大湖底土地建築佛寺需要經費，邱寒梅前往大橋頭，向游景富募集資金；伊於十一時三十分回來，云游景富要寄附三十萬元正，但是不能立即支付。」

由此可見，佛堂的興建計畫最晚也始於這一天吧。另據一九八五年十二月三十一日日記所載，佛堂於一九八四年開始動工興建。然而，由於目前未能見到該年的日記，所以也無從理解該年的具體情況。

這裡，我們謹從王水柳先生一九八五至一九八六年的日記，摘錄相關的記事如下，讓後人能夠通過這些文字來體會他的苦心與辛勞。

（王水柳文化基金會）

王水柳為建造紀念父親的「綿長圖書館」監工

上：王水柳在綿長圖書館前

下：余前監察院長為綿長紀念圖書館親寫的墨寶

一九八五年

【一月】

三日，上午九時三十分，工程人員黎宗南及工人七名前來撤板模及其他工作。下午三時三十分，黎宗南與一名工人先回去買鐵枝，其他工人也於下午五時三十分回去。

五日，下午三時三十分，黎宗南來電話云要囑工人前往山上搬運紅磚上二樓。此時，林明宏先生亦往安坑佛堂工作。

六日，興建佛堂之工程人員前來運搬紅磚上二樓，明天將開對磚壁壘之，預定三天全部完成。

九日，上午，林明宏來電話云：他昨日有往安坑視察佛堂之建設情形，鐵枝全部豎好，磚壁亦疊好；因雨天關係，暫時休工，待天氣轉好再開工。

十三日，工人來疊磚有七、八名，但明天再來工作，因細雨關係不得如意工作，明天再來工作。

二十二日，上午十時三十分，前往第二信用合作社借款二十五萬元正。因爲黎宗南有其他工作，要放棄建我佛堂之包工，明天要向我清算工資，所以借款支付。

二十三日，下午八時，黎宗男與阿明二人前來，面會安坑佛堂工資；我再付他十萬元，作爲最後之款。

二十六日，星期六。因年關關係，本佛堂已經休工，待明年一月再開工。

二十七日，星期日。恐有人前來視察，所以前往佛堂工寮看守，十時三十分到達。曾氏開始向道路方面工作。十一時三十分，用電話囑陳清豊前來，相議買砂石塡路之事；結果，向他買磚角石六台，前來塡之，至下午五時，全部完成。

三十一日，下午二時三十分，味全之陳冬榮先生來電，囑我準備申請圖書館許可的基本費九萬元及交際費一萬元，於近日前來蓋章時取之。

【二月】

四日，上午十時三十分，有一名不相識之人前來詢問建設佛堂之經過及目的，我云佛堂之建設並非營利，只是勸人行好路之道而已；所以我之主張勸人勸世，亦是人人有責之舉也。

十三日，下午六時三十分，由王宗珍紹介之安坑工人葉某來電話，云安坑佛堂整理門面之包工社土腳地之洗石（五分石）及塗壁之工資與帶料，全部要求二十三萬元整左右；但我云估價單存於王宗珍處。

二十七日，上午十一時三十分，我用電話與味全陳冬榮先生相議，安坑佛堂要於農曆正月初十開工之事；他云與工人相議後即向我告知。但是，至下午八時三十分尚未通知本人。若是雨天恐不得工作，要延期進行。

【三月】

一日，下午四時三十分，味全之建築人陳冬榮先生及三名工人前來，云係是板模工人前來視察之，但是舊工人之板模要先取回去後，他即前來工作之，下午五時三人即回去。

七日，下午七時用電話通知賴阿海及黎宗南二人：今日起已經好天，佛堂要進行建築關係，前之板模要當然要收回，至今已經三十餘天尚未收回，阻礙我之工程進行，如無前來取之，我即囑工人取走，但工資要扣汝之尾款部分，特此通知。

八日，上午九時三十分至下午五時，工人阮朝陽先生前來安坑佛堂工寮設置浴室，預定三天後即可完成。

十一日，昨日與工人阮朝陽先生約束，明天如要往安坑工寮，我亦要前往視察。黎宗南工人因雨天關係即無前來取回板模，但是因久雨關係土地軟，卡車不得運回之。上午八時到達安坑佛堂，阮氏開始工作，十時三十分，前之佛堂建設之包工人賴阿海亦前往視察昨日之取板模工作進度如何。昨日之板模取十分之四回去，其他是再三天好天後，即再運回云云。

十二日，上午十一時三十分，安坑佛堂工寮製造浴室工人阮朝陽前來，云昨日所付他之支票因票主有記載不得轉讓之記錄，持來返還之，我即向他云明天即持現金換回之云云。

二十五日，午一時二十五分，王宗珍紹介二名工人，前一名是土水工人，一名是鋁門窗工人，前來視察佛堂之門面要整之，但抹壁部分及柱二十三枝部分，議價二十四萬三千元正，鋁門窗部分議定是十三萬二千元正，但是無契約，於契成立後開始進行之。

下午四時前佛堂包工人來電話云：前工人黎宗南之板模尚未運回去，如工人要工作時由工人代理處理之，工資他負責支付之。決定無誤，決定之。

二十八日，上午十時三十分，請付佛堂內部之工人二名前來運搬工具，他云於明後天要開始工作之，但是要求二人各二萬五千元之訂金由支票可與之，邱寒梅答他云明天支票持往王宗珍處付與，他二人亦承諾，明天決定前往之云云。

三十一日，下午二時三十分，佛堂裝潢工人蔡某送工具前來，云明天要開始工作。我問他幾日可完成，他云要二十天左右。

【四月】

一日，上午八時三十分，佛堂之門面請負人員蔡某亦前來，及三名工人前來掃除前工人所工作之板模尚未整理，他前來整理之，決定明天與前工人黎宗南之板模全取去，要開始工作，但我用電話通知請負人員賴阿海交涉，但尚未回答，待明天再交涉之。

四日，本佛堂之工人亦前來工作之，但明日是清明日，工人要休息回家掃幕之，向言明日休息之云云。

七日，佛堂門面裝潢已經前來工作，是第四天，他云全部之工程要二十天左右，本日他亦囑砂石前來應用之，但是雨天關係道路濕浸，不得行通之，非常不便。

八日，下午三時二十分，鋁門窗工人吳某前來，要取工作訂金；但是我約束明天往台北九樓，向王淑惠取之。

十一日，下午五時，陳冬榮先生前來電話，云釘板模之工人決定明天上午要運板模前往工地。

十四日，上午十一時，我即前往佛堂視察工作情況：抹壁已經粗抹一回，還要再抹二回；但十三株圓柱尚未開始抹。

二十四日，下午二時三十分，安坑工寮王幼美來電話，云佛堂建築之板模有工人前來要運回去，但是該工人破害工寮之鐵窗入來打電話及取東西，該人云求要我取二萬之款。

二十五日，八時三十分，王幼美前來工作。昨日，工程包工人建設佛堂前而租來建築板模，所以昨日與今日有兩台卡車載運板模前來。我上樓視察，發覺先前殘存之鐵枝被黎宗南之工人取去。十一時三十分，我用電話通知賴阿海，鐵板約有一噸被他運去，將來要向他扣還。下午五時，我亦用電話通知黎宗男，他不在；我即通知陳阿明，但他不承認；我怒責是他取去，最後，他承認是工人所爲，與他無關。

上午九時二十分，陳永華之友人陳冬榮先生，率三名工人前來，因前之佛堂前門之橫樑位置有差關係，本日囑工人前來補強。九時三十五分開始工作，預定下午五時要全部完成，但是向蔡碧當先生暫借水泥五包使用，將來可以面會。

二十六日，上午九時十五分，前工人黎宗南派二台卡車前來運前工作之板模回去，中午十二時尚未完成運去，至於下午五時三十分即全部運回去，尚有殘存之部分，待後日再來運回云云。

二十七日，上午十一時十五分，一名疊石工黃春柳前來相議疊石之事，要求的價格是每平方公尺一千三百元；我向他云明天中午再來與曾福春先相議。十二時正，他即回去，云明天再來。

二十八日，十時，王順發前來，但本日是星期日，依然前來工作之，但本週並無一人前來。上午十時有二名疊石工人來，要與曾福春先生相議疊石工資，價格每立方米是要求一千三百元，但曾福春先生討價還價後，即決定一千二百元正，約束近日開工。

三十日，上午九時三十分，邱文彥之女婿派一名職員前來，本日云要賣大理石材，因我安坑佛堂新建之室内思要造做大理石，但是價格問題暫時觀望，而有寄附者即造之。他送我二人到安坑視察之，十一時他即回去，但我二人即在工寮休息之。

下午三時，因工人無來工作，邱寒梅發怒說建佛堂無望，囑王淑惠前來送她回去，云此後不再來，要在台北拜佛就可云云，但我獨一人在工寮休息，我之感想自由爽快之。

【五月】

一日，五一勞動節。各地之工人全部休息，本佛堂之工人也休息，無來工作。

三日，因為每十天要發一次工資給建設佛堂之所有工人，所以上午前往台北市第二信用合作社領款。

八日，上午七時十五分，作石工人吳信福率工人八名前來要作石牆之事，上午八時開始工作，但是他之進行非常迅速，一日之間已工作數米之高，他預定三天全部完成之，茶水我即提供之。本日蔡碧當亦來工作佛堂之門面抹壁。

十日，七時三十分，作石工人吳信福與工人八名前來工作石牆，但本日第二天作，他之工人工作量力太強，預定本日之初步工作可與完成之。上午八時十五分，蔡碧當之工人亦前來工作之，佛堂之二樓板模工人亦前來訂模，至於下午五時二十分，各工人亦全部回去明天再來工作之。

下午二時，陳台光夫婦及子女及他之父母親前來看我佛堂，但本日佛堂有人工作，詢問我，云佛堂何時完成，我云於年尾可與完成之。

十一日，八時十五分，作石工人前來工作，二樓訂板模工人亦來作，佛堂門面之工人亦前來工作之，但是作石部分因溝底本日施「ユンワンク」之水泥，於再三天即可工作，於上午十一時，三名工人即回去，三天後再來之。

十二日，作石部分有八名工人前來工作之，至於下午五時十五分，作石都已經完成之，但尚有調整水泥，要洗石洞之水泥。於他二名前來向邱寒梅要求佛堂之面前之石牆，要求再請員工作之，於下午五時邱寒梅獨自負責付款，即於下午五時決定被吳信福請負之，每立方米決定一千二百元正。

十三日，各部分之工人亦來工作，但作石部分於昨日已經完成，無工人前來。上午九時三十分佛堂之鋁窗亦前來整理之，但大門尚未整，因要土腳〔地板〕整好後即要製大門。

十六日，吳信福與工人十餘名前來，開始施工佛堂之前庭。

十七日，作石工人十餘名前來，爲恐下雨致使崩塌之，所以趕工行動之，本日工作人員多，下午六時正即休息之。

十八日，上午要來佛堂之二樓灌水泥之圓柱，因輸送車無來關係，致使午前中不得照預想之進行，最後與再一家之輸送車之主人聯絡，於下午即有時〔有時間〕前來工作之，所以陳冬榮先生及陳坑先生二人即下山，約束下午一時回來，在工寮中餐之，於下午三時五十分輸送車即前來，我即時向漢邦水泥公司聲明要用三〇〇〇磅之水泥管，於下午五時開始灌之，至於下午六時二十分即全部完成之。

二十一日，昨日我無來視察工地，各部門都進行，二樓之板模亦各順利進行之，於七天後即可縛鐵枝灌水泥之，農曆之月底全部完成。

二十二日，天氣晴朗。工人前來工作。佛堂二樓之板模預定七天全部完成，即可綁鐵支（要四天），然後可用水泥蓋之；至農曆四月底，可能完成。下午四時三十分，王淑惠開車送邱寒梅與徐櫻華二人前來，持支票付疊石工人。本日是石牆施工之第三天，已經完成三分之二，預定三天之後全部完成。

二十四日，上午七時三十分突然大雨霖霖，疊石工人八名前來，因雨天關係不得工作，於上午八時三十分即回去，明天再來，但是二樓之釘模工作人員在工寮避雨，於九時無雨即前往二樓工作，至下午五時二十分下班回去，明天再來。

二十五日，各部之工人亦前來工作之，特別是磨石部分之工人住工寮，上午四時二十分就上山工作，再三天磨石部分可以完成，石牆部分可能本日中可以完成，但是二樓之板模部分於七天完成。

二十八日，上午七時三十分，吳信福率工人七名前來，要工作佛堂左右樓梯之房屋，因雨天關係不得工作，回去。但自上午十時左右開始下雨，連續至下午五時亦是大雨無停之，所以釘模之工人亦於中午十二時回去，但磨石工人亦在屋內工作之，其他工人全部回去，於明天回暖之時即來工作。

【六月】

二十六日，數天無寫日記，茲因我之身體老邁關係，況且建設佛堂關係太繁忙無心可寫日記，但本日之心情很好即開始再寫日記。

自國曆正月起至六月中旬止，幾乎都是大雨連綿，所以佛堂建設不得進行，經常休息。六月十六日本佛堂由漢邦水泥公司負責灌水泥；上午九時五十分開始至下午三時三十分全部完成。距離本日已是十一天之久，預定七月七日拆除板模，然後開始進行室內裝潢之種種工作。本日，一樓部分門面開始要用水泥漆，預定十四個工作天即可完成。

二十九日，上午八時，推土機前來工作；佛堂之庭園預定三天完成，停車場亦要三天即可完成。

三十日，上午七時，推土機工人前來工作；此工人的工作能力強，到處受雇主歡迎。上午八時十五分，油漆工人二名也前來工作。下午二時三十分大雨霖霖，但是各個工人依然工作，並於下午五時二十分下班。

【七月】

一日，推土機工人依然是七時十五分前來整理機車〔機具〕，七時三十分開始工作。八時十五分，油漆工人亦前來工作。下午三時落大雨。五時三十分即休息。

六日，上午七時三十分，推土機工人前來工作，但他之工作本日是第八天之工作，但是廟庭及停車場全部完成，至於下午五時三十分在廟庭結束整理之。

本日上午八時三十分，佛堂之第二樓於六月十六日開始灌水泥於樓頂，但本日是七月初六是二十一天，是可以撤模之，但本日之工人只有二人，於下午五時二十分下班。

九日，二樓之板模全部撤完，於明天由卡車前來運材料回去，下午五時三十分，陳冬榮先生亦來與工人相議工作指導之。

二十三日，上午十一時三十分至下午二時，陳坑與工人前來工地，取回板模，運往他處。

二十四日，最近本人因建設佛堂關係無暇寫日記，所以有二個月以上無寫日記，但是佛堂已經有七分之完工，自此以後要連續寫之。86

【八月】

二十四日，下午二時至二時三十分，工人吳信男及張某二人前來修理昨日被颱風損害之厝頂。同時，代領先前九十一天半之全部工資七萬三千二百元整，付給工人。

二十六日，上午九時五分，陳坑之釘模工人三名前來工作，囑我代訂便當；中午十一時三十分送來。因樓梯後之房屋被颱風吹倒，向工人聲明要用鋁窗，不要用磚造。

三十日，上午十時，王永景宗親要許可我建設之佛堂，他囑二位人員前來測量佛堂坐向，及佛堂深度及長度，要畫圖樣給政府許可之，本日二名前來工作測量之，於下午五時，二人即再回去，明天再來。

三十一日，吳信男等八名工人前來工作樓梯之小厝，調合水泥於雙方之梯厝，下午三時三十五分收工。

【九月】

一日，上午九時十五分，陳冬榮等六名工人前來工作，但全部是整理頭緒，尚未開始抹壁之工作，待明天才要開始抹壁。下午三時，又開始大雨；幸好工人在室內工作，並無阻礙。下午五時收工。

86. 日記至此停筆直到八月二十三日才又再寫。

三日，抹壁工人六名工作，本日工作是抹柱梁及圓柱部分，磚壁尚未動工，他十天後要全部清楚完工之，因颱風關係無砂可買，致使工程不得進行，我即囑咐陳清豐代買，本日下午送一台砂石前來應用。

四日，工人依然是六名前來工作室内，丸柱已經完成，於明天要工作廟壁部分，他云再三天可能壁之部分亦可完成之。

六日，工人依然是八時前來工作。因爲欠砂，即向建材行交涉買入使用。

七日，上午十一時三十分至十二時，王耀東夫婦率友人前來視察我佛堂之建設；其中一人亦白陽道親，讚說建佛堂貢獻社會，即是修道之宗旨。

二十四日，下午三時三十分至五時十五分，王定國夫婦及其岳母，與宗親王進福，前來視察佛堂之建設進度；他們都稱讚佛堂之規模宏大，可爲我一生之紀念。

二十五日，自昨日起連續大雨，佛堂之建設停工，待近日天氣轉好再進行。我二老在室内讀佛經，並無他事。

三十日，上午十時三十分，吳信男工人前來要求前所造牆高及長尚未量之，本日即開始量之，但日前倒塌所補修經費用三萬元，他只貼出六千元而已，本人無向他計較，全部承認之。

【十月】

三日，下午四時十五分，吳姓鋁窗工人前來修理門户，如無門户，於近日再來整理全部清楚之。五時三十分，邱寒梅無意提出建佛堂工資關係，但我無力供應，致使雙方無爽快。

五日，下午三時，我用電話囑吳信男前來工寮相議二樓之圍牆要縛鐵枝，囑前來計算鐵枝要多少，並要灌水泥之事，他云明天無閑，後日再來之。

六日，上午八時二十分，佛堂建設之搭架人員運竹料前來，並有兩名工人工作之，他云明天有四名工人前來，預定五天全部完成之云，五時回去。

七日，上午七時三十分，搭架工人二名前來工作，但是請負工頭夫婦由小卡車運材料前來工作，但工作人員云明天就可完成，但不是架板。

八日，本日之搭架工人依然是二名，下午請負人夫婦亦來工作，午前運料，下午工作之，本日是第三天，但明天持架板前來，就算完成之。

九日，上午八時三十分，二名搭架人前來工作之，但是請負搭架主人亦運鐵架前來，於下午五時回去，云明天運架板前來用之。下午二時至三時三十分，王海賊及弟弟王塗及火子亦前來視察我建佛堂之情形，他云此建築基礎規模很大，將來必有發展餘地，況且該佛堂交通便利，遠近之民眾定必多來崇拜。三時至五時，周阿木（周呆之子）及他母親、太太前來視察我建設之佛堂，亦向我道賀有意義之建設，可以留給後代子孫作爲紀念事業，非常稱讚。

十一日，下午五時二十五分，陳冬榮先生前來，云要設計佛堂臥房之場所建設計畫，他云再三天要持圖前來作爲參考，並計算建設之全額多少。

十二日，上午八時三十分至下午五時，建築之釘模工人三名前來工作；他云因無鋁線且板模不足關係，待明天運來再繼續。上午十一時二十分，吳信男與弟弟吳信福及張先生前來詢問釘板模之工人何時完成。

十七日，上午七時三十分，吳信男父子、兄弟六名前來工作樓梯房間之建設，上午八時十五分釘板模工人二名亦前來，要釘板模付吳氏兄弟工作水泥之圍牆之ュンヮヴ之調合，板模工人於下午四時三十分全部完成，但水泥工人於下午五時三十分完成，各回去。

十八日，昨日佛堂之樓梯房已經全部灌水泥完成，此後要鋁窗部分，昨日付陳冬榮先生之工資，約束明天前來工作，本日我與陳氏聯絡結果，明天前來之。

二十二日，油漆工人二名開始前來漆佛堂，預定十天即可全部完成；下午五時回去。

二十七日，上午八時，吳信男四名工人前來向樓梯厝工作，前日被颱風吹倒之磚壁前來修理，油漆工人吳俊昌亦二名前來油漆。

二十八日，上午七時三十分，吳信男率三名工人前來，在佛堂前之道路中間砌造圓環；他表示我乃一生經營茶業之人，所以要在其中種植茶樹，以茲紀念。八時十五分至九時十五分，桃園林慶典先生自駕小包車前來，鑑定佛堂的廚房及廁所的位置。

二十九日，七時三十五分，吳信男率五名工人前來，開始建設佛堂之廚房。因爲佛堂要於農曆十月間落成之關係，所以廚房要本日開地基，明天要組立鐵板，預定十天之內可以完成，下午三時，談太太前來建議要加裝地樑，將來如要增設二層樓即有安全云云。

三十日，上午七時三十分，吳信男五名工人前來工作之，但本日油漆工人無來工作，他云前日之油漆尚未乾燥不得漆之，再三天後前來工作之。

三十一日，七時三十分，吳信男工人六名前來對廚房工作地基之鐵柱，八時十五分，油漆工人三名亦前來工作，於下午五時三十分全部完成，但是要求工資，但未付之。

【十一月】

二日，建設廚房之工人，吳信男五名工人往新竹工作，無來，所以本日佛堂無人工作，但是下午三時，由陳冬榮所囑工人來電話云他明天下午要前來視察佛堂，要相議抹壁之事，囑我不得走之云云。

三日，上午九時三十分，吳義春夫婦、子女並帶二名之職員前來，因他前日云要建設往佛堂之人行道路，本日前來工作，由二名職員並他自己參加工作，於下午四時，我囑五名工人前來參加攪水泥建設道路之兩旁邊，於下午六時全部完成，聚餐後即回去。

五日，上午八時三十分，由王贊發之友人是土水工人，該工人拜神之人，況且食素菜之人，要來向佛堂抹壁，他亦建議數件有合理之事。上午十時三十分，由政德建材行周先生之紹介，土水工人亦來要向我負責抹壁之事，他云下午再來重複計算之，他該壁工作要二十萬元。下午三時王宗珍又一名工人前來之，依然是抹壁工人，他鑑定後而工全五十萬元，如此工人各有意，所以當分不得決定之。

六日，上午九時三十分，王宗珍派一名土水工人前來視察佛堂，因要抹壁關係前來估價，十一時由周木先生囑來一名土水師，依然是估價抹壁之事，下午三時由王贊發囑來一名亦是估價佛堂之粉刷，最後結果由王宗珍囑來之工人最底價是二十萬元基，最高五十二萬元，中估價三十三萬、二十五萬不等，但我個人之建設並無外人資助，因經濟無豐，所以決定最底之人採用之，約束明天前來契約之，數日來天氣清河，要速進行工作之。

八日，上午八時十五分，佛堂之一、二樓之外壁於昨日與人談好，本日即開始準備抹壁之，我即囑水泥及砂及前日運來之砂，下午二時已經囑陳清豐之車前來運至目的地，下午四時十五分完成。

十日，下午請負工人前來向我言明，於明天如是雨天亦要前來工作之，不然恐二十天不得完工。

十一日，七時三十分，兩方面之土水工人亦來各單位工作，本日上午九時十五分又降雨，各工作走入室內休息，至於九時五十分又再晴天，各出去工作之。

十二日，母親逝世紀念日，我備素菜拜拜，並囑本日之十二名工人全部前來聚餐。

十三日，七時三十分，建廚房工人及佛堂二樓之抹壁工人亦前來工作，因天氣清朗先工作露天之女兒牆，雨天工作室內，各工人於下午五時二十分全部回去休息。

十四日，七時三十分，各工人亦前來要工作，但是佛堂之粉壁工人是六名，廚房工人是四名，但本日廚房之建設有一部分完成，明天要休息三天。

十六日，七時三十分，抹壁工人前來佛堂工作。

十七日，七時三十分，抹壁工人前來佛堂工作；本日少一人。我前往指導工作如何進行。因佛堂後方之壁已經完成，下午開始進行東方之壁及樓梯之部分。

十八日，七時三十分，粉飾佛堂之工人亦前來工作，但是建築廚房之工人亦前來工作，但是水泥不足關係，工人休息不得工作，八時三十分水泥即來，工作。

十九日，七時三十分，各工人亦來，但是吳信男之工人云要建設廚房之柱位由人工掘之算不合〔不划算〕，於近日間推土機要來之時，使該機工作之，二時間完成，如人工作要十天之工作完成，所以他六人回去，待推土機前來之時，再工作之。

二十日，工作人員七名粉〔抹〕壁；下午五時，政德建材行送來紅鋼磚三十坪及黑石磚十坪，由我親自檢收。

二十二日，上午七時三十分，昨日所訂之推土機前來要建廁所之地基柱，八時開始工作，九時三十分已經全部完成，但吳信男前來指導決定明天開始建築之工作，大約五名來。

二十三日，下午一時三十分突然停電，工作之員無水關係不得工作，於粉壁工人八名全部回去，明天再來，但數日來工作疲勞要休息之。

二十六日，上午九時十五分，由吳信男小卡車送我往新店市買廚房建築之木材，於近日要蓋厝頂關係，於上午十時全部買入完成，我即回來。

二十七日，建廚房之工人三名，至於中午無紅磚可疊之，況他之住處慶祝年末拜拜神明，所以三名休息回去，佛堂方面有三名之女工前來工作，紅鋼石片至於下午完成半數之，但本日之工作人員有九名工作，五時三十分回去。

二十九日，上午七時三十分，抹壁工人前來，因雨天關係，十名工人再回去，因砂太淡不能胎〔篩〕關係，所以無工作，明天若天氣好，即來工作之。

【十二月】

一日，上午九時至下午四時三十分，吳義春夫婦及子女與職員前來工作，砌建佛堂前之階梯與圓環，並種植台灣之烏龍茶樹。上午十時三十分，抹壁工人孫阿生向我要工資；我向他云明天前往台北向銀行領款付之。

四日，上午七時四十分至十二時，吳信男與父親及其兄弟共六名前來砌建廚房，另有二名抹壁工人貼樓下之壁磚。八時三十分，邱寒梅、王淑惠與工程師前往新店市公所，辦理佛堂之許可；王淑惠負責處理一切書類，並於下午二時提出申請書。

五日，上午七時三十分，建廚房之工人及佛堂抹壁工人亦前來工作，但是佛堂之工作大約再十天全部完成之，廚房之建築亦是十天完成，但是我要設法付工人之工資數十萬元也。

六日，七時三十分，吳信男之工人五名前來要建廚房，於上午八時十五分，我即與吳信男及他之叔叔，往新店寶橋路永興木材行買木料，要建廚房之用，在木材行選擇木材，九時二十五分即與吳信男及他之叔叔回工寮工作。

本日佛堂工人四名而已，因抹壁亦近尾巴，所以工人是收拾殘存之些少工作而已，於三十日可能完成之，由各道親前來相議落成日期定之。

九日，上午七時三十分，修建佛堂之工人陸續前來工作，牆壁之整理再三天即可完成，我也可以休息了。

十一日，一部分工人前來鋪設廚房地板之水泥，於中午十二時全部完成；因爲下雨的關係，不得在外工作，所以全部收工，明天再來。

十二日，雨天。户外不得工作。因雨天砂子浸水不得工作，佛堂之抹壁工人無來，等天氣好時再來。修建廚房之工作人員四名前來，在室內工作，至下午五時全部完成。

十五日，上午七時三十分，吳信男工人七名前來工作廚房及廁所，因趕工要落成關係不得延緩之。九時三十分，侄兒王政統夫婦及王英明前來視察我所建設之佛堂與綿長圖書館；我囑附他們要多少幫忙代買書籍供人閱讀，他們也承諾一定幫忙，並稱讚我之偉大。

十七日，佛堂之工作人員依然是上班工作，因佛堂之建設接近尾巴，預定新曆之民國七十五年初全部完成之。上午七時三十分，油漆工人李俊昌亦前來，工作佛堂表面之出拱要油漆之，但是本日油漆之原料不足關係，二人即回去明天再來，因急要落成關係，所以迫工人工作。

十九日，上午九時，我與吳信男前往新店市，向永奂木材行購買木材。因本日要用廁所之棟樑關係前往買之，全部之樑木及水泥瓦、其他是全額三萬五千元左右，我即切支票付他。

二十日，上午十時三十分，桃園之林慶典先生由計程車前來，因佛堂決定日期落成之事，他前來相議之，最後決定由王前人（好德先生）決定，他因有事關係，由吳信男先生送他回去。

二十一日，七時三十五分，吳信男工人六名前來廚房之工作，本日要地上之混凝土，本日要全部清楚，於明天要工作佛堂前水溝，因落成之時迫近，無進行不可，但雨天亦要進行之。十時三十分至十一時，聲寶牌老闆娘陳茂榜太太前來視察佛堂之建設，她云近日間要往美國，於落成不得前來參加典禮，本日提前來拜拜，她云要祝賀一個橫匾，亦持六千元付邱寒梅買樹木。

二十三日，工人開始工作佛堂庭園之水溝，因要落成，無整理，對道親前來有不便關係，無造成不可，所以趕工工作之。

二十四日，七時三十分，各工人亦前來工作廚房之建設，但本日廚房壁部分可能完成也。

二十七日，上午七時三十分，工人十餘名前來，一部工人是建設廚房，一部工人是第二樓頂上之坪，但要加強水泥混凝土，不然恐將年久發生漏水，所以本日雇工人再造作之，預備後日之患矣。

二十九日，上午七時三十分至下午五時，吳信男率工人六名前來，砌造佛堂的左右道路及樓梯；收工時，東邊之樓梯已經完成，西邊的部分未完。

三十一日，上午十時三十分，政德建材行持請貨單前來，要求我支付現款六萬四千元；但我身上

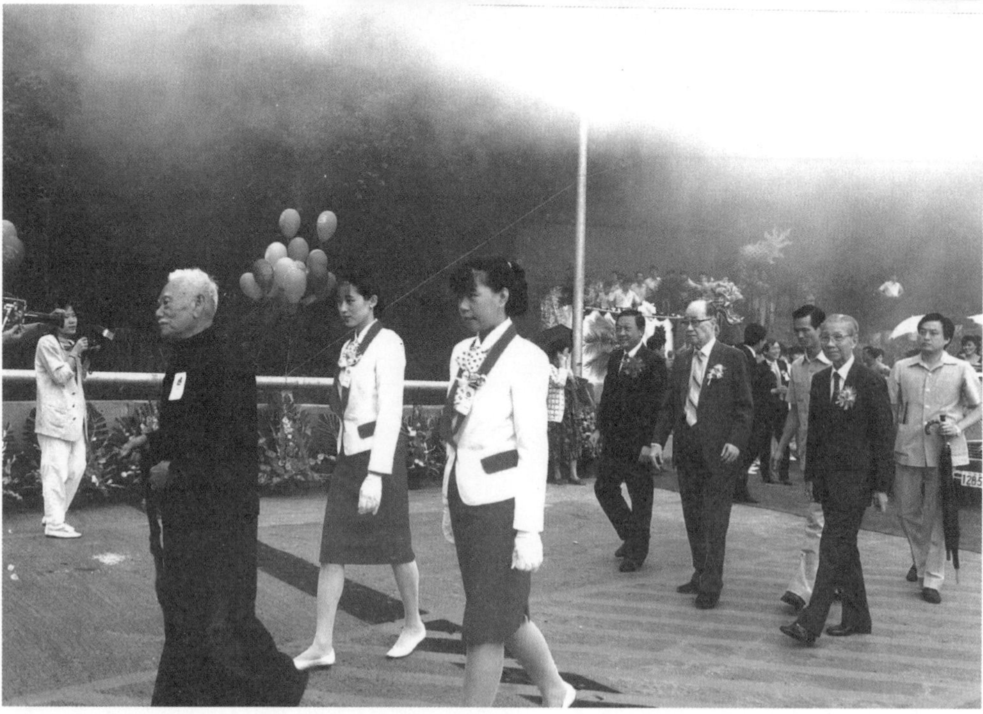

上：新店秀岡橋開通時，九十歲的王水柳獲邀參加典禮
下：王水柳與時任總統府資政的謝東閔參加新店秀岡橋通車典禮（1987）

上：王水柳與三弟王進益、大妹王春英（右）、小妹王秀琴（左）（1987）
下：王水柳晚年曾在安坑山上勤勞耕作

無現款，向他言明再緩數天後即付之。

回想七十四年度我之一年間之經過，幸我之身體非常健康，自七十三年〔一九八四〕開始建設佛堂以來卻有順利，因經濟上關係種種有進退，至於本年佛堂大體完成，預定民國七十五年〔一九八六〕一月間完成，請神入座，但我所建設之佛堂、老母堂，無論我一貫之道親，無分組別，則可前來講經說法之，我本人表示歡迎之。

本日是七十四年度最終之日，我八十九歲〔實爲八十八歲〕之老翁，謹此向各位道親祝賀平安矣。

一九八六年

一月四日，上午八時三十分，我與邱寒梅發生口角；因爲二名工人無來工作，伊誤會是我把人辭退，故用刺激言語向我大罵；我大怒，欲回台北，不理伊；最後再思佛堂已經完工九成以上，去之，未免做事有頭無尾，因而非常感慨！我年近九旬，前來建此佛堂作爲紀念，至今已經花費六百五十萬元以上卻尚未完工，最後還要再加二、三百萬元；又綿長圖書館也要準備二百萬的圖書費用。但我卻現金不足。

一月十五日，上午十時三十分，聲寶牌董事長陳茂榜先生之太太運來祝賀大化佛堂落成之木匾，非常美觀莊嚴。

二月三日，下午三時三十分，我由電話向王安邦、王定國二人借款，各一萬元；因爲明天要付阮朝陽佛堂之水電工程工資。

二月八日，農曆十二月三十日，除夕。但本年之一年中以國家而言是多事之年，以世界而言是不景氣之年，我國於二、三年來之治安不如昔年，我國數千年來之歷史，孔子之道德已經淪亡，小小之台灣每日都有殺及搶劫之案件，強姦之事件日日多起，但是警察人員亦有加入搶劫之列，誠被外國恥笑之，希政府要考慮之。本年度以我個人來講是八十八歲之老人，思要建設佛堂實〔是〕世界上最冒險之事，以經濟上亦無豐富，一旦嗚呼致無成功之，但我之身體叨蒙老母慈悲幸皆健康之，但佛堂於農曆十一月二十七日已經請入敬奉，也已經完成九分，其餘容後再建設之，亦了我之心願也。

二月十二日，天氣清朗。因爲明天台中顏小姐等道親八十餘名要來視察佛堂，所以七時早餐後即往菜園工作，準備中午聚餐之蔬果。邱寒梅決定包粽子，讓道親在回台中的車上食用；伊於是由佣婦及林太太（麻油）幫忙，從十一時開始工作至下午三時全部完成。

二月十三日，因爲台中顏小姐之後學及道親要來，上午九時二十五分，施太太及一名小姐提早前來準備。十時，林麻油太太及一名新道親，王淑惠也帶簡太太及一名道親，前來幫忙招待工作。下午一時三十五分，一台遊覽車載著台中之道親四十六名前來；我與邱寒梅在佛堂前歡迎。所有道親即上二樓，向老母拜拜，並由詹經理介紹及褒獎本人之偉大。我感覺非常慚愧。

七月十四日，下午三時十五分，郵差送來新店市公所之通知書，要我十五日上午九時三十分前往新店市公所二樓之會議室，商議寺廟建設許可之事。因我明天要往台北國際牌商議冬山工廠及蘇澳石礦之事，不得前往，所以要邱寒梅前往新店市之會議；但我考慮到伊是無出社會經驗之女人，又囑王宗珍前往輔助；他也承諾前往。

九月十二日，下午二時三十分，林漢時經理〔點傳師〕與吳先生二位前來接我二人往台北監察院訪問監察院長余俊賢先生，三時五十分由秘書紹介與余院長面會，但是八十七歲之老先輩非常禮儀，談談我之佛堂及圖書館之創設，非常贊成、非常褒獎，於下午四時我即回文山茶行，下午五時與林、吳二位在十二樓由王淑惠請二位先生聚餐之，下午六時回來。

九月十三日，上午九時二十分，林漢時經理來電話云九時三十分左右，於新生報記者要往佛堂及圖書館要照相之事，囑我準備資料，要求綿長圖書館看板，但是我尚未準備，於上午十時，該記者向佛堂及本人照相後，十一時二十分回去。下午三時，林漢時先生與吳先生二人再來，持昨日拜訪監察院長余俊賢先生之賀板前來，我即向他接受之，非常感謝之至。

九月十四日，星期日。照常運動後，六時泡敬茶供奉神明，七時早餐，七時三十分即準備請客之事。本佛堂自民國七十二年開始建築，因資金關係時作時停，至民國七十四年十一月間一部完成。但是，因種種關係尚〔未〕落成，前日決定新曆九月十四日、農曆八月十一日星期日要請各道親及對本佛堂有幫助之人，及本佛〔堂〕之工作人員，要請各位聚餐之。上午十時，道親及工人開始陸續前來，但是〔原〕本圓山之動物園亦要移轉木柵新建之動物園關係，市政府由警察管制交通，所以台北之道親要來非常延緩之，至於中午十二時二十分開始請客，於男女老幼有三百名以上，至於下午二時三十分散會，亦呈一時之熱鬧，但我被新生報記者發表登報，我即剪貼之。

十一月十一日，下午二時三十分，新店道親林漢時先生與新生報記者前來，因前十月初十日雙十節，於綿長圖書館祝賀報紙前來收金三千元，下午四時因台北有事關係即時回去，云另日再來之。

十二月十七日，我與王宗珍同往新店市拜訪（鄭貞德）市長，但是市長係向我非常親切禮儀待人，特別是對老人眞好，我即向他開口要求，前鎭公所開發道路通塗潭之路，所有之路、所有土地是我父親王綿長名儀，今我亦創設綿長圖書館，要求該路命名爲綿長路，他亦贊成我之建議，於會議決之。

（林靈日記摘選，藍博洲潤校）

美國見聞二十六天

（一九八二年一月二十九日至二月二十三日）

王水柳

一九八二年一月二十九日，星期五，上午五時十五分起床，開始整理要往美國旅行之行李。六時上十二樓，攜水澆花與菜類。此去要二十天後才回來，所種的花、菜必定枯死，所以澆之。

八時三十分，由王淑惠往美國大使館領我本人之護照。九時十五分，陳台光送我往旅行社領美金、機票。吳義春、王耀東夫婦及子女、王淑堅子女、王淑寬子女全部往旅行社等我。十時十五分，由旅行社出發，經高速公路直接往桃園機場。以上之子女全部往桃園機場送我與徐鴻洲、王淑惠。十二時二十分，徐鴻洲四弟之友人陪同我三人入機場內。

我們搭乘國泰航空，台灣時間十二時三十二分起飛，到達日本之成田機場日本時間是四時三分，台灣時間是三時三分；但是要往美國之布哇〔夏威夷〕，是日本國時間九時四十分由日本成田機場出發，台灣時間是八時四十分出發後，夜間，無可看之。

布哇（ハゥィ）時間一月二十九日晚上八時三十分到達布哇（ハゥィ）機場。因為台灣與布哇時差六小時，所以台灣時間應該是三十日凌晨二時三十分。這樣，我從出發到現在，都是一月二十九日；實在可以說是經歷了「最長之一日」。

我們參加的是東勢旅行社的旅行團。因為我們是自己經由日本前來的，所以沒能與已經出去觀光的其他團員同行，但該公司另外安排我們三人參加它所屬的鳳凰旅行社導遊小姐所帶的團，前往市內觀光島上之風光。這是一個美麗之島，草木茂盛，四時皆春，山不高，海水清，無風，全年平均攝氏二十五度，實在是溫暖之寶島。

觀光後，旅行車載我們來到下榻的美麗華大旅社休息。我住在第十樓第十二室。

【一月三十日】（中華民國七十一年一月三十一日，農曆一月六日。晴天。）

上午六時十五分起床，在室內基礎運動。

八時三十分，下到五樓中式餐廳早餐；自助餐，大部分素食。午前，無節目，回房間休息養神。

十二時三十分，依然在五樓中式餐廳午餐。

下午一時三十分，全團三十五人搭乘遊覽車前往當地原始人之發源地參觀。導遊小姐說，該原始人有七族之分，各族各有特點。遊覽車出發後就由海邊直行，沿途風光非常美麗，無數小島散布海中；因為氣候關係，各小島之草木茂盛，青草與海水同樣之青，實令人感動萬千。導遊小姐又說，我

上：王水柳由長女王淑惠夫婦陪同旅遊美國（1982）
下：王水柳與王淑惠在美國與墨西哥邊境（1982）

們所住之島，面積大約台北縣大；它有最可貴的三寶：無颱風，無地震，無蛇。二時三十分到達後略作休息。五時十分，當地之原始族人開始在小船上表演該族慶典時跳的古式舞蹈。導遊小姐告訴我們，因爲四季如春，許多日本人、美國人都喜歡在嚴冬季節來此避寒；近年來，台灣人也逐漸多了起來。今天，現場參觀表演的遊客就以台灣人最多，所以表演的解說人就用國語解說。古式舞蹈表演結束後，導遊又帶領我們到各族人之原始住處參觀。

五時三十分，我們由原路回到中國餐廳用晚餐。八時，回到美麗華大旅社。八時三十分，徐鴻洲與王淑惠二人出去夜市逛街。我因腳疼關係，待在房間休息。

【一月三十一日】（民國七十一年二月一日，農曆正月七日。晴天。）

上午六時十五分起床，整理行李。六時三十分下樓，在旅社之餐廳早餐。七時三十分，前往機場。通過當地海關檢查行李（食物，尤其是肉類絕對不能攜帶出口）後在候機室等待。九時三十五分，飛機起飛。天氣非常好，青天白日照耀四海。舊金山時間下午四時三十五分（布哇〔ハゥィ〕時間下午二時三十五分），飛到美國本土領空。提領行李後，於下午五時五十分，由機場出發前往舊金山市內之下榻旅社，六時三十分到達。分好房間後，一起前往附近之中式餐廳上遠大飯店晚餐；該店特別製一碗素菜讓吃素的我食用。七時五十分結束用餐。一部分團員結伴出去遊街看夜景，但我認分是老人，回去休息。

【二月一日】（民國七十一年二月二日，農曆正月八日。晴天。）

上午六時三十分整理行李後下樓到上遠餐廳早餐。九時三十分，前往著名的海灣大橋參觀。這座大橋全長八二五英里，跨海而過，上下二層，上層來，下層往，交通非常暢通。

過橋後，往一所高地休息十分鐘。

十一時二十分，前往金山公園。該公園面積廣大，花木繁多，森林茂盛，最大之樹木有一尺以上之直徑。導遊小姐說，它不是天然林，是人造的；百年前，該地是沙漠地帶，寸草不生，當時之古人開始植草、種樹，才有如今規模宏大的公園。它是舊金山重要的景點。

十二時三十分，在公園附近之飯店午餐。

一時三十分，前往中國城。這裡，大部分是中國人所開的店鋪，店面全是漢字，看起來就像中國大陸的都市。

二時二十分，在碼頭搭船出海。導遊樂先生說，五十年前，海中有一座監獄，舊金山犯罪之人判決後全都在該海上監獄執行，今已廢止。他又回答我的詢問說，舊金山的氣候與台灣及福建略有異同，市民有七十五萬人以上；大陸方面以廣東、福建人較多，台灣人在光復後來入美國籍的也越來越多。

五時，回到旅社，休息。

六時，前往食堂晚餐。餐後，一部分旅客要去觀賞夜景，但我認老，還是回旅社休息。

【二月二日】（民國七十一年二月三日，農曆正月九日。晴天。）

上午六時三十五分起床，在旅社內小型基礎運動。

七時，往上遠餐廳早餐後再回旅社。

九時三十分，全團二十一人搭乘小型之遊覽車前往舊金山機場。檢查行李後，搭機飛往洛杉磯。

十時三十分，搭乘遊覽車，從洛杉磯機場前往賭城的旅社。我在房間休息，其他旅客大部分都下樓到賭場賭博。這裡的賭場，不分晝夜，二十四小時營業。這裡就是賭博，土地一片沙漠，並無草木，不毛之地，是美國聯邦五十州中並無生產的一州。沙漠中設立賭場，可以賺取外來旅客之金錢，投入該州建設之經費。該地之人口四十餘萬人而已，但沙漠不毛之地亦能建設如此發達，誠偉大。

下午八時，前往當地之劇場看脱衣舞；十時回來。

【二月三日】（民國七十一年二月四日，農曆正月十日。晴天。）

上午六時三十五分起床。

七時三十分，往當地之餐廳早餐。此地無中國料理，全部是洋食；自助餐也全是冷食。餐後再回旅社，準備前往大峽谷參觀國家公園。

搭乘遊覽車前往機場。八時十七分，分兩組搭乘小型之飛機（一架乘六名，另一架較大乘十八名）；九時三十五分，到達大峽谷機場。十時，搭乘小型之遊覽車前往大峽谷。該地是不毛之地，面積與台灣島一般大；分屬三個州的地方聯邦政府。中午，在中途之小餐廳用餐。十二時三十分，回機場休息。該公園之工作人員有一千二人左右，氣候少雨，只有降雪；公園之樹木大部分是松樹；聽説該地保存有一座一九〇六年建設的舊式旅社作爲紀念，由此可見，此公園有近百年之歷史；美國政府願意建設無收入之事業，誠感心也。

【二月四日】（中華民國七十一年二月五日，農曆一月十一日。晴天。）

上午六時三十分往食堂，早餐後再回旅社休息。

九時，由賭城之機場起飛；九時四十五分，到達洛杉磯機場。旅行社之導遊吳某前來接機，並帶領我們搭乘小型之遊覽車，進市內參觀各有名名勝。吳導遊說，洛杉磯市之面積是八百六十四萬平方公里，即爲我台灣島之二分之一；常住人口有八百五十萬人，若含流動人口則有一千萬人之多；其中，中國城之中國人有九萬人之多；台灣人有五萬人，大部分是有錢人。聽說國際牌洪建全之子亦居此市。此地因爲多地震，所以住宅以平房居多，都市中心才有辦公大樓。

中餐後，遊市內之中國城；這裡的店號全部用中國字，生意人則以廣東人居多。

下午五時，回旅社休息。因爲腳疼，無出去。

【二月五日】（民國七十一年二月六日，農曆正月十二日。晴天。）

上午六時起床，寫昨日之遊覽記事。八時三十分，在旅社樓下早餐。這家旅社是台灣嘉義人經營，老闆姓吳又是青年人，職員全部用外國人。

九時十分，我等二十二人搭乘小型遊覽前往洛杉磯郊外世界性之遊樂場。此遊樂場是民間建設，有七十年以上，占地數十甲，包括古代和現代的設備，無所不有。每天十時開放，票價每人一百元

（美金）。因爲面積廣大，淑惠租了一台老人車讓我坐。我們先搭乘潛水艇，參觀海底之魚蝦與各種生物（三十分鐘）；接著又乘三人座之空中纜車遊覽。中午在遊樂場中吃西餐。

下午一時三十分，乘露天遊艇開始遊覽幾個景點。五時三十分休息，搭小型汽車，前往市內之河星山飯店晚餐。徐鴻洲無意中發現經營這家餐廳的是他的友人。八時三十分，他前來旅社，向徐鴻洲說明過去的事情。原來，八年前，他被與日本人合股經營的台灣某商社派來洛杉磯市任職，因生意無好而辭職，自己經營餐廳；因爲沒有資本，店鋪是租的，自己及妻子都要工作，非常辛苦。

【二月六日】（民國七十一年二月七日，農曆正月十三日。晴天。）

上午六時三十分起床，在旅社內基礎運動。八時，下樓早餐。九時十五分，前往洛杉磯南部海邊之海魚遊樂場；二小時後到達。十一時，海狗開始表演。海狗雖是魚類〔實爲哺乳類〕，受訓練後能聽人指導做動作。

十二時三十分，在該遊樂園內食堂中餐。

下午，再看一場海狗與人的表演，大同小異。一時三十分，遊覽洛杉磯最終點，參觀鄰國墨西哥國並買東西；該國之面積大台灣省三十六倍，民族是紅番人與當地黑人混合，比較瘦，看起來矮，不過五尺，女人更瘦小；文化比我台灣低落，人民之生活水準也較差。因有牧場養牛，生產以皮類物品最多。但人民怠慢不務生產，只要有得吃就不工作；因爲窮人、求吃之人甚多，所以是無進步之國家。一時五十分，到達該國之市場購物。在商店購物時，他開口百元之物，還價三十六元也肯賣；這樣，購買人反而不敢買。

四時十分，再回洛杉磯；在美國國境入關時要檢查護照。

五時，再搭乘遊覽車回中國城內之希爾頓旅社。該旅社是台灣人經營，借名而已。

八時，王淑惠之友人張小姐夫婦前來旅社，請他夫婦出去，十一時回來。

【二月七日】（民國七十一年二月八日，農曆正月十四日，晴天。）

上午六時三十分起床。

八時十五分，要與旅行團往附近之飯店早餐時，張小姐夫婦前來接我們到機場；前往紐約的飛機是十時三十分，她說到飛機場要一個半鐘頭，若吃早餐恐赴不及，於是無用早餐，先往她之公館參觀，再由她丈夫開車，載我們三人去看他所建築之房屋，然後轉往機場。張小姐夫婦誠懇送我們後隨即回去。

十時三十分，飛機起飛。下午二時十五分，到達米里蘇達州米里亞波里斯；因爲時差關係，當地時間是四時二十五分。此地是轉機之中繼站。當地時間五時二十分，我們搭乘的飛機再出發起飛，並於七時二十分到達紐約；當地時間則是八時二十五分。

下機後，徐鴻洲友人陳先生已在出口處等候。王永慶先生也派一高級職員前來接機，最後，由他之小包車送我三人；九時三十分，到達接近王先生公館之一家旅社。他說，明天七時五十分要來接我等三人前往王先生之公館早餐，隨即離去。徐鴻洲友人陳先生隨後也到達，在徐鴻洲之房間談至十時左右也離去。

我於十時入浴。昨日，因爲疲勞無入浴。今日，我之右脚比較好，無昨日之疼。

今日早上，旅行團之友人前往環球拍片公司，參觀拍片的現場，可惜不能參加。明天，該團有一部分人要往日本，一部分人要往他洲，等於解散。葉先生說，他決定于二月十六日前往日本，十八日至二十日間就要回台灣。我明天要去徐鴻洲妹妹家。

【二月八日】（民國七十一年二月九日，農曆正月十六日，晴天。）

上午六時三十五分起床。七時正，王永慶先生派一職員駕車前來接我三人，前往公館，共用早餐。他之太太待人非常親切。王先生本人向我等請安道好，並談起三十餘年前我與他父親之種種事情；他非常高興，向眾人聲明我是他父親老友，有如他之父親，一定要特別招待。的確，我與他父親王長庚既是好友，又是宗親，而且還是新店庄同鄉；我世居安坑，他世居直潭，又是同業茶商；光復前日本統治時代，我們同是茶販，向山户收茶葉再賣往台北茶行。

上午十時，王永慶先生的職員載我三人參觀他的辦公室；他的職員大部分是美國人，男女職員各有三十名，台灣派來之幹部只有十名左右而已。十時三十分，轉往工廠，下午一時三十分到達；這個工廠很大，六千餘坪。開車載我們的那名職員非常誠懇地告訴我們，如果徒步參觀要費二小時，最後我們決定繼續搭他的車，慢慢參觀。這家工廠全部是現代化的生產設備。中途，我們在一家榮華飯店用中餐。餐廳所在的這條街有超級市場，淑惠在此爲我買治療腳疼之藥布。三時，依然是該職員送我們，繼續出發，欣賞沿途風光。該職員說，現時因降雪關係，樹葉全部枯落，待於三月中旬全部發新芽，非常美麗。六時三十五分，回到王公館；再受王董事長的太太歡迎。六時三十五分，王董事長亦回；八時三十分，再次與他聚餐；他又向我聲明，明天我等若需服務仍由該名職員幫忙。餐後，這名親切待人的職員送我們回旅社，聽他說王永慶先生有大福，本日所視察之工廠是向美國人買的；先前，他有二家比此廠數倍之大的工廠，其中一廠非常大，買入後有人要買，後來一部分以四千餘萬元（美金）賣給美國石油公司，獲利二千萬元（美金）；一千萬元（美金）買本日視察之工廠，尚殘一千萬元用來建設工廠。

【二月九日】（民國七十一年二月十日，農曆正月十七日，雪天。）

上午六時三十分起床。七時五十分，王永慶先生之職員又來旅社接我三人往他之公館早餐，並與王夫人談談。九時二十分，王先生之職員送我三人往他之辦公室，用電話與徐鴻洲之生意人聯絡。十一時三十分，我三人由辦公室出發，前去參觀他的工廠。下午一時三十分到達工廠，由ユーバソ接待，視察工廠之工作流程，並向我們詳細說明用途種種；此工廠全部機械化，工人甚少。我因腳疼關係，無法全部視察，在他之辦公室休息。四時，由ユーバソ紹介去看他的自用飛機；這架飛機美金十五萬買入，自己駕駛，一回可駛二百哩以上。我與王淑惠、徐鴻洲在此照相。四時三十分，我們再出發參觀他之住宅，適他太太買菜回來，也共同照相。五時，再往ベヮーゥー地方中國料理店聚餐，然後再回工廠，與王永慶先生會面，並向他說謝謝。

六時三十分即回旅社。但我突然間發熱。

【二月十日】（民國七十一年二月十一日，農曆正月十八日，晴天。）

早上，我與徐鴻洲、王淑惠往訪ユーバソ，零下十八度之冰天雪地。我老人家一生從未經過如此嚴寒，感覺非常不舒服。回來途中，突然發燒至四十度左右。出門在外，非常苦痛。所以回來旅社休息。

下午二時，我之身體回復正常；只是腳還有點痛而已。

ユーバソ先生要來接我們前往紐約市。六時三十分，他來電話說因爲塞車要遲到一小時。八時十分，他終於到了。我三人與王先生之職員余先生，於是一同前往紐約市之酒店用餐。在車上，ユーバソ先生說，紐約市人口現有九百五十萬人（以前與日本國之東京市同是一千五百萬人），因該市是特區，稅金太高，再加黑社會多種揩油，所以人漸漸離開，辦公室也移轉他方而去。

我們用餐的酒店是一流的，所點之料理也是一流的，但不合我食。十一時三十分餐畢，我們要上二百二十層〔實爲一百一十層〕大樓看夜景；因爲太晚了不得看。

【二月十一日】（民國七十一年二月十二日，農曆正月十九日，晴天。）

本日我依然是上午六時起床。但是，右腳腫痛難行，致使不得外出。中午，徐鴻洲、王淑惠要前往由ユーバソ紹介之一家化學工廠視察；我不能與他們同行，就在旅社休息。我吃了杜世白先生的藥之後，感覺好些；到下午就無痛矣。

下午六時，王永慶先生之高級職員余先生來電話說六時三十分要來旅社接我，前往他之公館，然後一起去用餐。我感覺非常慚愧，萍水相逢，一面之交，如此厚待，誠對不起余先生。我們到達余公館後，又與他的妻子及一位台灣前來的友人，轉往本旅社附近的林家園酒店用餐。這家中國料理店是中國廣東人經營的，但老闆已經美國化，不能說中國話，所做的菜大部分也是美國式的。

九時三十分，余先生與妻子載我回旅社。徐鴻洲與王淑惠尚未回來。一直到十一時，他們回來了。余先生就於十一時十五分回去。

【二月十二日】（民國七十一年二月十三日，農曆正月二十日，晴天。）

上午六時三十分起床。上午十時，萬家香之吳先生前來旅社，接我三人前往他之工廠。我們三人整理行李後就下樓結算房費，然後坐上他的小包車，前往紐約市參觀。該市之歷史有一百年以上，大樓有數十棟，最高樓是一百零七層〔實爲一百零二層〕。我三人由吳先生引導並納費，登上最高的大樓，看市內一切景色，非常美麗。下樓之後，吳先生載我們到市內之中華如意料理素菜館，用中午餐。

午餐後，再遊紐約市內之中國城與唐人街；這裡的中國人以廣東人居多，店號大部分用漢文，無用英文。

二時三十分，吳先生送我三人走山路，觀賞沿途風光；因降雪關係，樹木全部落葉，湖水也已結冰，非常美麗。

五時三十分，到達萬家香的住宅。

【二月十三日】（民國七十一年二月十四日，農曆正月二十一日，晴天。）

昨日下午八時後右腳非常疼痛，整夜非常疼苦。早上六時三十分起床。早餐時，向淑惠聲明今日我不外出，要在室內休息。所以，餐後徐鴻洲、王淑惠去參觀萬家香之工廠，我無往。

九時，吳太太請鄰居邱先生前來看我之腳，並持風濕藥讓我食用。到了十二時，腳疼轉好，非常爽快。

午餐，接受吳義春之姐夫招待。他太太是淑惠的市女學校同學，今日在此面會。

下午二時，由吳義春之兄駕駛及其三弟陪同，前往機場。沿途觀賞風光。四時二十分到達□□機場。徐鴻洲的妹夫、妹妹與他們的兒子來接。六時三十分，到達徐鴻洲妹妹的家（她住處的名詞我無法寫出）。此時，我之腳也好些了。

八時三十分，被招待晚餐。餐後即休息。

【二月十四日】（民國七十一年二月十五日，農曆正月二十二日，晴天。）

上午六時三十五分起床。七時三十五分早餐。徐氏兄妹久別長談。十時，妹妹丈夫駛小包車，其子夫婦作陪，載我三人出遊。下午二時三十分，到達華盛頓，參觀國會會議大樓及無名士兵紀念塔。三時，前往中國城，在中國餐廳裕成號午餐。華盛頓之都市建設近二百年，高僂大廈不計其數；本日是星期日，人少，大部分往郊外。聽說漢藥非常好用，惠子前往買風濕丸及其他漢藥。四時，坐小包車觀賞中國街之盛況及市內的高樓大廈。五時三十分抵達機場。

我們搭乘六時三十分飛機前往紐約。我王姓宗親會董事長王文霖君之女婿陳先生前來接機，載我們到旅社休息。

【二月十五日】（民國七十一年二月十六日，農曆正月二十三日，晴天。）

上午六時三十五分起床。九時三十分退房，陳先生接我三人向紐約市前進；這是第四回了。十一時，參觀陳先生之住宅；與他們夫婦合照留念。十一時十分，前往紐約市區；在車上遊覽海中小島上的自由女神像，也看到不計其數之銀行大樓。

下午一時，前往中國城，在四五六中華餐館午餐。這家餐廳的菜是我來美國所吃的中國料理中最有中國味道者。二時二十分，由陳先生導覽，參觀聯合國之會議大禮堂；我三人在會議堂前照相紀念。三時，參觀世界各國物產陳列館；我無入。

回旅社休息之中途有一家水果行，鴻洲、淑惠二人前往買水果。

下午五時陳先生即回去。

晚上，電話通知林小姐：二月二十二日即可回台北，如有事隨時通知；天山之款項不可提交等等。邱寒梅也向我問安，並說她平安無事。

徐鴻洲向ュ—バソ交涉，明天上午九時要去他之工廠，持樣品回台灣。ュ—バソ順便介紹說，在我們住的旅社附近有兩家生產特殊反光紙的工廠；一家是菲律賓人經營的，另一家則是香港人經營。

【二月十六日】（民國七十一年二月十七日，農曆正月二十四日，晴天。）

上午六時三十分起床。七時早餐，在旅社自製牛乳食之。

九時三十分，ュ—バソ介紹的菲律賓人持樣品前來；十時，徐鴻洲、王淑惠由陳先生陪同，前往他之工廠視察；十一時十五分回來後，再往ュ—バソ工廠，要持樣品。但至三時尚未回來。我想，他們如若順利取得樣品，明天即可前往洛杉磯，與張小姐面會，買些物品，即可回台灣了。

五時三十分，他們回來旅社。在此之前，紐約市有一鄭姓男子來電話，要我通知陳先生：他有事要與徐鴻洲聯絡，六時以前，在紐約市等候。我即時向陳先生轉達了這個訊息。陳先生隨即與他通電話。六時整，我們又由旅社向紐約市出發，前往一家中華料理店華園餐廳，由陳先生請客，與那名鄭姓友人及另一姚姓友人一同餐敘。他們談到要徐鴻洲投標美國之廢紙輸出台灣中興紙廠之事；他們強調有辦法保護被菲律賓扣留的台灣漁船平安回台；他們也說投標需要的條件容後再通知等等。九時散會。

九時三十分，回到旅社。陳先生說，他已經與旅行社交涉清楚，明天早上七時，旅行社會派車送我們前往機場。

【二月十七日】（民國七十一年二月十八日，農曆正月二十五日，晴天。）

上午六時，由旅社通知起床。六時三十分下樓。七時正，旅行社之車送我三人及行李前往機場；辦理登機手續後，八時進入機場，走到第三十四號登機閘口等候；八時十分，開始登機；八時四十五分起飛。

十一時三十分到達米里亞波里斯（當地時間十時三十分）。我們要在這裡轉機，飛往洛杉磯。當地時間十一時整，飛機起飛；下午二時三十分，到達洛杉磯。因爲時差的關係，當地時間是十二時三十分；我們又要再倒退二小時。

鮮先生及其妻子張小姐（王淑惠的好友）前來機場接我三人。他云由此前往簡先生之處較近。徐鴻洲與王淑惠於是在市內買一盆蘭花送他。但是，他之住所難找，鮮先生在海邊迂迴數轉，最後於當地時間下午三時三十分才找到簡先生的家。簡先生上班未回。他之佣人云下午四時三十分即可回來。我們四人就在此等候。四時五十分，簡先生回來。他談到他之妻子病重，無法出來接客。因爲我腳疼，他又向我注射特效藥，且隨即轉好無疼。我非常欣喜感謝。

五時正，我們由簡先生家出發，前往當地的一家日本料理店用餐。簡先生請我三人及鮮先生夫婦二人。我們邊吃邊談，一直到八時十五分結束。

鮮先生夫婦將我三人載到他們家過夜，非常感謝。

【二月十八日】（民國七十一年二月十九日，農曆正月二十六日，晴天。）

上午六時三十分起床。因我之腳有好些，在戶外視察當地之環境，是與台灣不同之氣候，非常好生活。七時三十分早餐。

八時三十分之前，廖萬平之女兒蔡淑媛及其先生周培安前來，要接我三人去他們家並參觀他們的店鋪。因爲鮮太太本日請假陪王淑惠買東西的關係，最後就我與徐鴻洲二人前往。他們的商店規模宏大，投入資本美金七萬餘元，向新加坡批發進口牛仔褲，在該店門市小賣，現在努力擴張外銷，有將來性，希望甚厚。

十一時三十分，周培安先生本人駕駛，送我二人與昨日前來的新加坡客戶陳應潮先生，前往美國最大之環球拍片公司參觀。十一時五十分到達。周先生買票，每人要美金九元七角五分。入場的人很多，聽說每天有十萬名左右。入場後，搭乘該公司的遊覽車（每台車四十名左右），遊覽拍片區。該拍片區非常廣大，占地五百甲以上。下午一時，開始遊覽區內各種各樣之拍片設備，使觀眾了解實際情形；途中，讓各人下車，徒步觀賞拍片模擬情形及實際演電影的現場，然後再上車，遊覽區內之假厝、假都市、假颱風、假雨、假火災等形形色色的電影場景。三時二十五分，全部遊覽完畢。周先生招待我們在園內便餐。四時，園內開始表演導犬鳥聽人言，使其順人之意而動作及其他數種娛樂觀眾之事；人能訓練獸類聽人言，亦是不容易之事。

五時三十分，周先生載我們回到他的商店休息。六時三十分再請我三人、新加坡之友人，及同業馬光武夫婦（馬夫人是台灣高雄市人，已經來當地七年多）晚餐。八時三十分散會。九時休息。我依然在鮮先生家過夜，非常感謝。

【二月十九日】（民國七十一年二月二十日，農曆正月二十七日，晴天。）

上午六時三十分起床。因腳疼不得遠行，在鮮先生之住宅附近看看；此地方與我台灣之氣候不同，早晚冷，日中溫暖。七時三十分，鮮太太去上班；我與鮮先生早餐。八時三十分，鮮先生載我三人前往市內，紹介他之建築公司，並參觀他所有之土地與房屋；他有十棟房屋尚未售出，土地也有數百坪與友人合建。鮮先生在美國經營建築業非常成功，誠可喜。

十二時，鮮先生在當地一家西洋料理店招待我三人。下午一時三十分，回來他之住宅休息。二時二十分，徐鴻洲與鮮先生二人前往訪問「河會子」，並於下午四時回來；二個月前已移出並無其人。

五時三十分，張小姐（鮮太太）下班回來。六時，鮮先生夫婦在附近的中國料理店海上鮮酒店，招待我們三人，與蔡淑媛及丈夫周先生。

九時，回鮮先生公館休息。

【二月二十日】（民國七十一年二月二十一日，農曆正月二十八日，晴天。）

午前六時三十分起床。入浴後，在附近之草地上基礎小運動。七時早餐；鮮先生及太太非常好意，做素菜讓我食用，非常感謝。九時三十分廖萬平之女及女婿前來，帶徐鴻洲前往他附近之食品店考察。十時，王淑惠與鮮太太外出，前往市内買東西；十二時回來，同時買東西給我吃。

下午二時三十分，鮮先生開車載我們，前往附近之美國鐵道部長的花園參觀；花園很大，等於台北之榮星花園，但是無收費供人觀賞，遊客很多；其園有設圖書館及骨董文物甚多的博物館，又有奇花百草，種種樹木的花園，非常優雅。五時三十分，遊客就不得進入，我們也回來休息。但是，鮮先生及太太又招待王淑惠與徐鴻洲出去用餐。

【二月二十一日】（民國七十一年二月二十二日，農曆正月二十九日，晴天。）

上午六時三十分起床。本日是星期四，鮮太太請假，沒去上班；還給我們做早餐。七時三十分早餐後收拾行李。九時三十分，鮮先生開車，鮮太太陪同，前往洛杉磯機場。十時三十分，到達機場；檢查行李並辦登機手續；十時三十分由鮮先生夫婦陪同，進入航空室内；十時四十分，乘客開始登機，即與鮮先生夫婦告別。十一時三十分，飛機起飛。機務人員向乘客報告：飛往日本國之東京要十一小時之久，各旅客可以安靜休息或看電影。

美國時間晚上十一時十五分到達日本國成田機場。日本國時間是下午四時十五分。這樣，時間又倒退了七小時。四時三十五分，提領行李，辦理通關手續；五時二十五分，出關。前來接機的日本客戶ォトナレ夫婦，隨即囑計程車送我三人前往東京市銀座下榻之太子旅社。六時三十分到達旅社，休息三十分鐘後下樓，與ォトナレ夫婦，前往日人之料理店晚餐。

八時，回到旅社。我非常疲勞，隨即休息。

（民國七十一年二月二十三日，農曆正月三十日，日本晴天，台北雨天。）

上午六時三十分起床。因室內有暖氣感覺有熱，所以穿薄衣；寫日記後看報紙。九時三十分，ォトナレ樣前來旅社，搭計程車送我三人到他之辦公室及倉庫看貨品，最後往辦公室，打國際電話，詢問台灣哪些貨品急用？通信後，倉庫工人包裝我們急用之貨品，讓我們先帶回來應用。

下午一時，在附近之日本料理店用餐。二時，ォトナレ之車送我三人前往成田機場；三時到達，向航空公司辦理出境手續，以及昨日由洛杉磯運來之樣品及行李的託運手續。四時三十分登機。五時五分起飛。八時三十五分（台灣時間是七時三十五分）到達中正機場。出關時，人太多，急不得；因爲我是老人，所以最先放我出關。但是，徐鴻洲與王淑惠直至八時五十分才出關。

王耀東夫婦、吳義春夫婦、陳永華夫婦及三女子、王淑婉子，各自開著小包車前來歡迎；回到台北住宅已經十時了。晚餐後，各子女就各自回家；明天再來一家團聚。

（藍博洲潤校）

1987年，王水柳歐洲行

上：王水柳在歐洲
下：王水柳由長女王淑惠陪同遊覽德國

1966年，王水柳與邱寒梅（左一）、王淑惠（左三）泰國行

1989年，王水柳與邱寒梅和王淑惠（左二）一家在澳洲

1988年，反對戰爭、崇尚和平的王水柳與么子王耀東在日本廣島原爆遺址

永遠的懷念

第一次回家的時候

王啓明（王水柳的侄兒）

第一次和大伯父見面應該是在一九六一年，地點在東京的第一飯店。

當時，我看到一位體格高大健壯的中年人，跟在日本生活的陳先生一起出現在飯店大廳，然後他露出和藹的笑容和我握手，語氣讓我感到溫暖的說：「我是王水柳。」

「啊！」我在心裡高興地歡呼說，「這就是我的大伯父。」

我因爲年幼時期父母雙亡，一直由母親的姊姊帶著我，在日本生活。我記得，從少年時期起，經常會收到從台北寄來的署名王水柳、王進益或王政統的信件。我就在伯父們的幫助下讀完了大學，然後到水產公司工作。

第一次和大伯父見面那天，因爲他不太會說日文，我們就通過陳先生的翻譯，互相瞭解近況。我知道，大伯父從年輕時候就致力茶業，經歷了戰前和戰後的混亂時期，但都以堅強不屈服的精神，努力度過許多難關；身爲家族的大家長，他對人親切體貼，深受族人誇獎喜愛，也影響了許多人。大伯父所談之事，大多不違背做人處事的誠懇善良的信念，而且處處流露著對親人的愛，讓我覺得是個很容易讓人親近慈祥的「大人」。

「我想帶啓明回台灣見見奶奶。」性格溫和的大伯父向陳先生說。陳先生隨即把大伯父的想法翻譯給我聽。這讓我驚喜地嚇了一跳。之後，大伯父立刻幫我辦理渡航手續；這才發現我是個「無國籍」的人。爲了幫我取回國籍，大伯父於是又在日本的入境管理局和台灣大使館之間奔走。最後，我終於拿到護照，可以回台灣探望奶奶了。

我永遠無法忘記，當我搭乘的飛機降落在松山機場的時候，第一次踏上台灣的土地的我是多麼地興奮啊！更讓我感到驚訝的是，當我走進機場的出入境大廳時，居然在那裡看到大伯父的身影。「咦，大伯父怎麼有辦法進來這裡？」一般來說，這是會被當作「非法進入」而逮捕的吧！我完全不懂大伯父和航空公司的職員在說什麼？不過，大伯父幫完全不懂中文的我辦好了所有的入境手續，讓我平安無事地入境台灣了。

來到機場大廳，大伯父的安排又讓我嚇了一跳！我看到有將近一台巴士的家人前來迎接我。「他們都是王家的親人，」大伯父用很平常的表情說，「大家都是來迎接啓明回來的唷！」然後他就帶著我，走向坐在所有親人中間的奶奶前面，向笑容滿面的奶奶說：「阿姆，我帶啓明回來囉！」

我對大伯父的回憶有很多，不過，我印象最深刻的就是這一段回憶了。

（梁秀貞日文中譯，藍博洲潤校）

記憶中的祖父

王贊緒（王水柳的長孫）

記得小時候與祖父並不親近，甚至可以說有點疏遠懼怕，不像現在跟自己的孫子一樣可以毫無忌憚的互相親臉摸頭，這應該是時代改變及家庭氛圍的不同吧！當時不論是社會大環境或家庭小環境大致都處於威權高壓下，祖父屬於創業有成之企業經營者，對家人更具有無上的家戶長權威性。

大概二、三歲的時候吧，稍有記憶力時，依稀記得每天早上會由父親抱去茶行事務所向祖父請安，然後祖父會給少許零錢獎賞，當然回到後院住家時零錢都會被母親沒收存起來；成長過程由於生性內向害羞，到了上小學以後，每次遠遠看到祖父在路上走時，總是能閃則閃，避免正面照會打招呼的場面。小學四年級時搬到圓環居住後，碰面的機會更是少之又少，只有逢年過節等特殊場合，偶而能相聚在一起。

一直到我考上大學以後及服兵役期間，離鄉背井獨自在南部生活，偶而有假期返家時，祖父會透過父親傳話，在他有空時去看他。在經過外面社會的歷練後，我逐漸對他也沒有恐懼感，談話的內容除了生活起居的瑣碎寒暄外，更能觸及家族歷史及其人生經驗方面。祖父幼年也是在困苦環境中成長，後雖事業有成但仍不忘本，篤信一貫道後長年茹素，經常周濟附近窮苦鄉民米糧及生活用品，誠如古訓所云積善之家必有餘慶，祖父能庇蔭後代子孫各個學有專精，在專業領域上各擅所長，良有以也。

祖父在我記憶中，一直是一位「望之儼然，即之也溫」的長者。

我最敬愛的公公

翁瑩（王水柳的次媳）

時光匆匆往事如浮雲，雁過長空了無痕，唯獨對公公水柳的相處歲月，雖短暫卻是溫暖而永恆。

家族從事茶葉製造買賣的事業時，龐大的親族眷屬因兄弟情深，團結合作，在公公長兄如父般的付出中，奉獻一生讓家族事業成長壯大，到了晚年投入宗教，一生永遠煥發出生命的熱誠，定國時常告訴我：印象中的父親卻是一生平淡節儉，無論寒暑晴雨，出門雖有車有司機，但永遠安步當車，自得其樂，對子女的教育從不吝嗇，完全充分的栽培，使定國能在當年保守封閉的社會風氣中，快樂自由的完成大學教育，不得不感恩父親背後的支持，乃至後來結婚生子，也撥出茶行的一隅，讓他能克勤克儉的從事他的螺絲製造事業。

回想當年，我們一家大小，從圓環到長安西路的住家，這一路上，都是因爲父親的照顧，才得以讓我的孩子們如魚得水，度過快樂的童年歲月，這就是我最初來到王家感受到父親對我們子女的愛。以後，他老人家更像一棵大樹般無盡的庇蔭子孫長長久久，父親啊！您對我們子女的愛，如山高似海深，此情此意叫我們如何忘得了。

回憶起剛嫁給定國時，我最喜歡默默的看著公公英挺的外表，鮮明的五官有著柔中帶剛的神韻，不禁起了敬意又覺溫暖在心，難怪所有的女兒都如此的愛他，長年不離膝下，相對的子媳的相處就顯得疏離，但還好慈愛的母親無怨無悔，長年來爲了彌補一段曾經被疏忽的感情，一身節儉，含辛茹苦，將所有的感情毫無保留的流露到我們的身上，日夜寸步不離的守候著我們兄弟子女，無微不至的照顧子孫們，讓我們備覺溫暖，卻也能夠彌補這分淡淡的失落。

晚年公公捨去紅塵俗事，回歸新店老家，擁抱田園荷鋤耕種，才看到他老人家烈日下汗流浹背耕種菜圃，不一會兒又見老人家佛堂虔誠禮拜，一叩一拜，所謂心誠則靈，及至天年，自知時日乃能提起正念，與家人一一告別，表達感恩，瀟灑的放下萬緣，對生死無懼，此景歷歷在前，回顧一生走來，乃至離世的不凡功夫，不由得讓我們說聲：公公，您是我們心中永遠的最愛，我們以您爲榮！

父親的笑臉

王耀東（王水柳的么兒）

父親已走了二十多年。我心中滿懷對父母的思念。我與父親的感情特別深刻難忘。他對我品德性格的影響；他教我的待人處世的方針與做人的基本道理，我始終沒忘。

回憶有父親相伴的一生，雖有長長的故事，但實難表達；而平凡生活中的點點滴滴，亦有其深刻的哲理，我就寫一些小故事吧。

子女生病，父親一定親自照顧。記憶中，大約在我十五歲以前，常常發燒生病。若是白天，父親則必親自帶我及大姊去舊火車站太原路郭內科找醫師；但郭醫師年紀太老，病人又多，經常累得在看病時打瞌睡。若是大半夜，父母均無法睡覺，每次都會請郭醫師趕來醫治，那老醫師會給我吃紅紙包的藥，也好像是藥到病除。到現在，我還不知他如何開藥方給病人？然父親重舊情，對郭醫師深信不疑。

父親一生刻苦節儉，如苦行僧般的自律生活，連母親都受不了。但對孩子的教育卻毫不吝惜。五十年前，當我已近耳聾，聽不清楚老師講的課的時候，要求請家教補習。雖然家教費每月要五百元，所費不眥，父親卻二話不說地拿出來，讓我請家教補習長達數年，我才能很辛苦地念到高中。如此教化，使我能補足在教室聽不清楚的課，讓我受惠一生，養成愛看書亦愛買書的好習慣。我買書必看，從書裡學到的種種知識，不輸任何正常人。我在安坑的大化佛堂住了三十多年，累積下來，樓上樓下也有上萬冊的書。佛堂變成了小型的圖書館。

我在一九八六年和兒子及三個女兒到佛堂與父母同住。三個女兒後來住校。讀台北忠孝國中的兒子贊煜每天通學上課。由於往來交通十分不便，客運又不準時；有一次，贊煜下課又坐計程車回山上，並向父親要車資。但父親爲了改變他不知節儉的壞習慣而不肯給，叫他自付。司機言明若不給車資就要打贊煜。父親仍堅持不給。結果，贊煜被司機帶出去，揍了一頓。從此，贊煜養成用兩腳上下山、搭客運的習慣，不敢再隨便坐計程車上下學了。

大姊將父親的一生編輯出版，實在很有創意及孝心。我寫的這些小事，應該也有其深刻的意義。人一生最後的成敗在於晚年的處境。若悽悽慘慘無依靠，親棄友絕，那就是最可憐的失敗者。

我已年近七十歲了，因爲佛堂的環境優良，身體並沒有大病大痛，亦不必伸手向兒女要生活費。對此，我感到十分欣慰。這當然是父親留給我的無形財產，再加上大姊十多年來的費力、堅大妹的加持、父母介紹的秀貴二十多年的精神陪伴，讓我能在新店重新站了起來，也獲得了年輕時所缺的自尊與自信。

每次，我到父親捐建的安坑太平宮拜拜，廟方對我也都十分尊敬客氣。想來，晚年的我已經不再給父親丟面子了。

我常夢見父母及四個姊妹；更常夢見父親坐在床邊微笑著注視我。有一次，夢境是阿母的八十大壽，王家子孫齊聚佛堂，父親全身西裝服，帥氣過人，坐在阿母身旁，十分威嚴，但又微笑著。

過去，我丟了父親的面子。但我雖然潦倒半生，沒有不平凡的成就，一生卻不曾做過詐欺或傷害他人的壞事。我很幸運遺傳了父親克服難關的堅強意志及耐性。二十多年來，我像補破網那樣，把過去所有的不良嗜好一一戒除，慢慢站起來，不再是被人看不起的敗家子，獲得了自尊與自信。

我很希望父親的笑臉能夠因爲我的新生而多多地出現在我的夢中……。

阿公的栽培

王贊煜（王水柳的孫子）

一直以來，對於阿公的思念及感恩，隨著年齡增長，竟越發憶起思甜。我從小與阿公住在新店，睡在同一個房間，對阿公非常敬畏。阿公生活起居作息一貫，他的守則是：晨昏定省，有恆、有毅力的執著，嚴以律已、寬以待人。已經八、九十歲高齡的他仍然晨起親自種菜施肥，再分配給眾子女及來訪的親朋好友，讓大家共享有機蔬菜（地瓜葉、空心菜、絲瓜、匙仔菜、波菜、玉米等）。但我那時年紀小，不懂得這就是一個精神的典範！

最使我耿耿於懷的是阿公對我的教育，我當時不了解阿公教導我的用心良苦，曾經有很長的時間無法原諒阿公，但自從專校畢業後進入社會，在許多人生歷練的過程中我才了解，阿公對我的作爲就是一種機會教育。

大約是二十五年前，我念高中時，有一天由學校回新店山上的住處，因爲不想走上山的斜坡路，隨手揮叫計程車上山，我身上沒帶錢，心想：反正阿公、阿嬤在家，他們會付車錢。到家時，阿公正在菜園種菜，我飛奔跑向阿公，說：「阿公、阿公，計程車費八十元！」阿公立刻掏起口袋，我看到千元大鈔一把，但又見阿公思索一下，馬上將錢收起，問我：「你沒錢，怎麼可以叫計程車?!你自己去負責！」我聽了嚇一跳，趕緊跑向阿嬤房間，可是她不在，我心想：「慘了！」又跑回菜園，見阿公正在與司機講話，他說：「我不會付錢，你再帶他下山，叫他自己走回來！」司機很生氣，把我抓起來塞進車上，卻是往山上開，不多久車停住，他問我：「你要還錢還是要命?!」我嚇壞了，全身發抖無法言語。之後，司機臭打了我一頓，把我丟在山裡，就開車走了。我受了傷，踽踽走下山，這段路程比我由山下走回住處還要遠……。一個人獨自走在回家的路上時，我非常地憤怒，心想：阿公怎麼可以這樣對待我！那股怨恨久久不能釋懷。

直到我進入社會，由基層工作做起，我才漸漸地了解到阿公的用心良苦，也明白了身教的道理。之後，我在評估業務及財務規劃時，自然地會先以本身的條件去衡量，絕不會做我能力不足的事！這才讓我日後成爲兩家公司的經營者。我由衷地感恩阿公對我的培訓及指導，讓我懂得以一步一腳印、腳踏實地的方式經營公司。

今天，我有機會在以發揚阿公一生認眞行事的風範爲目的而出版的這本新書中，表達我對阿公恩賜的由衷感激。我希望天上的阿公看到今日的我，會很欣慰我沒有辜負他的栽培。

阿公，我以您爲榮！

您是我的精神標竿！

您是我心目中的榜樣！

我思、我愛、我敬仰

王淑堅（王水柳的次女）

因爲有愛同行，即使在天之涯、地之角，
在那溫煦的愛，讓我不斷成長，讓我生長智慧。
走過風雨歲月，越過篳路坎坷，讓我堅強忍讓。
因，「我思故我在」。
我知道有一雙手在扶持我，讓我勇往直前。
我知道有一顆心在我心中，讓我平步青雲。
您是我所敬仰的父親！
在我心中音容宛在——直至永遠長存！
我思、我愛、我敬仰！

四月二十四日對我們而言是終生難忘的日子。這天是我們一家刻骨銘心的悲慟，一家三兄弟、四姊妹、媳婦及女婿等陪著心愛的父親走完人生最後的旅程，一如我父親所願，兒女皆旁侍在側。他滿足地含笑而逝，沒有痛苦，交代不用鋪張、不要誦經，莊嚴肅靜。他與每個家屬握手，並叫著每個人的名字，一一話別，並以微弱之聲音祝福每個人。在場之每個人皆忍住悲傷，到最後他說「我陽壽已盡，必須先走了。我很滿足，這三個月以來，受盡兒子、女兒、媳婦、女婿及外孫崇堯、孫媳妤娟的盡心照顧，很感謝你們。你們都很孝順，兄弟姊妹要和睦相處，不要悲傷要安靜。」然後他閉上雙眼拿著氧氣筒，雙手緊握爲時十時四十五分，在這段時刻全體肅靜哀傷，至十一時十五分四十五秒完全停止呼吸。

家父在民國八十一年一月十一日，因重感冒入院，在院這段期間，自知年已屆九十五歲高齡，對此次入院不具樂觀。因此三兄弟、四女兒在照顧期間，他利用機會告訴我們一些他童年之趣事，創業文山茶行之發展史及二叔王添灯歷難記。父親以他超凡之意志力與病魔抗鬥，憑著堅強的智慧理性處理他未完成之事：諸如新店安坑國小獎助學金、新店祖祠重新裝修之事、大化佛堂、綿長圖書館成立事宜，及王水柳慈善基金會成立等事項。當他老人家在加快腳步完成他自己的心願時，同時不忘每日要家屬唸報紙給他聽，並要我們將他每日之生活摘要完全記錄下來，以供給醫生定期檢查參考之。

二月十八日出院時父親身體幾近康復中，每日仍定時坐禪、聽報紙新聞、打電話處理一些事宜。惜在四月九日又感身體不適，旋又入院檢查，至四月十九日他要所有的家屬立在病床前，宣布退院。在他的堅持之下，我們經醫生同意，辦理退院手續，先回長安西路十二樓，時爲晚上七時。他神情鎮定，要我們全體去睡覺。四月廿日晨六時，他要我們叫救護車送他回新店自宅。

在救護車直奔新店時，他一度停止呼吸，妤娟（大姊長媳）曾在長庚醫院上班，具有豐富醫護常識，鎮定地爲他打一針強心針，並叫著「阿公不要睡覺，新店快到了。」父親以他的意志力又甦醒過來。

七點五十五分到新店時，他睜開雙眼，回視佛堂並問現幾點，然後又說還有三個多小時，可以準備。當他又回到自己房間時，他要我們抱他上廁所，第一次沒有尿出來，又上第二次，亦沒有成功，到了第三次上廁所時終於尿了一百CC。

休息片刻後，他說：「我目前神智清醒，將開始叫你們的名字：妤娟、堅仔、婉仔、惠子、寬仔、安邦、定國、耀東……」等。當他看到已離職的素珠來看他時，他說：「啊！我忘了還你水果錢三百廿元，等一下還你。」又一一與其他附近因聽到救護車聲音，而趕上來探視的親友話別，並叫他們的名字要他們保重健康，並說要先走了。

然後父親交代要清洗身體，並戴假牙、梳頭。此時他已無力氣可說話了，我們聽不懂，他只好用寫的，寫了兩個字「西裝」，當時我們再回問是「長袍馬褂」還是「西裝」？他點頭要長袍馬褂。我們迅速爲他更衣，最後他用不出聲之口語說「帽子」及「照相」時爲十時二十分。

照完相後，他自己拿起氧氣筒閉幕含笑，雙手緊握。他是那麼地尊重自己、尊重生命，但並不畏懼死亡，視死如歸之精神，令天地同悲。眼看著自己至愛的父親，一步一步的步入人生的終點，眞是悲哉、難耐！但見他神情、姿態又是那麼地安詳、寧靜，沒有痛苦，心臟慢慢隨著時間「的答」、「的答」的飛逝而停止跳動，也扭痛了我們每個人的心！我們這些做兒女的，眼睜睜的忍淚，束手無策，等待著殘酷的事實的來臨，但同時也爲自己的父親感到驕傲和尊敬！

最後必須感謝在長庚醫院時經王永慶董事長的愛心照顧，醫生全力醫護及腸胃科權威邱正堂醫生仁心仁術全力配合，得以讓我父親能在短短三個月完成他的心願，在此一併致謝。

在寫這篇文章時，我是一口氣的寫到底，毫不猶猶豫豫！

因爲我理解到我崇高的父親在選擇尊重自己的生命及尊嚴時，是以自己的行動讓三代子孫跪在身旁目睹自己勇氣、睿智，讓後代子孫了解生命是在生死一線間，可以是那麼地接近卻又是那麼地遙遠，只是在那一刹間。

這是勇者的象徵！

讓後代子孫引以爲典範！

父親的愛

王淑寬（王水柳的三女）

我的童年是在充滿茶包、茶葉香和工廠隆隆作響的製茶機器聲，以及茶師傅們辛苦努力工作的汗水中，快樂度過的。

那個時候，每天一早，父親的「起床啦！遲到啦！」的呼聲，就是我們幾個姊弟妹的定時鬧鈴，而我們賴床的結果，即是一個個讓父親掀開了棉被，再勉強地起床走到餐桌前。至今，我還清晰地記得：餐桌上，依我們的年齡順序排列著一杯杯熱牛奶；杯底壓著寫有我們名字的字條；字條下放著父親給的零用金。當時，我們喝著熱牛奶，吃著抹上了厚厚奶油的土司麵包，僅僅感覺到了父母的體貼，卻完全不曉得這些物資在那個年代是多麼的昂貴，也不曉得父母親寧願自己長期吃著簡單的稀飯和豆腐青菜，卻告訴我們奶油好吃又營養的用心，其實就是他們自己捨不得吃。

父親持家甚儉，但他對子女的愛卻是毫不吝嗇的。

初中時，我的學校在士林，搭公車不很方便，我於是吵著要腳踏車代步。第二天，父親立即帶我去買了一輛粉色女用腳踏車。當時，能擁有女用腳踏車，在學校又可掛牌停車，是件很稀奇的事呢！直到今日，我都還能感受到在我上、下課，迎著日光迎著徐風輕撫臉龐及髮梢飄逸時，父親所給予的愛的幸福。

高中時，我和淑堅姊、淑婉妹三人同時住校，每逢週日懇親會，父親就會搭往淡水的第一班火車，然後步行約十分鐘，再沿著山坡路抵達學校。宿舍座落在前荷蘭人的建築內，環境清靜幽雅、寬廣、美麗，但清晨中，校門深鎖，父親隔著鐵門呼叫，卻無人回應，無奈之下，年近七旬的父親只好爬上高聳的鐵門，再翻身而下。就這樣，我們姊妹三人，總是在第一時間，得以會客。驚訝之餘，既爲父親的安全捏把汗，但也充分感受到父親對我們的濃濃的愛。

一九六六年，剛滿十八歲的我，儘管只會日語發音，但是在父母以無比的信心支持，給予我勇氣，作爲我去適應國外生活的後盾之下，我出發到達日本東京念書。這段時間，我爲了增加語言能力，下課後便去打工，連暑寒假也打工，這才初次了解到工作的辛勞，這些經驗對於長期受到父母百般呵護的我來說，是一種成長和磨練，同時也令我更加珍惜在學校念書的機會，我於是認眞地拿到二份畢業證書，並利用學校寒暑假的體育課程，學習冬天滑雪、夏天划船以接觸大自然的教育，也參加了留日同學會所辦的旅遊，充實在校生活。二年後，父母來日本探望陸續到日本留學的我，以及淑堅姊、淑婉妹，他們看見我們三姊妹住在四疊榻榻米大的窄小空間裡，十分不捨，馬上就爲我們更換成九疊、有隔間廚房的房間。這分關愛，點滴都在我心頭。

婚後，父親的安排使我的經濟得以獨立，如今隨著我年齡的成長，思想的成熟，回望過去，包括學習如何持家，如何教育子女，如何維持婚姻上所需有的折衷、溝通及包容等等，都和父母親給予的一切，緊密相連……。對此，我有著無限的感恩和惜福。

父親晚年決定在新店擇地建造地坪三百坪、三層樓高的「大化佛堂」。記得一九八四年起，父親在山坡下臨時搭建的工寮內，開始長達二年的監工生活。我記得在工地尚未申請到水、電的時候，每每夜晚，我們回家探視父親，望著工寮，卻只見父親穿著白色內衣和長內褲，在黑暗中向我們一面揮手一面移動，回想父親當年在艱難的環境中，遠離人群、獨守工寮，那種毅力及定力，眞正使人佩服。

「大化佛堂」如期在一九八六年完工，紅柱的廟宇，庭院沿著樓梯下到工寮，兩旁樹木及花種扶疏，加上父親的白髮白鬚，白色的長縱眉，一副仙風道骨。但父親依舊在工寮內閱讀記寫，並且在工寮旁闢地種植蔬菜、蘿蔔、花生。將近九十高齡的他老人家，仍親自按時令施肥、灌溉，讓我們了解食物得來不易及感受採收時的滿足。

父親除了禮佛之外，對於耕作和新聞閱讀、政治評論也多有關注，並且無時無刻不在吸取新知，以開闊自己的人生觀及世界觀。父親這種集智慧、堅忍於一身的生活態度，給了我們多方面的啓發。

一九九一年，母親辭世，父親日漸衰弱了。醫院診斷他有肝腫瘤，我們決定瞞著父親。但他因腹脹，在長庚醫院，接受大針抽出血水時，躺在病床上的父親瞄到了，他堅持當天即刻退院回家。

一九九二年，勇於面對、接受病體的父親，自主拿掉氧氣管，安穩祥和地，讓一切塵歸塵，土歸土，回歸大地，遺愛人間。

對於父親的愛，我無法用筆形容表述，只能簡單觸及往日情懷，卻有感動、感激與感恩，即是「用心」來感受父母所給予一切。二十年的沉澱，二十年的回顧，當年「用心」體會父母的愛，很幸運自己在他們有生之年，在我的能力範圍內，竭盡己能「用心」去回饋。

感謝父親以勤儉、量入爲出，對子女、對生活、對危機處理未曾有過鋒芒畢露、內斂的生活態度，在教育上給我影響深遠，也成爲我教育傳承給下一代的範本。

愛要付出，愛要寬容，愛要溝通，愛要學習，愛要珍惜，愛要擁抱，愛要惜福，愛要分享，愛要感恩，愛要擔當。這是我從父親身上學到的愛的哲學。

父親的味道

王淑婉（王水柳的么女）

我出生的時候，父親已經很老了，記得我還很小的時候，他常常把我攏在懷裡跟姊姊們說：「這個孩子（台語）這麼小，我不知道能不能看她長大！」那時候小小的我已經看懂他眼裡的疼惜。

我這一生最快樂無憂的時光就是作父親阿母的女兒那一段日子，那時候的我什麼都不懂，天眞又任性，反正天塌下來有父親、阿母頂著，就算是淘氣，前面有三個姊姊擋著， 直到婚後，我離開了父親、阿母的羽翼，才開始經歷風雨。

今天父親最小的女兒也行至暮年，更能體會父親當年的辛苦，他對阿母親愛忠誠，無微不至，對兒女盡情付出，無怨無悔，對待自己清苦節省，如同苦行僧，常常我看到他的早餐只是一塊豆腐乳和醬瓜，和著稀飯將就著吃，有時候隔夜的菜捨不得丟，也當作一餐，記得小時候，茶行不忙的時候，父親會親自幫我們作早餐，烤完麵包再塗上厚厚的阿羅利奶油，然後以熱開水泡牛奶一邊以湯匙攪拌奶粉，一邊吹氣，等涼了再盯著我們喝下去。我們吃完早餐後他會拉著我的手送我到茶行的門口，每次走了一段路，回過頭，都會看到父親笑容滿面對我招手，如今回想起來，滿懷溫暖感恩！

父親的肩膀是我們每一個兒女的港灣，他在茶廠是一個嚴肅的頭家，在孩子眼裡，是一個慈祥的父親，有時候，他和阿母會帶我們幾個孩子去北投光明路花園別墅度假，晚上，月兒初上，滿天的星斗亮晶晶，飯後，他就在韓國草坪插上四隻竹杆，搭起蚊帳，架兩張摺疊床，鋪上草蓆，我們幾個孩子蹦蹦跳跳的去拿父親的枕頭，再搶著躺在他伸出的手臂上，我最小，總有辦法擠進靠近他腋窩的位置，父親身上有一股混著茶葉香的氣味，好聞極了。我很喜歡聞他身上的味道，再以我小小手臂環繞著他的肚子。六歲童年的眼睛穿過蚊帳看著閃爍著星光的夜空，世界是如此的飽滿美麗……

父親在新店永業路蓋起的大化佛堂圖書館，有近一百個座位，牆架上擺放著他數十年收藏的書讓人自由翻閱，讓附近的學子可以就近安靜讀書，佛堂前面鋪滿著韓國草坪種著山茶花、杜鵑花和幾株日本山櫻花。

每年春天的時候，粉紅色的櫻花吐著點點花蕊，整個花園裡的花兒燦爛盛開，香氣滿庭，在二樓的佛堂的女兒牆可以瀏覽半個台北市，高齡的父親又在新店的山腰上建立了另一個桃花源。

父親晚年罹患關節炎，不良於行，依然在大門進口處闢了約一百坪的菜圃，我們回去看他和阿母，一進大門就看到他老人家戴著斗笠在菜圃裡鋤地，種高麗菜、白蘿蔔，還有地瓜葉，看到我們來了，他就放下鋤頭，呵呵笑得很開心，有時候我們會陪著父親拔蘿蔔，幫著他鋤地鬆土，他很快就放下鋤頭，攬著我們就近去旁邊以木板搭起來的工作室喝茶聊天，約一個鐘頭光景再爬好幾個石階上去看阿母，往往我們陪父親阿母吃過晚飯，看完電視新聞要回去的時候，父親會將一把又一把的青菜放在一個很大的塑膠袋讓我們帶回去，幾乎一個禮拜的時間我都不用上菜市場買菜。

父親雖然走了很多年，但是他在我的心中一直沒有離去，當我遇到人生重大轉折的時候，他的音容笑貌就會出現，告訴我該怎麼作，父親一直活著，活在我們每一個做兒女的心靈深處，影響著我們的人生。

我一直記得他的味道，記得他的笑容，記得他的聲音，記得他半夜起床幫我們蓋被子的樣子，記得他在我胃痛的時候以他的大手牽著我的小手帶我去民生西路的林茂內科看醫生，更記得他在我心情低潮的時候電話另一端沙啞的聲音：「回來吧！」

一直到今天，我還是會夢見他，夢見他白髮皚皚白衣飄飄拄著拐杖站在大榕樹下面，目送我們離去，而我還是那個一步一回頭的小女兒……

我的貴人

徐崇堯（王水柳的長外孫）

在成長的過程中，經常聽到周遭的親朋好友述說遇見貴人相助的事情。起初，我總是好奇貴人是誰？漸漸地，我知道貴人是什麼意思了；我也好奇地想著：自己未來的人生道路會不會遇見貴人？我的貴人又會是誰呢？

因為父母的關係，我從小就住在茶行。自有記憶以來，阿公就一直在我的生活裡，從未離開過。我想我應該是跟他最有接觸的外孫。小時候，我的遊戲間是堆滿茶包的倉庫；想想看，在那麼大的倉庫、那麼多的茶包堆中間穿梭，玩著捉迷藏遊戲，是多麼有趣的事啊！我記得，那個時候，阿公要找我，就必須到茶包堆裡去呼叫我的名字；可我有時會想製造一些緊張的氣氛嚇嚇阿公，就故意躲起來，讓他找不到。

阿公有沒有因此被我嚇到，我不記得了。不過，我倒是記得，有一次，阿公帶我去淡水河岸的第九水門附近散步。後來，阿公跟正在玩耍的我說，他要去「放尿」，可一段時間過後，我才驚覺阿公怎麼不見了?!我隨即放聲大哭。一些路過的人停下來關心，我也不管三七二十一，牢牢地抓住一個陌生人的手，就這樣一路哭著，往回家的路上走去，最後，終於憑著記憶回到茶行（我至今都還難以忘懷那種驚怕的感覺）。阿公和父親慌張地把我接過去，不斷地向那位帶我回家的人鞠躬道謝，可那個人卻說是我帶他回來的不用謝他（後來這個人還常來茶行看我）。

這事件發生過後，阿公可能覺得他有疏失吧，從此帶我出門就沒有再讓我離開他的視線。這是我和阿公在我童年時期的一個難忘的記憶。

後來，隨著父母事業的發展，我們全家搬離茶行，住到濟南路。我上了國中，茶行也改建成大樓。記憶中，每逢假日，我們都會回阿公家，吃阿嬤煮的素菜。阿嬤煮的素菜很好吃，尤其是髮菜湯羹更是一絕（年近半百的我還是非常懷念它的滋味）。國中將畢業時，爲了準備聯考，需要清靜的環境讀書，我就回到大樓，跟阿公阿嬤一起住了大約半年。這段期間，他們兩位老人家還不時燉雞給我吃，補充體力。想到他們茹素都已經四十多年了，爲了我卻如此付出，眞的很令我感動。

幸好，我後來也考上醫專，做爲回報。我記得，去新竹讀書前，我和阿公閒聊時提到，我想燒掉那些已經翻閱到有些破舊的參考書和課本。沒想到，阿公卻少見地對我表達他深不以爲然的態度，他說我應該將書捐給圖書館或是給予有需求的人；他還說我們活在世上一定要懂得「惜人、惜情、惜物」的道理！就在那個當下，我受教不少，也了解到阿公對人事物的看法。這對我後來的人生，都有很正面的影響。

退伍以後，我帶著妻子到澳洲半工半讀研究所。爲此，年近九十高齡的阿公還特地和阿嬤去澳洲看我們。我心中的感動，當然不可言喻。新婚未久，對夫妻相處之道還不很了解的我就趁這個機會問阿公，他是如何與阿嬤共處五十年的？阿公先是說就一個字，忍；接著又說，這自然要有愛，才會願意如此，道理聽起來很簡單，但不見得人人都做得到！從阿公的教導中，我知道，人生要不斷的學習，才能提升到自我寬容的境界。

一九九一年，母親爲要完成阿公和阿嬤的心願，帶著九十四歲的阿公和八十六歲的阿嬤，先去日本拜訪故舊；再轉往北京，遊覽阿公一直想親眼目睹的長城和故宮；接著，又到天津查訪當年茶行開設的店面。在旅途中，阿公的膝蓋已經有問題，很不舒服，所以一路上都以輪椅代步；但是在某些狀況下，他卻堅持要給阿嬤坐。從這點，就可以了解阿公對阿嬤的細心和體貼。這一次，其實也是他們兩位老人家最後一次的出遊。回到台灣不過十多天，阿嬤就意外過世了。慶幸的是，我在旅途中幫他們照了一些相片，而這些相片至今都是我們家族懷念他們的最佳影像。

阿嬤過世的那一刻，阿公著急地打電話到我們家裡求援。電話正巧是我接的，我馬上駕車，陪母親前去佛堂。抵達後，阿公一直告訴我說阿嬤的體溫還是熱的，要我快抱阿嬤去醫院搶救。其實阿嬤是因爲沐浴泡湯心肌梗塞而過世，身體微溫是必然的；但是爲了不讓阿公難過，我還是抱著阿嬤趕到醫院搶救，好讓阿公能在心理上稍稍平衡。但無論如何，還是無法讓親愛的阿嬤回來了。

阿嬤的告別式舉辦以前，我幾乎每天晚上都去新店陪阿公。阿姨、姨丈、舅舅也都有輪值，我們大家都深怕阿公太傷心難過了。我以往跟阿姨、姨丈、舅舅相處不多，對他們不甚了解，但有一點我很肯定，那就是大家對阿公的敬愛是眞實的。回首看看現今的社會，能得到多數子女敬愛的父母有多少？而阿公卻能在複雜的家族中取得眾人的尊敬及愛戴，這絕對不是容易的事！我在這段時間裡，每天晚上都和阿公閒聊，幸運地，也從他那裡學習了與人相處的道理，以及對外界事物的看法。我想，在阿公的眾多孫輩裡，我一定是最幸運的一位。我所獲得的，是阿公的身教以及言教，而這無形的資產，深刻印入我的智慧之中。如果有人說我是個幸運的人，那也莫過於是這個了。

一年過後，阿公也因爲肝癌過世了。我們大家都認爲阿公的病是因爲阿嬤的離世才引起的。我想這或許是的，但也或許是阿公的人生要先畫下一個段落吧。

阿公即將斷息時，他所有的子女輩全部守在身旁，但孫輩只有我和妻子妤娟；看著阿公就要離我們而去，大家都十分感傷。但阿公卻豁達地一一向我們告別，並且感謝曾經照顧他的人；最後他要我抱他去廁所解尿，然後再兩腳踏地，回到床上，自行拔掉氧氣罩，然後面對死亡。此景，至今深深烙印在我的腦海。我的阿公是人生勇者！有這樣的阿公，我的人生何其幸乎！

這一次，因爲我的母親決定要發揚阿公的爲人風範，特地成立「王水柳文化基金會」，將阿公停頓了二十年的生命重新開啓一個新的階段。而基金會的第一件工作就是替阿公的一生行誼出書。我想：「平凡之中的不平凡」，可以是對阿公人生的一個最好的詮釋。

如今，年近知天命的我要說：我的阿公，就是我最親近的人；他在我的內心裡，始終未曾離開過！至今，阿公和阿嬤，還是我最最懷念的人。也是這時候，我才驚覺，原來我的貴人一直就在我身邊；他，就是我的阿公王水柳。

王水柳先生大事年表

王水柳文化基金會

祖　籍：中國大陸福建省漳州府南靖縣金山水頭前堀仔後人氏。

來台祖：王感，清朝乾隆時代移民台灣；生四子：長子私江、次子私河、三子私基、四子私葉。私葉後回中國大陸柳州，後世不明。

私河公：生五子：長子守才（王三才）、次子守海、三子守權、四子亡，五子守灘。三才公於嘉慶初年，與暗坑附近先賢游源昌等共八位集資，向原住民墾主購地闢建太平宮，共同自漳州府移奉保護神開漳聖王來台。

守灘公：中醫師。生五子：長子榮華、次子榮瑞、三子太極、四子孔華、五子文通。

太極公：生三子、三女：長子王清廉、次子描庄（跛腳不得行動無結婚）、三子委九青（啞口不能言語亦無結婚）。

清廉公：食鴉片煙，妻朱玉，生三子、三女：長子王綿長、次子王樹木、三子王文龍，長女王璸娘（送妻妹爲養女在台北市與林某結婚生子，林玉生移居高雄市）、次女王玉葉（夫蘇全，住新店廣興〔九重埔〕後，移台北萬華後車站）、三女王田螺（夫陳海，新店安坑十四分，生子陳水土外六名）。

綿長公：配妻王許有，生四子：長子王水柳、次子王添灯、三子王進益、四子王忠信；長女春英適高榮世，次女秀琴適林春生。

一八九八：**三月二十七日，生於台北州新店庄安坑大坪頂十一番地。**

一九〇一：二弟王添灯出生。

一九〇三：三弟王進益出生。

一九一〇：台灣與南洋之間直通航線開設。台灣銀行開始提供以船貨證券作擔保的長期低利資金，壟斷台灣茶葉外銷金融。

一九一一：台灣施行日本貨幣法，完全統一於與日本相同的金本位制度。台灣銀行出版《烏龍茶葉的概況及其與茶業金融的沿革》。

一九一二：父親王綿長向安坑三城廖清江租田地甲餘經營稻作。

一九一三：台灣總督府發布台灣產業組合規則；在茶園茶農和粗茶業者之間開設事業信用農會；以台灣銀行爲首的現代金融機關通過農會對茶農進行安全的貸款。

一九一四：第一次世界大戰爆發。

台灣總督府把台灣茶商公會（一八九七設立的郊商同業公會）改爲台北茶商公會，組織茶館、茶棧、茶販、經手人、茶箱商等。

王綿長因稻田被他人搶租，無田可作，投資堂兄弟王查某承租開採的廷寮坑石炭礦十分之一股份，並前往海山郡枋寮庄（中和）柯仔崙炭礦工作，支領薪俸。

三月三十一日，安坑公學校第一名畢業；跟隨父親前去廷寮坑石炭礦雜貨店幫忙。

一九一五：台南玉井西來庵事件，台灣人民武裝抗日鬥爭告一段落。

王添灯修畢安坑公學校六年課程。

一九一六：株式會社新高銀行設立，資本額五十萬圓，以供給茶業資金爲目的。

一九一七：妹妹王秀琴出生。

一九一八：**一月回安坑做農。奉父命，與屈尺鄉林明火的妹妹林查某結婚。**

十月初一，與二弟添灯前去嘉義縣阿里山，通過母舅許興找工作。

十一月十一日，第一次世界大戰結束。

台灣總督府獎勵大茶園，特別是使小生產者設立組合或公司。

一九一九：**王綿長借用王水柳寄存母親的三千元作資本，向茶農收購茶葉，改作茶販。**

二月間，王添灯由友人陪同回安坑。

農曆三月初一，向山林課辭職回安坑。

安坑區長林波當選太平宮管理人。

一九二〇：**任職義祥行。**

一九二一：**義祥行派往淡水、汐止等地採購石炭，販賣南部各地的工廠。**

拜託安坑區長林波與派出所保正讓失業中的二弟添灯當保甲書記。

四月十七日，台北鐵道株式會社興築的萬華至新店鐵路通車營運。

一九二二：**一月四日，長子王安邦出生。**

一九二三：六月，台灣總督府發布台灣茶葉檢查規則，設置以茶業工會或公司爲工會會員的自由工會——「台灣茶葉共同販賣所」。

辭義祥行職，回安坑與父親共同經營茶業。

十月，王綿長向賴桃源先生買入大坪腳三分五厘之田地自耕，年產稻穀三千斤左右。

十二月間，當選頂城保正（村長）。

一九二四：**與父親繼續經營茶葉生意，非常順利。**

台灣茶葉共同販賣所更改組織爲台灣茶葉產業組合。

王進益考取公學校教員資格，講習四個月後派任基隆馬煉公學校教員。

一九二五：**取得安坑茶農的信用，茶業經營蒸蒸日上。**

王添灯任職台北州文山郡新店庄役場庶務主任。

一九二七：三月，日本金融大恐慌。

農曆七月二十三日，父親王綿長逝世。

負責處理父親喪葬事務，擇頂城公共墓地，於四十天後安葬。

從此獨自經營茶業。春茶自售；夏季則與新店青潭高良先生合股經營夏茶，銷售烏龍

茶再製茶給台北市英商華利洋行、義和洋行、德記洋行、美時洋行等各外國人經營的洋茶廠；秋茶自營。每年獲利順利。

一九二八：**被選為安坑信用組合理事。**

林波逝世。太平宮管理人從缺。

一九二九：王添灯轉任台北市役所社會課雇員，結識艋舺愛愛寮主持人施乾及其助手周合源。

一九三〇：王添灯改任東洋醫道會台灣皇漢醫界社日文部編輯主任。

王進益日大經濟科畢業後與王萬德、周合源等無政府主義青年創刊《伍人報》，擔任「營業係代表」。

一九三一：九月十八日，日本帝國發動柳條溝事變，占領東三省。二十一日，英國停止金本位制；資本主義世界的金本位制從而崩潰，世界貿易陷於痲痺狀態。總危機漫無止境地持續發展。

王添灯接任台灣地方自治聯盟台北支部主幹。

一九三二：**三月，與友人張西河、劉宗妙、黃漢水共創株式會社南興洋行（南興股份有限公司），擔任取締役（董事），經營茶業，以源美茶行包種茶商標輸往印尼之三巴籠銷售，年有三十萬斤左右之數量。**

四月，與二弟添灯商議創立文山茶行，擔任董事長；輸出日本琉球那霸市。

十一月十八日，次子王定國生於安坑大坪頂祖厝。

一九三三：**興建安坑王家祖厝。**

三月六日，加入陳清波創設的台北第二信用合作社，並被選為社員代表。

一九三四：**文山茶行在大連開設支店。**

一九三五：**將父親墓穴開棺拾骨，葬于大坪腳自己土地。**

四月，被選為太平宮四名管理人之一。

十月二十五日，第一回內台茶業大會在台北召開，決議設置台灣茶業統制機關。

一九三六：**被選為台北第二信用合作社監事。**

一九三七：**二月二十二日，文山製茶株式會社（股份有限公司）成立，擔任董事長。**

三月六日，與王連河等卅五名宗賢發起組織王姓宗親會。

七月七日，中日戰爭爆發。**王姓宗親會籌備工作被迫停止。**

八月十五日，台灣軍司令部宣布：台灣已進入戰時體制，實施燈火管制。台灣總督府實施皇民化運動，廢止台灣寺廟，改祀日本神祈。**太平宮即開庄民會議，決議改名碧潭寺，並派王水柳為代表，前往日本人的萬華弘法寺（今媽祖廟）聘請一名師父為住持，同時恭請觀世音菩薩前來鎮殿，以維持太平宮之安全存續。**

一九三八：**五月，文山茶行設支店於天津市針市街。**

王安邦安坑公學校畢業後往文山茶行做小工，再考入成淵私立中學校夜間部。

七月，台灣實施戰時經濟統制。

一九三九：**被選為台北第二信用合作社理事。**

八月三日，台灣茶輸出實施許可制。限制「圓域向」（日圓流通圈）的輸出，以加強振興台灣茶「第三國向」（主要指英美與南洋諸國）的輸出。九月三日，第二次世界大戰開始。九月二十二日，第三國向台灣茶輸出組合成立，規定業者必須加入，再依據過去三年（一九三六至一九三八）輸出數量的平均值作為配額，申請許可後輸出。

一九四〇：與邱寒梅女士同居於台北市港町李泰山先生之松記木材行四樓。

王安邦成淵私立中學校夜間部畢業後派赴文山茶行那霸支店，幫助曾茂販賣茶葉。

農曆六月十日，王淑惠生於松記木材行四樓。

一九四一：三月間，為因應明年一月起台灣土地不得買賣的變局，與二弟添灯及三弟進益以父親名字組成綿長產業股份有限公司，在屏東東港買入五十甲左右之田地。後來，又以邱寒梅名義在宜蘭縣宜蘭市竹林及冬山鄉九份分別購買一甲五分和二甲五分之田地。

十二月，太平洋戰爭爆發後疏開至故鄉之新店安坑大坪頂王姓祖祠居住。

一九四二：七月二十三日，四弟王忠信因感染肺病從那霸返鄉，八月二日病歿，得年二十九歲。

因海上交通時被盟軍封鎖，台灣茶唯一銷路僅為日本及東北各省。

一九四三：六月，王安邦從那霸支店返台；二個月後，再赴大連支店服務，販賣茶葉。

農曆十二月十六日，王耀東生於松記木材行四樓。

一九四四：本年起至光復，因對外交通完全斷絕，台灣茶無法出口。

台灣茶業已走向衰落斜坡。

一九四五：四月，台灣銀行拍賣文山茶行所租之房屋，新竹人陳振查得標。

八月十五日，日本無條件投降。

十月，安坑軍管區向王水柳交涉，強借太平宮大殿為營舍；開漳聖王金身與各神明乃移王氏祖厝暫奉。

十月中旬，移回台北市松記木材行四樓居住。王安邦從大連轉往天津。

十月二十五日，台灣區受降典禮在台北公會堂舉行。台灣光復。台灣省民從今日起回復中國國籍。

十二月七日，台灣省農林處開始接收日本在台灣經營之茶業。

十二月十六日，王淑堅出生於安坑大坪頂王姓宗祠內。

十二月，台灣省茶葉商業同業公會（簡稱茶商公會）改組；王添灯（文山茶行兼台灣省茶業股份有限公司負責人）當選理事長。

以綿長產業股份有限公司負責人身分加入台灣省茶葉商業同業公會為會員。

一九四六：王添灯當選省參議員，三民主義青年團台北分團幹事兼主任、《人民導報》社長等職，同時結合進步知識份子創辦《自由報》。

王安邦於五月中旬由天津乘船回台定居。

台灣省農林處對日本在台灣經營之茶業的接收工作於二月底大半完成。六月，台灣茶葉無法出口。

七月十二日，中國全面內戰開始。

十一月，茶業公司稱，台茶在國際市場上有供不應求之勢。

十二月，省農林處爲增加茶葉生產，以茶業公司名義向省合作金庫借貸六千萬元，並在轉貸茶農時一次貼足印花。

一九四七：二月二十六日，長官公署允准茶商公會代表全省近百萬茶葉關係人「撤銷茶葉出口禁令」的陳情，恢復茶葉出口。

二月二十七日晚上，台北延平路發生緝煙血案警民衝突；從而引爆爲全省性的二二八事件。

王添灯先後擔任台北市參議會組織的「緝煙血案調查委員會」委員、處理委員會宣傳組組長、處委會台北市分會主席；三月十一日，上午六時，在自宅被捕，從此音訊全無。

王安邦於三月八日結婚；十一日上午也被憲兵強行拖走，因母親及祖母苦苦哀求而釋放，入院數天，但餘悸猶存，心臟容易不規則跳動。

四月二十四日，託人帶信及署名「台北市民處理委員會旁聽者」的陳情書，給在上海的楊肇嘉，請其幫忙交涉赦免王添灯事宜。

農曆五月十八日，三女王淑寬出生於台北松記木材行。

八月三十日，文山茶行股東會議決議解散。

台北第二信用合作社改名台北市第二信用合作社，續任理事。

一九四八：**一月，聘請頂城廖順德先生看管太平宮。同年，廖順德逝世；又再聘陳錦松先生接任。**

一九四九：**身兼文山茶行股份有限公司茶再製工廠董事長及安達茶行負責人。**

買入圓環之房屋、軍人陳元良（陳濟棠）先生在北投之四百坪別莊，及台灣企業公司（台灣茶業股份有限公司）之股份。

二月五日，台北市茶商業同業公會創立，理事長陳清汾；當選十名理事之一。

五月二十日，台灣地區開始實施軍事戒嚴令。

六月十五日，幣制改革，發行新台幣；舊幣四萬元折合新台幣壹元，新台幣五元折合美金壹元；發行總定額爲兩億。通貨膨脹，舊幣如同廢紙。

十一月一日，與王連河等宗賢開始重組王姓宗親會。

十二月九日，國民政府行政院正式遷移台北辦公。

一九五〇：六月二十五日，韓戰爆發。二十七日，美國總統杜魯門聲明「台灣中立化」方針，下令第七艦隊駛入台灣海峽，干涉中國內政。

十二月十日，王淑婉生於文山茶行二樓。

一九五一：台灣區茶輸出業同業公會成立。

四月十五日，王姓宗親會在新芳春茶行成立，王連河被推選爲理事長。

當選王姓宗親會第一屆常務監事。

一九五二：一月二十三日，台灣省茶葉商業同業公會辦理撤銷。

三月十一日，連任台北市茶商業同業公會理事。

台灣茶葉輸出九百四十七萬九千三百二十九公斤。

一九五三：**擔任台灣區茶輸出同業公會理事，台北市第二信用合作社理事，台北市政府茶葉比賽審查委員，太平宮管理人，龍山寺委員，高天助治喪委員會總務。負責王姓宗親祠建築業務勸募組的工作。**

台灣茶價受韓戰影響，前途悲觀。

一九五四：一貫道孫月慧師母從香港入台。

一九五五：**當選王姓宗親會第二屆董事。**

一九五六：**三月十六日，當選台北市茶商業同業公會第三屆監事。**

王定國淡江英專畢業後任職台灣省商會助理秘書。

一九五八：**三月八日，再任台北市茶商業同業公會第四屆理事。**

當選王姓宗親會第三屆常務董事。

一九六〇：**當選王姓宗親會第四屆常務董事。**

三月十五日，當選台北市茶商業同業公會第五屆理事長。

王定國退伍後與台灣省合作儲蓄公司經理之長女結婚。

一九六一：**捐獻太平宮改建所需全部水泥。**

王定國與台北縣人王三郎在文山茶行開設報關行。

一九六二：**當選王姓宗親會第五屆常務董事。**

王定國轉入新光人壽保險公司任職。

一九六三：**四月二十六日，改任台北市茶商業同業公會第六屆監事。**

王定國自創中立商行，推銷五金工具中盤商。

一九六四：結束文山茶行的對外營運。

王定國改營螺絲製造廠，銷售海內外（至一九九四年）。

一九六五：五月二十五日，被選為台北市茶商業同業公會第七屆常務監事。

當選王姓宗親會第六屆常務董事。

一九六六：十月五日，王淑寬往日本國求學。

一九六七：三月十日，當選改制院轄市之台北市茶商業同業公會第一屆常務理事。

一九六八：當選王姓宗親會第七屆常務董事。

一九六九：四月十二日，榮任台北市茶商業同業公會第二屆常務監事。

一九七〇：四月間，通過嘉義人鐘委介紹，與王政統一同將台灣企業公司（台灣茶業股份有限公司）持股賣給東雲閣酒家主人鄭兩家；所得之款除還第二信用合作社所借之款外，分配給王安邦、王定國、王耀東各五十萬元，王淑堅、王淑寬、王淑婉三個女兒共五十萬元。

一九七一：續任台北第二信用合作社理事、王姓宗親會第八屆常務董事。

在安坑大坪山頂建設家族墓塔。

四月二十四日，王淑寬續往日本國讀書。

五月十四日，榮任台北市茶商業同業公會第三屆常務理事。

五月二十一日，王耀東與張富勤結婚。

六月，文山茶行之事務所移轉天祥茶行舊址辦公；原文山茶行之事務所讓文山企業公司使用。

一九七二：**續任台北第二信用合作社理事。**

一月十六日，王耀東長女王篠璇出生。

六月，王耀東決定設廠，經營茶業，外銷日本。九月，在淡水之橫山購地建廠。

八月三日，王淑寬與陳永華訂婚。

十月三十日，王淑寬與陳永華結婚。

十一月十九日，王淑堅與吳義春訂婚。

十二月九日，妹妹王秀琴往美國。

一九七三：**辭任太平宮管理人。**

一月七日，王淑堅與吳義春結婚。

五月二十五日，榮任台北市茶商業同業公會第四屆理事。

一九七四：**三月二十九日，向王安邦、王定國、王耀東、王淑惠發表永樂段之土地要設定協定書之事。**

四月，淡水三芝鄉之橫山製茶廠開始買茶葉製造。

七月二十九日，王淑寬長女陳郁秀出生。

七月三十日，續任王姓宗親會第九屆常務董事。

八月七日，文山企業公司由甘谷街移回舊文山茶行辦公。

十一月十四日，母親逝世；十二月三日，在台北市殯儀館景行廳告別式。

十二月十三日，有人前來商議文山茶行改建大樓之事。

一九七五：**二月六日，在文山茶行與許炳南先生簽訂建築契約。**

四月六日，文山茶行開始拆屋。

四月十日，與邱寒梅往東南亞二十餘天。

六月四日，與邱寒梅往韓國十多天。

六月十日，王耀東長子王贊煜出生。

一九七六：一月二日，長孫王贊緒結婚。

四月二十八日，王淑寬次女陳郁均出生。

六月十八日，再任台北市茶商業同業公會第五屆理事。

一九七七：**六月二十五日，續任王姓宗親會第十屆常務董事。**

九月十四日，文山茶行遷至新大樓八樓。

十月六日，王安邦次子王贊修訂婚宴。

十月二十四日，王定國長子王贊勳結婚。

一九七八：**四月十四日，柳園旅社開業。**

七月四日，文山企業公司爆財務危機。

八月二十四日，王贊緒二子出生。

十二月三十日，么女王淑婉訂婚。

一九七九：一月十七日，么女王淑婉出閣。

五月下旬，柳園旅社以六百一十萬元售出。

八月十六日，台北市茶商業同業公會理事任期屆滿。茶人生涯正式結束。

十月十三日，王淑婉長女陳柏芬出生。

十月二十五日，王定國次子王贊彬結婚。

一九八〇：十一月十二日，王淑婉次子陳逸文出生。

十二月二十五日，與徐鴻洲、王淑惠、邱寒梅同往坪林鄉，參加好友馮水來告別式。

一九八一：**開始籌備在安坑興建佛堂的計畫。**

五月十四日，王淑寬三女陳郁茹出生。

七月十八日，續任王姓宗親會第十一屆常務董事。

一九八二：**一月二十九日，與王淑惠、徐鴻洲往美國二十六天。**

八月二十四日，入院台北國泰醫院骨科，由劉堂桂醫師手術診治。

一九八三：**辭任台北市第二信用合作社理事。**

一九八五：**佛堂建設大體完成。**王政統夫婦及王英明承諾捐贈書籍於綿長圖書館。聲寶牌老闆陳茂榜的太太送賀匾與買樹木的六千元。

四月二十六日，續任王姓宗親會第十二屆常務董事兼建設部工作。

一九八六：一月間，佛堂請神入座。

六月二十四日，開始寫回憶錄，預算要費一年之工夫。

三月十八日（農曆二月初九），前文山茶行那霸支店職員林丙丁逝世；四月四日下午，在新店市華中街告別式，囑他人代理前往。

一九八七：二月二十一日，蔣經國政府宣布解除宗教禁令，正式承認一貫道爲合法宗教。

六月二十八日，永鴻公司在大台北華城後山建設的一座九曲橋通車典禮，以九十歲老人之身分與總統府資政謝東閔一同過橋。

七月十五日，零時起解除戒嚴令。

九月，政府開放國民（除軍人及公務員外），可由第三地區轉往中國大陸觀光及探親。**亦思前往視察。**

九月二十四日，與徐鴻洲、王淑惠前往德國、法國旅遊十天。

一九八八：**十二月十七日，由王淑惠、徐鴻洲陪同，與邱寒梅、王耀東前往日本大阪等地八天。**

一九八九：**一月，發送二千台斤白米給貧民。**

四月七日，徐鴻洲長子徐崇堯訂婚典禮。

七月五日，由王淑惠、徐鴻洲、簡妤娟陪同，與邱寒梅前往澳洲十五天。

九月二十一日，與邱寒梅前往王有記茶行，參加王清振母親之告別式。

十月二十五日，王定國次子王贊賓結婚。

農曆十二月十五日以前，冬令救濟新店市貧民一百名左右，每人白米三十台斤及醬油二瓶。

一九九〇：一月七日，徐崇堯與簡妤娟婚禮，由台北市長吳伯雄證婚，宴客五百名以上。

三月二日，王定國長女訂婚宴。

四月四日，《民眾日報》開始連載藍博洲先生所寫王添灯的報導。

七月三十日，王定國與徐鴻洲、王淑惠代送新台幣一百萬元給安坑國小作為獎學基金。

八月九日，王淑堅要求設立文山茶行之公司書類送她整理。

十月三十日，起筆寫祖先王三才發起建設的大坪頂太平宮沿革史，十一月十九日完成；第二天送往大陸開漳聖王原籍地印製紀念。

一九九一：一月二十九日，王淑堅道知文山茶行之登記已經完畢。

二月，將父親骨灰殖移入大坪腳墓塔之內，春秋兩祭。

二月五日，髮妻林氏之告別式。

四月十三日，由王淑惠、徐崇堯等陪同先赴日本；十七日轉往北京；十九日往天津尋訪文山茶行舊址；二十三日，由北京返台。

四月二十九日，邱寒梅逝世。

六月十八日，向王安邦夫婦及王淑惠、簡妤娟、陳永華夫婦宣告，此後要將少數土地及財物申請設立基金會，所收入要一部分貢獻社會慈善事業，回饋社會。

六月二十五日，邱寒梅告別式。

一九九二：**四月二十日，在安坑佛堂，從容地和子孫一一祝福話別後，自行取下氧氣罩，安詳離世。**

六月十三日，舉行王水柳告別式。

上：王水柳（右坐者第一位）與大稻埕各大茶商歡迎旅泰茶商返台的合影（1959.）

下：王水柳攝於英國領事館前（右起第五位）

王水柳（左四坐者）於王氏宗親會理監事會後留影（1960.）

上：王水柳曾任新店安坑太平宮早期的管理人，並撰寫太平宮沿革史送往大陸漳州祖廟（2010.李文吉攝）
左頁圖：新店太平宮沿革碑文

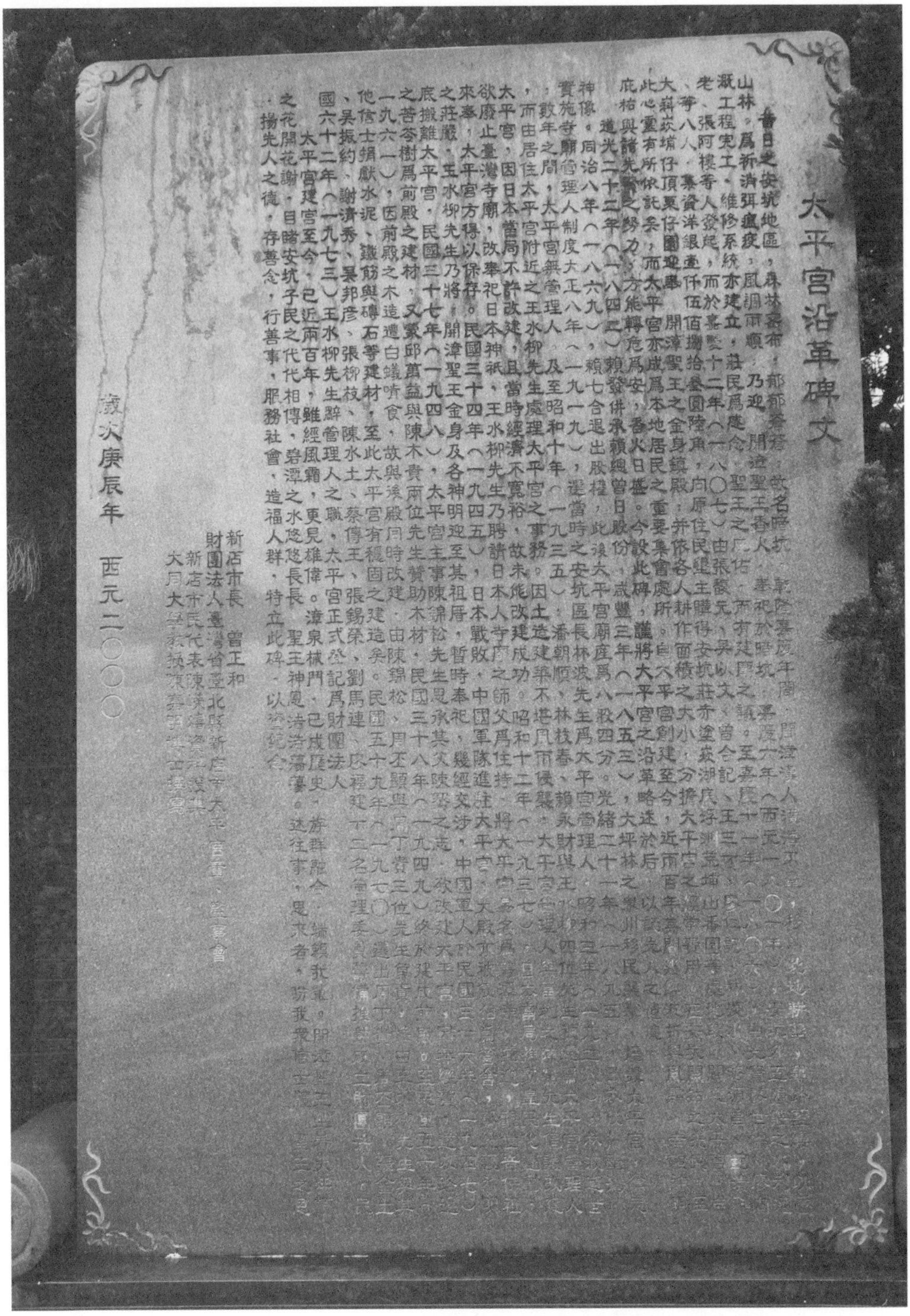
太平宮沿革碑文
歲次庚辰年　西元二〇〇〇

上：王水柳（右二坐者）與母親、家族成員合影

下：王清廉公派下歷代祖墳

上：王水柳的三個兒子（中間是長子王安邦、左是二子王定國、右是三子王耀東），在他的告別式上
下：水柳寒梅長眠之處

【工作報告】

一位台灣老茶人的輕與重

林靈（王水柳文化基金會執行長）

一

二〇一二年二月二十九日。

連續四天的「二二八假期」（都要忘了是「和平紀念日」）之後，我又來到基金會的辦公室；這裡也是當年被捕遇害的二二八事件處理委員會宣傳組長王添灯與兄長王水柳一起創設的「文山茶行」舊址。我並沒有享受到假期的悠閒滋味。因腦袋裡一直糾纏著要如何介紹我所認識的王水柳先生，以及他日記載述的文字。這只能怪自己凡事「太」認眞的態度吧。（但，認眞有錯嗎？）

在假期中，我終於想到，這篇文章的題目就定爲「我所認識的一個眞正的老台灣人精神」。我非常滿意這個題目，感覺它十分切中我通過王水柳先生的日記而認識到的一個就要被遺忘的、眞正的老台灣人的精神內涵。但是，面對電腦螢幕的空白畫面時，我卻遲疑了。「眞正的」?!我的依據是什麼?我能夠不經全面調查採訪，就擅自斷言什麼是眞正的、什麼不是眞正的嗎?我不能!問題是，眞眞假假，如何斷定?

應該也是讀了王水柳先生的日記的無形感召吧，終於，我給自己開了一帖避免眞假混淆以致曲解事實的藥方：

誠誠實實地不忘初衷；
眞眞實實地不改過程；
老老實實地不懼結果。

二

春雨驚春清谷天，
夏滿芒夏暑相連，
秋處露秋寒霜降，
冬雪雪冬大小寒。

這是先人概括農業生產積累的經驗，藉以反映四季、氣溫、降雨、物候等變化的智慧。據說，距今二千多年前，西漢的《淮南子》，就已經有了與現今完全相同的二十四節氣的名稱。

接觸到王水柳先生的人生智慧，恰恰就在我的人生處於試圖振作，勉力發奮的那段時期。

首先，我必須承認，往常，我對於先人累積的智慧，包括所謂的文化傳統，大都認爲與己無關，一概以輕蔑漠視。這樣的態度，是忘本，不知天高地厚、目空一切嗎？是吧。就因爲長期的目光所及止於眼前，我竟遲至步入中年以後，才爲了人心雖說善變，還能憑藉著自我的堅持而不變的信念，受到現實的衝擊而消沉；爲了小孩會長成大人，而我這樣的大人卻也會變成爲老人的事實而驚覺、懊惱。

原來，變，是生命的自然規律，也是大地自有的節氣。原來，還是有種活法，可以讓生命因爲有了意義而獲得不變的永生。

三

已經忘了，第一次和王淑惠與王淑婉兩位大姊見面，是二〇一〇年的幾月幾日了？我只記得，那是一個略有寒意的台北慣有的冬日吧！後來聽說，王淑惠女士宴請我們全家的那家日本料理店非常高檔。心情消沉的我原本是沒打算要赴宴的。可我先生藍博洲帶著責備的語氣說，人家已經邀請好多次了，再推辭就失禮了。也許是我經常沒弄清楚狀況鬧出不少不明不白的事，但又恰巧製造了一些談話趣味，所以我先生通常也不太主動向我交代事情原委，而我也很有分寸地不多過問，因此，我並不清楚她們是怎麼和我先生認識的？我也不知道王淑惠女士為什麼要請我們一家吃飯？我只聽我先生說她們是王添灯先生的家屬（但也沒弄明白究竟是女兒或孫女），於是，基於對政治受難者家屬尊敬和關懷的禮貌，我便「沒禮貌地」出現在她們姊妹面前了。

直到現在，我雖早已記不得王家大姊當時說了些什麼，卻忘不了她那讓人感到溫暖的照顧。對向來簡單過日子的我們一家來說，餐廳的確很高檔；高檔得讓我有點不自在。席間，服務員將一盤又一盤分好的菜肴，順序端放在各人面前；這種不熟悉的服務態度，讓我有股怯生生、不知如何下手的遲疑。王大姊善體人意地發現了，並且細心而自然地招呼著，讓我既維持自尊又化解尷尬地享用了那頓美食。更重要的是，眼前這兩位王大姊，雖然都已是六、七十歲的「老太太」了，可她們不但身材不見老態，對於未來，甚至流露著比一般年輕人（尤其是不年輕的我自己）更充滿生趣和樂觀的求知之心。我暗自在腦子裡算了算，我想，至少還要二十年，最多也有三十年的時間，我才會活到她們這個歲數；既然她們到了這種年紀還能對生活抱著擁有未知的可能，相對年輕的我又怎能如此消沉下去呢！當下，我有了重新活過來的動力。我想，我也要像她們一樣，讓自己的生活態度帶給年輕人一點正面的激勵吧。

於是，聚餐之後，我主動問了藍先生；這才知道，她們是王添灯的大哥王水柳的長女和么女；她們希望他能在寫了王添灯先生的傳記之後，進一步協助她們，把她們的父親王水柳先生的生平事蹟也整理出來，讓王家子孫及世人知道。

不過，那時候，這些事情都與我無關。

四

二〇一一年二月十四日。

這一天，我聽藍博洲說，王家大姊要安排他到坪林，採訪一位和她父親王水柳有相當淵源的老茶人。爲了強迫自己踏出家門，實踐先人「坐而言不如起而行」的訓示，從而開展自我期許的新生活，我難得主動地表示要跟去看風景的意願。

「去，可以。」藍先生語氣嚴厲地表示有條件的同意。「但，你要做筆記。」

我想，要我據實記錄，那肯定比要我天馬行空地想像來得容易許多，於是就答應了。

那天早上，我們在中山捷運站的二號出口與王大姊會合，隨即搭乘施先生駕駛的轎車，經國道三號轉國道五號；車行疾疾，一路上，高架的隔音護欄遮去大半的視野，風景還沒看到多少，就從坪林交流道下了高速公路，來到水柳腳路的祥泰茶行。

「水柳腳路？王水柳。」無知的我在心裡驚喜了一下下，並且享受著別人沒有的發現的快樂。

我沒想到，我後來認識王水柳之路的旅途竟是從水柳腳路展開的。

「這是偶然的巧合？還是命定的必然？」

那天晚上，我又上網搜尋了有關水柳與水柳腳的資訊才知道：

水柳，植物名，楊柳科，柳屬，原產於台灣，分布在低海拔溪岸或荒地；枝葉向上伸展（我一向只識得枝條下垂的楊柳），是很好的防風及綠化林種；根莖及枝葉皆可入藥，有利氣、活血、解熱的效能。

水柳樹成熟於農曆三月。魏晉才女謝道韞吟詠飛雪的名句：「未若柳絮因風起」的柳絮，指的就是水柳的果實裂開時隨風飄揚而播種的白色棉絮。

身爲貧農長子的王水柳先生，恰恰就出生於農曆的三月二十七日。這是不是先天的「宿命」呢？我不知道。

那天是立春後的第十天。坪林地區，雨霧濛濛，厚重的濕氣瀰漫在座落於茶園中的馮家老家的屋舍。我們踩著堆滿麻布茶袋的小徑，聞著空氣裡滿布著的濃濃茶香，循梯上樓。一九三四年出生，七十八歲的老茶人馮添發先生，雖然中風多年且雙目失明，卻已經杵著木杖，立在略顯陰暗的廳堂內候迎多時了。坐定後，王大姊簡短的介紹我們幾個人並說明來意。馮老先生和藹可親地笑了笑，沒說什麼，熱情地招呼我們喝茶。他自己先飲了一口，然後露出歡喜的笑容說，那是他稱之爲「馮家寶」的老茶，留了四十多年，因爲老朋友的女兒來了，心情爽快，就拿出來泡給大家分享。然後，他聲音爽朗地開始向我們述說著他對王水柳先生的印象。我顧不了多喝幾口那平常喝不到的好茶，一邊專心地聽著他的追憶，一邊在筆記本上記下我第一次聽到的王水柳先生的形象。

馮添發先生說：

我九歲喪母，跟著父親出入茶業界，十三歲開始學習獨力買茶。我買來的茶主要賣給林華泰茶行和王水柳的文山茶行。我那時只是一個囝仔，年紀和水柳先生相差了快四十歲，所以哪有可能時常讓我見到他呢？我記得，那時候，茶行的人大多怕水柳先生；不過，水柳先生見到我，總會拿糖果給我吃。那糖果好吃到讓我晚上作夢都會笑。你們想想看，那該有多好吃。

馮老先生陶醉的神情讓我都覺得自己嘴裡也有一顆王水柳給的甜滋滋的糖果了。

上：馮添發父子
下：坪林祥泰茶行
左頁上：馮添發取老茶交由王淑惠祭祀王水柳以表敬意
左頁下：馮添發談起王水柳對待山裡窮人更好更親切時的神情

馮老先生繼續說道：

水柳先生給我的感動是對人很慈善。他不會分你是有錢人或是艱苦人。他對窮人，反而更加照顧。像對我們這樣的，他就是用米來跟我們換蕃薯。當時，米是很珍貴很少見的，但他就是這麼大方。我印象特別深刻的是，有一次，我隨父親到文山茶行賣茶；水柳先生看到我就走過來，摸摸我的頭。我非常感動。爲什麼？你們想想看，他一位大老闆，不嫌我是窮人，是山裡人，走過來摸我的頭。那種感覺就好像被仙人摸頭一樣。

馮添發先生也談到了他所知道的王水柳先生與文山茶行的關係：

水柳先生的文山茶行對我們文山茶付出很多。他時常鼓勵茶農要多做好茶。若是好茶，他也都不吝惜出高價收購，該出五百就出五百。他這樣鼓勵茶農，茶農自然願意努力了。他曾經非常慈祥地鼓勵我說：「憨囝仔，你要多學習、打拚喔！」他的這句話，給我很大很大的鼓勵。

據我所知，今天的新加坡舞廳附近，當時一整排都是茶行。二·二八發生後，沒有了水柳先生的照顧，一些茶行都呈半收狀態。王添灯出事後，文山茶行股東怕得一個接一個退股，也是他回到新店調借資金才又撐起來了。不過，民國五十三年之後，水柳先生就將茶行收起來，給有記（茶行）承接了……。

馮先生說話的聲音明顯地弱了下來。王大姊於是起身告別。馮先生也抱歉地說，他這幾年體力差了，沒有午睡不行，邀我們下次再來。臨走前，馮先生拿了一包放了四、五十年的老茶，要王大姊帶到安坑墓園，祭拜水柳先生。

「這是我對水柳先生的一點敬意。」馮老先生語氣淡定地說。

陽光從青綠的山的那邊的雲層穿出，劃過明朗的天空。

沉沉的霧氣散了。

我們走出屋外。

五

去坪林之前，我對王水柳先生是完全陌生的。不僅這樣，我也不明白，藍先生為什麼願意擱置創作中的長篇小說來為不是弱勢者的王水柳立傳？或許因為是王添灯的兄長吧！我這麼猜想。可其實我那時也還沒詳讀他進行十多年採訪寫作後出版的《消逝在二二八迷霧中的王添灯》。

然而，聽了馮老先生的敘述之後，我對王水柳先生產生了好感和好奇之心。於是就在那天，我答應協助處理以王水柳先生名義成立協會或基金會的申辦事務。

四個多月後的小暑那天，財團法人王水柳文化基金會正式成立，並且登報公告它的宗旨是要接續一九三二年創設文山茶行的王水柳與二弟王添灯先生「為最大多數謀最大幸福」的理想，以文化歷史為基礎，以多樣藝術為風貌，共同打造美好、和平的進步社會。

據了解，一般茶樹都要種植大約三年起才可以少量採收，十年之後才能達到盛產期，而茶人手採茶葉的方針是「以養為主，以採為輔，打頂護邊，採高養低，輕採養蓬。」做茶如此，那麼，我和王家大姊只有幾面之緣，接下來，我要怎麼做才能實踐王水柳文化基金會的成立宗旨呢？更重要的是，作為基金會董事長的王大姊又是怎麼想的？我能在未來的工作推動上做到如她所願所想的那種契合嗎？這些，都是我在基金會工作之初自我質疑的問題。就在這時，老茶人馮添發先生說過的話開釋了我。他說，做了一輩子的茶，最大的快樂就是做出好茶給人喝。我想，做人做事，就像做茶一樣，無論成敗，總得有一個基本的敬業態度。

有說製茶的工序細膩講究而繁瑣，它不只是依四季，還可以按節氣、發酵度來區別命名。同時，它又可依上午七時至下午五時的摘葉時間分爲露水茶（七—九）、早班茶（九—十一）、中午茶（十一—十三）、下午茶（十三—十五）和晚班茶（十五—十七）五種；採摘時間的早晚不但決定了茶菁的含水多寡，同時也影響了茶湯的氣味；因此，露水茶，味濁不雅、香氣不揚、帶苦澀；下午茶，滋味清甜、香氣高雅、帶花香。又說春茶的採摘要謹守節氣（四月上、中旬），並要謹記「早採三天是個寶，遲採三天便是草」的及時性，當茶園中有十至十五%的新芽時就要趕緊採收，採摘茶葉的時候切忌以指甲掐及老嫩一把捋等等；此外，採摘最好在晴天進行，一般是上午採，中午揀，當天就製完。而這都僅僅是做到「好」的初步要求和基本標準。

我決定學習老茶人製好茶的態度和標準，先讓自己認識王水柳先生走過的道路，理解先生的理想與未竟的志業，從而通過基金會的實踐來延續並發揚他的精神。

於是我一頭埋進了王水柳先生的日記。

六

一位長輩對我說過，看待人與事，不該帶有成見。可我捫心自問，一開始，我還是帶著未經認識的成見，簡單地將王水柳先生歸類爲一個做買賣的生意人了。

儘管這幾年我已經深深體悟到只有理想沒有錢是很難把事情做得更好的現實，可我卻還是去除不掉人往往會爲了物質上的私欲而喪失精神良善的事實認識。

究竟要如何不帶著成見去看待這樣的常情人性？此時，我又記起了那位長輩對我說的：不可因爲私情私利破壞公義。我揣思，這應該是規範的底線吧。

然而，通過閱讀王水柳先生遺留的、前後跨越三十七個年頭的日記之後，對我而言，做爲買賣生意人的他卻不再只是我原先刻板印象的商人了。

王水柳先生出生於西元一八九八年的日據時期。他受過六年日本公學校教育。除了前二年不了解學校上課制度，缺席過多以致成績不佳外，第三年起到六年畢業都是第一名，並代表全校畢業生致謝詞。這表示，王水柳先生是喜歡且可以讀書的。（由他九十多歲日記書寫的中文字跡，遠比我的以及我所認識的大部分年輕人運筆都要流暢漂亮，可以看出水柳先生的自學努力。）

但是他身爲家中長子，無法選擇也不容逃避地，必須全力協助父親務農，並且在農閒的時候出外四處打零工維持家計。就這樣，他爲了改善家裡的生活條件，只能犧牲學業，奮發立業。除此，他也因家中農忙時節需要幫手，只好完全聽命父母親安排，在二十歲那年完成婚姻大事。之後，家裡的茶葉生意漸入佳境，對內對外有了更多的事務需要張羅；接著，長子王安邦出生。這一些，都使得王水柳無法與他年齡相差三歲和五歲的二弟王添灯、三弟王進益一樣，靠著半工半讀繼續學業，然後在家中經濟狀況好轉的時候，赴日本留學，完成在當時令人稱羨的日本大學政治系和經濟系的高等教育；或者與比他年齡小十六歲的四弟王忠信，以及小他十九歲的小妹王秀琴一樣，有了相較厚實的家業支持他們可以順利留學日本。前者就讀昭和醫學院醫學系，後者則在日本住了二個月之後決定不升學，返回台灣接受從日本早稻田大學寄來的通訊課程教育。

做為一個白手起家的封建家庭的長子長兄，王水柳為了健全並且維護家族的完整與和諧，所需要的就是比起其他人有更大氣度和胸襟，去看待自己為家族父母弟妹承擔和付出的一切，否則，過多的私心怨尤和計較不平，通常就會造成家族失和、手足成仇；或者，害得自己一輩子陰鬱不快。這是因為要成就自己不難，但是要視自己為輕、看重並且成全他人，卻是不容易的。理由就在於實踐這些事情的同時，也就是違反了人性常情。

王水柳先生只是默默地，一如他的名字，為家人恰如其分地貢獻他類似防風、綠化、入藥解病憂的功用。卻沒有太多的聲音。

七

我帶著好奇心去面對王水柳先生的人生。因此，每次翻閱他的日記前，我已經在腦子裡依循著常情人性預留了問號。或者說，我其實是按著我既定的想法來尋求驗證的。

於是，我以為王水柳家族在王添灯被軍警逮捕失蹤之後，也會遭遇像五〇年代白色恐怖的連坐受害。但是從一九五三年，二二八事變發生六年後，王水柳先生的日記內容記載，家族中似乎無人受牽連。王進益留在茶業界。王添灯的長子王政統也有自己的茶行事業。至於王水柳先生除了本身的茶事業外，還擔任台北市第二信用合作社監事。據知，事變中唯一遭不幸波及而受傷的，是王水柳當時二十四歲的長子王安邦。

因爲台灣社會經歷過諸如此類的歷史悲劇，使得我在讀著日記的同時，也不得不以爲王水柳先生是爲了安全考量，特意粉飾太平。不過，當我整理他一九八七年日記時，才知道他長期在日記中詳實記錄且提供場地聚眾集會，讓「點傳師」、「前人」說四書五經講佛道的宗教活動，竟然是自一九五一年起遭到政府查禁，至一九五三年又被內政部正式以叛亂罪名頒布禁令，直到一九八七年元月才解除禁令的一貫道。而這似乎再次證明我的「以爲」失差了。因爲就在一九五三年農曆三月十五日，台北市發生一貫道法聖組舉辦「老母大典」遭當時警備總部派員搜捕，僅僅因一部油印機，便被認定是爲「匪」印製宣傳品證據，判該組非法集會、陰謀禍亂，並將該組領導人毒打拷問是否爲共黨特務。但是，王水柳先生在他一九五三年的日記中，依然是持續他每週四書研究班的集會講道和教材印刷。由此，王水柳先生的日記應該可以褪去僞假美化的嫌疑，還原他的眞情實意了吧。

雖然這樣的驗證結果，會使得我的很多「以爲」被他推翻，但我也不以爲意了。

比如說我以爲王水柳會像時下的政治人物和主流媒體所傳播的，因爲歷經了二二八事變而產生省籍仇視和棄中媚日的情結。但是身爲實際受害家屬的他，理應有，可，他沒有。我想正是因爲他經受過日本殖民統治和日本侵略戰爭，所以，他寧可捐棄私念，也要守護群體利益。於是，他的子女帶他到電影院看了部戰爭片，他就在當天的日記寫下「戰爭破壞之鉅，人類犧牲之大」的反戰呼籲；於是，當他從報刊雜誌得知中國大陸的地位躍居世界第三，他也同樣是站在歷史長河的大視野，爲積弱受辱了一、二百年的中國人終於得以揚眉吐氣而自豪、感佩。

又比如說，當我爲認識王水柳而閱讀《消逝在二二八迷霧中的王添灯》一書時，看了王添灯在台灣光復初期參選省參議員的政見，其中的政治主張第六條：「……同時唯有民生問題有保障，政治始不致為少數上層階級所操縱，而成為形式上民主、實際上非民主的階級政治。」（一一〇頁）經濟主張第八條：「實施八小時勞動制，並制定最低標準工資，及依物價指數之變動而增減之工資制度，以保障工人生活及產業之安定。」（一一一頁）起初，我也以為這些主張與現時政治人物反轉的「政見只是一時，選舉才是一世。」同屬欺民騙票之舉。但，王添灯的人生，最後是在他堅守堅信：為大眾謀福利的政見並沒有錯之下，犧牲了。

至於王水柳先生，由他的日記，我得到了這樣的認識：他是一個對待茶農、員工如家人，對待事業利潤先求收支打平之後稍有盈利可供永續經營，再求給予茶農更加合理的買價、給予員工更好的工作條件環境和獎金，最後才考慮到公司股東獲利分紅的經營者。日記中，給我留下深刻印象的是王水柳夫妻經年累月、不論陰晴寒暑，均十分注重每個月祭拜土地財神「做牙」之後和幾十名員工聚餐閒話的聯誼相處；此外，在久旱不雨中，他會用文字在日記本裡，為廣大農民（包括茶農）禱祝降雨；在符合節氣的農作需要下，他會慶幸一場未造成災害的風雨，適時地替農民帶來豐沛的灌溉，卻全然沒有顧及他個人私有的、位於多雨的蘇澳、羅東地區的礦場和滑石廠，恐怕因雨坍方和無日光曝曬造成損害。

如果，為世人指引前進的道路而轟轟烈烈結束生命的人，如王添灯，是偉大的；那麼，在平淡無奇的漫長歲月，靜默地守護、實踐著理想信念的那些人，如王水柳，又該怎麼評價呢？

八

我很幸運，認識了許多終其一生都在實踐爲大眾謀幸福、爲社會求正義的老台灣人，有男有女。他們曾經爲了這樣的理想信念，成了被關進監牢七、八年、十幾二十多年，還有全台灣關得最久、長達將近三十五年的思想犯。

當他們出獄之後，儘管在社會上面對著監視、歧視，不利謀生，可他們還是在艱難之中不改志向，繼續前進。他們說，他們要替因爲這樣美好的理想而犧牲生命的同志完成那未竟的路程。

這些長輩們相對無私而又悲苦的遭遇突顯出的人格，對我而言，實在太崇高了。那個崇高的高度，就算我具備了超越我所有的條件和能力，也還是達不到，於是，我只能仰望著他們——辛苦地。

相反地，閱讀王水柳先生的日記，卻讓我像少年馮添發一樣，感受到他慈愛的手心在我的頸膀輕輕地拍了拍，並以他因對人有求必應而被稱爲「土地公」那樣的和煦笑臉望著我。這一次，他沒有像他對馮添發那樣對我說出鼓勵的話語。可是，經由他貼近於平凡生活中的人生實踐，我長期因仰望而顯得僵硬的肩頸，卻因爲有了新的角度而獲得了紓解。

此時，我又想到我剛有粗淺認識的茶葉。是說春天的茶樹在日照弱、生長緩慢且病蟲害不多的條件中，使得清明節氣前採摘的春茶香氣馥郁，茶葉含的胺基酸及維生素的營養成分較高，所以量雖少，但顯珍貴；又說，夏季茶樹因氣候炎熱，新梢生長迅速，也較易老化，這使得夏茶的游離胺基酸和維生素含量減少，但花青素、咖啡鹼和茶多酚含量增加造成滋味苦澀，被視爲四季茶中品質最差。

但是，這些因爲大自然環境氣候因素造成的差異性，到了以製作好茶供人飲用爲己任、爲最大趣

王水柳的舊識王澄清奠基的王有記茶行（左為第四代傳人王連源，右為王淑惠）

左：老茶與清茶（李文吉攝）
右：製茶工序之一
下：老茶堆（李文吉攝）

茶人品茶需要秤量茶葉與水的恰好比例（李文吉攝）

味追求的好茶人手上，他便會戰戰兢兢地藉著採摘時間、日光萎凋、室內萎凋（走水）、浪菁（用手翻動茶葉）、炒菁（高溫炒過讓茶葉停止發酵）、揉捻、烘焙乾燥等等工序，賦予這些茶葉一個適才適用、適人適性，卻不分高低貴賤的好茶價值。

九

這幾個月，我就像個手捻採茶的工人，將王水柳先生日記裡具有相對代表性和意義的記事摘選出來打字（現在我也要把我如同茶樹新冒嫩芽的印象一一揀出），也因爲這樣，我對以王水柳爲軸心而轉動的王家家族企業的歷史滄桑，有了某種程度的理解；和王家大姊也才有了較多接觸的機會。

聽她說她因爲家族的文山企業公司冬山工廠負債近千萬，有長達十年時間幾乎是每天「跑三點半」。這個經歷使得她隨時告誡後輩如果決定從商就一定要全心投入，否則落到經常要把自己的生辰八字唸給別人聽，是非常沒面子的。

我還聽她說在她經濟最辛苦，大約是一九八五年的時候，當兵的大兒子休假結束要回部隊，她想拿五千元給兒子帶在身上，可她自長安西路這一端走到延平北路，街道兩旁的商家老闆雖然都熟識，但她一趟路來來回回地走著，卻依然身無分文籌不到錢，正因爲她是文山茶行王水柳的長女而開不了這個口。

然後，聽她說她這輩子最覺得虧欠的人就是她的先生和小孩。她說她的先生爲她放棄了學術研究的教職，陪著在她娘家的事業上扮演著吃力卻不討好的角色；說她的小孩曾經對她爲娘家操勞而相對疏於照顧他們很不能諒解。「你的三個小孩今天沒有變壞已經是很不錯的了！」王大姊苦笑著學她兒子對她說的話。

我也聽她說她很感謝她的父親當初基於誠信公正的處事原則，把公司虧損的部分債務分給她來承擔。王大姊說：「沒有父親給我這番的磨難淬鍊，以及父親默默地在背後給我的幫助，我就不會成長，也不會有今天的小小成績。」

只是，我從不曾聽她說過或感嘆她自己的青春歲月是如何又如何的奉獻其中。

「如果不是要順從父母的安排，」王大姊說，「我也會是個文藝女青年。」

王大姊沒有主動提說父母親特意安排的理由。直到我從她的小妹王淑婉的談話中，才知道王大姊是她們五個姊弟妹中聽力唯一正常的。這以後我從一些小地方，也察覺出她護衛手足之情的用心。

「我的弟弟妹妹不要別人來說三道四！」她這樣說過。

我想，王家大姊也是承襲自她父親的身教吧。

王水柳先生非常重視禮義孝悌之道。他不只在他父親的忌日，會親自採買並且準備牲品祭拜，也曾在王添灯確定遇害之後，於二弟王添灯誕辰日當天的記事上表述其後人應該爲他祭祀的心聲；他的母親晚年隨喜輪流在安坑自宅和幾個子孫家居住，但一有病痛，他的三弟或侄兒都一定要打電話給王水柳請示意見，並且交由他處理後續；在母親因老衰辭世的幾天前，當時七十七歲的王水柳特地抱著九十八歲的母親上下樓環顧著文山茶行……。

我還聽王大姊說：「早年的茶行一樓，有一間阿嬤的房間，房間裡有一張便床，每次阿嬤來，父親都會睡在便床上，握著阿嬤的手，陪她說話聊天。」

王大姊也說她在茶業公會的三叔王進益爲人十分正派，不貪不取，還不時出錢做好事幫助人，所以三叔的妻子經常會爲此到家裡來找王水柳抱怨訴苦，可王水柳從不因此指責弟弟，反而還勸弟媳要支持先生的作爲。

十

二〇一二年四月四日。

寫作這篇文章，拖過了一個月的時間，把我原先想藉著文章完成的天數是三十一天或三十天的結果，穿鑿附會在西元前四十六年羅馬新曆制定時，統帥儒略凱薩（Julius Caesar）和奧古斯都皇帝（Augustus Caesar）先後以己之名，規定單數月和八月爲大月——三十一天——彰顯功德偉大，來解釋王水柳先生的一生是否偉大？但是沒料到多了例假日耽誤的天數，我的文章最終結束在農曆的清明節氣。

也許這就像先前，第一位報導王添灯生平的作者葉芸芸女士和王大姊見面，聊到了「開筆」一詞，而我也跟著附和說王水柳先生日記每年的農曆春節第一天也都會寫著「新春開筆萬事如意大吉」時，她們二位同時糾正我說這是沿自日本在新曆元旦的儀式。事後求證，她們都沒有說錯，而我再翻閱日記查證，也沒有出錯。這麼說來，我因爲偷閒延後完工造成的「湊巧」，卻是王水柳先生在意識認同上的「堅持」。也就是說，大地萬物生生不息所賴以依循的日月輪迴的節氣，遠遠比個人成就雄偉大小要來得重要。

王水柳先生，一位老台灣人。他的日記，適時地，爲生長在這個不知輕重捨取的年代的我們，留下了正直素樸的典範，教導我們眞誠地愼終追遠。

感謝有他。

寒冬已去，春意盎然，天氣清朗，四野明淨，大自然處處勃勃生機。此，清明節氣。

台灣民衆史 1

台灣茶人王水柳

出　　版　財團法人王水柳文化基金會
發 行 人　王淑惠
總 策 劃　藍博洲
主　　編　林　靈
作　　者　王水柳　藍博洲　林　靈等
責任編輯　施淑清
美術編輯　林麗華

地　　址　台北市大同區長安西路287號11樓之3
電　　話　02-25522507
傳　　眞　02-25597867
e-mail　salix327@gmail.com
郵政劃撥　50243811　財團法人王水柳文化基金會

編輯執行　**INK**印刻文學生活雜誌出版有限公司
地　　址　新北市中和區中正路800號13樓之3
電　　話　02-22281626
傳　　眞　02-22281598
e-mail　ink.book@msa.hinet.net
印　　刷　海王印刷事業股份有限公司

出版日期　2012年 12 月　初版
ISBN　978-986-88962-0-8
定　　價　500元

國家圖書館出版品預行編目資料

台灣茶人王水柳 / 王水柳, 藍博洲, 林靈等作.
- - 初版. - - 臺北市 : 王水柳文化基金會, 2012.12
面 ；　公分.--（台灣民眾史 ; 1）
ISBN 978-986-88962-0-8（精裝）

1.王水柳　2.台灣傳記

783.3886　　101022864